JN451760

변화하는 온라인 서비스 환경과 이용자보호

변화하는 온라인 서비스 환경과 이용자보호

이 은 영 編

세창출판사

이 도서의 국립중앙도서관 출판시도서목록(CIP)은 e-CIP 홈페이지 (http://www.nl.go.kr/ecip)에서 이용하실 수 있습니다. (CIP제어번호: CIP2012005667)

머 리 말

20세기 후반 급속도로 발전한 인터넷은 21세기 이후 한층 더 발전을 거듭하여 또 다른 모습으로 우리에게 다가오고 있다. 이러한 인터넷환경의 변화는 우리에게 다양한 편익을 제공하지만, 그 이면에는 기존의 오프라인 공간에서 발생하지 않았던 다양한 문제들을 야기하고 있다. 이러한 문제점은 초기 온라인 환경에서 발생하였던 문제보다 더 심각하지만, 이와 관련된 법은 20세기 상황을 전제로 하고 있기 때문에 현실의 수요를 충족하고 있지 못한 실정이다. 물론 변화하고 있는 온라인 환경 속에서 발생하는 다양한 문제점을 해결하기 위하여 관련 법제를 정비하는 것이 필요하다. 그러나 이를 위해서는 변화된 온라인 환경의 실상을 정확하게 파악하는 것이 선행되어야 한다. 즉, 현실을 도외시한 법은 그 상황에서 발생한 문제점을 해결하는 수단이 아닌 더 큰 혼란을 야기하는 원인으로 작용하기 때문이다.

그럼 21세기에 있어서 변화된 온라인환경의 특성은 무엇인가? 국제화와 온라인과 오프라인의 융합이라고 할 수 있다. 즉, 온라인환경 그 자체는 국제화를 전제하고 있지만, 20세기형 온라인환경은 일정한 한계가 존재하였다. 그러나 21세기형 온라인환경은 기본 인프라의 확충으로 인하여 실질적인 국제화를 실현하고 있다. 이러한 점은 상거래분야에 있어서 국제전자상거래의 확대로 나타나고 있다. 또한 융합은 현실공간과 사이버 공간의 통합을 의미한다. 즉, 20세기형 온라인 환경은 오프라인과 약간의 구별이 존재하였기 때문에 양자가 결합되는 경우가 그리 다양하지 못하였다. 그러나 21세기형 온라인 환경은 오프라인 공간과 사이버 공간의 구별을 무의미하게 만들고 있다. 즉, 온라인에서 발생한 문제가 오프라인에서 그대로 발생하고 있으며, 역으로 오프라인에서 발생한 문제가 온라인에서 발생하고 있는 것이다. 이의 대표적인 예가 개인정보침해의 문제와 소셜커머스이다.

이러한 21세기형 온라인 환경의 특성은 기존에 경험하지 못하였던 새로운 법적 문제를 야기하고 있으며, 이는 거래계에서 자율적으로 해결할 수 있는 수준을 넘고 있기에 이를 적절하게 규율할 수 있는 법제 정보가 요구되고 있다.

한국소비자법학회에서는 변화된 온라인 환경에서 발생하는 다양한 법적 문제점에 대하여 이용자의 권익보호를 위한 법적 과제라는 주제로 2011년과 2012년 상반기에 3번의 학술대회를 개최하였다. 특히 변화된 온라인 환경 속에서 그 심각성을 더해가고 있는 개인정보보호와 21세기에 새롭게 등장한 소셜커머스에서의 소비자보호를 중점적으로 다루었다. 이러한 학술대회에서의 논의를 통하여 개인정보보호, 국제전자상거래 및 소셜커머스 분야에 있어서 소비자보호의 필요성과 이에 법제의 개선에 대한 필요성을 제시하였고, 이 분야에서의 온라인 이용자보호를 위한 지속적인 후속연구를 다짐하였다.

이 책은 변화된 온라인 환경 속에서의 이용자보호의 필요성과 이 분야의 법제 개선방안에 대한 기초를 제시하기 위하여 세 차례의 학술대회에서의 논의를 담았다. 한국소비자법학회는 2010년 「소비자법과 민법」(세창출판사, 2010년 11월), 2011년 「금융시장과 소비자보호」(세창출판사, 2011년 11월)라는 학회총서를 발간한 바가 있다. 이러한 두 권의 총서와 더불어 이번 발간되는 총서가 변화된 온라인 환경 속에서 이용자보호분야의 학계 및 실무계에 도움이 되기를 바란다.

이 책이 발간되기까지 헌신적으로 작업한 집필진과 편집위원의 노고에 감사드리며, 한국소비자법학회 회원을 비롯한 소비자문제 연구자의 관심에도 감사드린다. 그리고 어려운 출판환경 속에서도 소비자법연구총서를 계속하여 출간하기로 결정한 세창출판사 이방원 사장 및 편집진 여러분께 깊은 감사를 드린다.

2012년 11월

집필대표 이 은 영

차 례

제1편 ▌온라인 환경의 변화와 이용자보호

제2편 ▌온라인 환경과 개인정보 보호

제3편 ❙ 소셜커머스와 소비자보호

제1편 | 온라인 환경의 변화와 이용자보호

- 온라인거래에 관한 소비자측면의 법적 접근
- 글로벌 인터넷 서비스의 법적 환경과 이용자보호
- P2P서비스와 이용자보호

온라인거래에 관한 소비자측면의 법적 접근*

이 은 영**

차 례

Ⅰ. 온라인거래의 변천과 법적 규율

1. 온라인거래의 변천

온라인거래에 관한 소비자의 법적 보호와 관련하여 사업자측으로부터 그 인정근거에 대한 의문과 반론이 지속적으로 제기되고 있다. 온라인거래는 오프라인거래와 본질적으로 상이한 성질을 갖는 것인가? 온라인거래에 오프라인거래를 염두에 둔 계약법의 일반원칙이 그대로 적용되어도 무방한가? 매우 다양한 모습을

* 이 논문은 한국외국어대학교로부터 교원연구과제 지원금을 받아 작성된 것임.
** 한국외국어대학교 법학전문대학원 교수.

띠고 있는 온라인거래에 공통되는 법적인 성격이 있다면 그것은 무엇인가? 만약에 온라인거래에 고유한 특성이 있다면 그에 적합하게 별도의 법률이 필요하지 않을까?

온라인거래란 종래 상거래에서 흔히 사용되던 거래방식에서 탈피하여 전자방식 및 온라인서비스를 이용하는 거래를 가리킨다. 상거래를 구성하는 요소는 계약체결의 합의 이외에도 광고, 청약의 유인, 대금의 지불, 상품의 인도, 약관의 공시, 상품의 설명 등 여러 가지가 있다. 사견으로서는 온라인거래 및 전자상거래는 무엇보다도 계약의 체결에 관한 합의가 온라인상에서 전자적 의사표시로 행해지는 경우를 말한다고 해석하겠다.[1] 계약체결의 전단계인 광고 및 청약의 유인이 온라인에서 행해지는 것만으로 온라인거래라고 하기 어렵고, 계약체결 후 상품(파일 등)의 제공이나 대금지급이 온라인을 통해 행해지는 것만으로 온라인거래라고 하기 곤란하다.

온라인 통신망에서는 여러 종류의 서비스가 제공되는데, 이를 온라인서비스라고 하며, 온라인 통신망에서 각종 서비스를 제공하는 사업을 온라인사업이라고 한다. 온라인사업에는 인터넷에의 접속 서비스, 포털, 쇼핑몰, 인터넷뱅킹, 인터넷교육, 온라인음악서비스 등 재화와 용역의 제공과 관련하여 온라인이 이용되는 다양한 유형이 있으며, 인터넷상에서 서비스를 제공하는 인터넷 접속 서비스 사업(ISP)이 주류를 이룬다.

온라인거래에는 여러 종류가 있다. 그 중에서 대표적인 것은 '전자상거래'로서 이는 전자거래기본법의 적용을 받는 거래를 한정하여 가리키는 개념이다. 컴퓨터와 같은 정보통신설비를 이용한 거래는 대부분 사이버몰(인터넷 쇼핑몰)에서 상품으로 제공되는

---

1) Kathrin Sachse, Der Verbrauchervertrag im Internationalen Privat- und Prossrecht, Verl. Mohr Siebeck, 2006. S.59ff.

물건이나 서비스를 소비자가 구입하는 등 사업자와 소비자 사이의 전자상거래가 대부분을 차지하고 있다. 그 밖에 인터넷경매, 오픈마켓을 통해 소비자와 소비자 사이에 거래가 이루어지도록 인터넷사업자가 중개인의 역할만 하는 경우도 있다.

얼마 전 우리나라에 파워블로거(power blogger)에 의한 공동구매가 확산된 바 있다. 파워블로거는 인터넷포털에서 활동하는 블로거 중 방문자 수, 스크랩 수 등이 매우 많은 사람을 가리키는데, 파워블로거가 판매업자와 연계하여 자신의 블로그에서 홍보한 제품을 블로그 방문자로 하여금 공동으로 대량의 물품을 할인된 가격으로 구입하도록 유인하고 자신이 주문을 받아 매매계약을 성사시키는 거래형태이다. 여기에서 더 발전하여 최근에는 사업자가 소셜네트워크서비스를 통해 다수의 소비자로 하여금 물품이나 서비스를 공동구매하도록 연결해 주는 '소셜커머스'라는 새로운 유형의 온라인거래가 급속히 확대되는 추세이고 이로 인한 소비자 피해가 다수 발생하고 있다. 특히 소셜커머스는 한정된 구매자에게 시장가격에 비해 반값 정도의 파격적인 할인가격으로 서비스를 제공하는 새로운 거래방식으로 최근 소비자로부터 커다란 호응을 얻는 반면에 소비자불만도 폭증하고 있다.[2)]

2. 온라인거래에 대한 소비자측면의 접근

정보통신기술이 다양하게 발달함에 따라 온라인거래의 유형도 복잡하게 결합되어 전개되고 종래의 전형적인 거래유형을 벗어나고 있다. 온라인거래의 다양화는 소비자로 하여금 거래를 신

2) 소비자연맹의 조사결과 소셜커머스의 판매가격은 큰 폭의 할인율에 따라 매우 저렴하게 제품을 구매할 수 있을 것이라는 소비자의 기대와 달랐다고 보고되었다. 김미애, "소셜커머스 구매시 할인율보다는 판매가격을 비교해야,"「소비자(월간)」 2011년 11월호, 10면 이하.

속하고 편리하게 행하도록 하는 이점을 부여하는 반면에 거래위험이나 손해발생을 간과하거나 사기성 있는 계약에 묶이게 하는 치명적인 단점을 갖는다. 온라인거래의 소비자와 관련하여 논의되는 쟁점은 다음과 같다.[3] 첫째, 소비자의 온라인에의 접근을 원활하게 하고, 원하지 않는 접속은 배제한다. 둘째, 온라인에서 거래되는 상품에 대한 정보의 정확성을 확보하여 실물과 온라인 표시 사이의 차이를 없앤다. 셋째, 온라인매체를 통한 사기성 거래를 예방하고 소비자의 피해를 최소화한다. 넷째, 온라인거래 과정에서 수집되는 개인정보에 관한 오용, 남용을 방지한다. 다섯째, 온라인거래에 관한 신뢰를 구축하고 타인의 오용을 막기 위해 전자인증제도를 구축한다. 우리나라는 이러한 온라인거래의 과제들을 제도적인 측면에서는 비교적 잘 구축해 놓았지만 그 운용에 있어서는 아직 허점이 많기 때문에, 실제 거래에서 온라인거래로 인한 소비자의 피해는 증가하는 추세이다.

3. 온라인거래에서 개인정보보호

온라인거래에서는 개인정보와 관련하여 프라이버시의 침해행위가 행해지는 경우가 빈번하다. 온라인서비스에서의 개인정보 수집 등과 관련하여 제기되는 문제는 다음과 같다. 온라인거래 사업자는 계약체결의 전제조건으로서 소비자의 회원가입을 요구하고 그 회원가입서에 거래에 필수적인 정보 이외의 개인정보를 노출할 것을 요구한다. 주민등록번호, 은행계좌번호 등 소비자에 관한 민감한 사적 정보를 수집해서 사업자 자신의 판매촉진에 사용할 뿐 아니라 그 정보를 제3사업자에게 유상으로 정보시스템을

3) OECD, Gateway to the Global Market; "Consumer and Electronic Commerce", 1997 OECD Report.

개방하여 그 제3사업자가 소비자의 정보를 판매촉진 등의 방법으로 이용하게 한다. 이런 정보개방의 결과 소비자는 지나친 판매촉진의 광고와 접근에 시달리게 되며, 개인의 소비행태 등 사생활이 노출되는 피해를 입으며, 때로는 범죄의 대상이 되는 계기를 제공한다.

설혹 사업자가 소비자로부터 개인정보를 수집할 때에 그 정보를 당해 거래 이외의 목적으로 활용해도 좋다는 동의를 얻었다고 하더라도 사생활침해로 인한 부당함은 계속 존재하게 된다. 실제로 소비자의 동의가 없이는 전자계약이 성사되지 않도록 시스템을 구축해 놓은 경우에 그 동의는 상대방이 진의 아님을 알 수 있는 '진의 아닌 의사표시'로 되어 무효로 될 가능성이 높다(민법 제107조 제2항). 그리고 소비자의 진정한 동의가 있었다고 하더라도 그 동의가 정보 활용의 부당성을 전부 없애주는 것은 아니다. 사업자는 사회적으로 타당성이 있는 범위에서 정보를 활용할 사회생활상의 주의의무를 지며, 그 의무를 위반하여 소비자에게 피해를 입힌 경우에 사업자는 불법행위에 기한 손해배상책임을 진다고 해석된다(민법 제750조).

개인정보 수집 및 처리에 관한 소비자의 동의는 법률이 정한 요건을 갖추지 않았을 때에는 무효이다. 개인정보의 제3자 활용에 관한 동의에 있어서 대개 그 활용범위 및 조건 등을 회원약관에 포함시켜 일괄적으로 동의를 얻는 형식을 취하는데, 이 경우 무제한적 정보확산에 관한 약관조항은 신의성실에 어긋나는 부당한 약관으로서 무효로 된다고 해석된다(약관규제법 제6조 제1항). 그 약관조항이 무효로 되는 경우에 소비자의 동의는 없었던 것과 같이 다루어진다. 정보주체인 소비자는 자신의 개인정보 처리와 관련하여 "개인정보의 처리에 관한 동의 여부, 동의 범위 등을 선택하고 결정할 권리를 가지므로(개인정보보호법 제4조 제2호), 만약 소비자의 동의에 의한 정보확산의 범위가 소비자의 결정권을 침해할 정도로 광범위한 경우에 개인정보법에 의한 침해행위에 해당하게 될 것이다. 개인정보 보호법은 각각의 동의 사항을 구분하여 정보주체가 이를 명확하게 인지할 수 있도록 알리고 각각 동의를 받도록 하며. 정보주체의 동의 없이 처리할 수 있는 개인정보와 정보주체의 동의가 필요한 개인정보를 구분하고, 재화나 서비스를 홍보하거나 판매를 권유하기 위하여 개인정보의 처리에 대한 동의를 요구한다(개인정보보호법 제22조 제1항, 제2항, 제3항). 온라인사업자가 정보수집 및 처리에 관하여 소비자의 동의를 받을 때에는 다음의 사항을 정보주체에게 알려야 한다. ① 개인정보의 수집·이용 목적, ② 수집하려는 개인정보의 항목, ③ 개인정보의 보유 및 이용 기간, ④ 동의를 거부할 권리가 있다는 사실 및 동의 거부에 따른 불이익이 있는 경우에는 그 불이익의 내용 등이다(개인정보보호법 제15조 제2항).

II. 전자상거래와 소비자의 권리

1. 전자상거래의 특성

전자상거래는 자동화된 거래(Automated transaction)라고 파악되는데, 이는 전자적 수단이나 전자기록에 의해 수행되는 거래로서, 당사자가 계약을 체결하거나 이행하는 과정을 종래의 통상적인 방법으로 검토하지 않는다는 특징을 가진다.[4] 유엔국제상거래법위

---

4) 일본에는 전자소비자계약법이 있다. 이 법에서 '전자소비자계약'이란 소비자와 사업자간에 전자적 방법으로 전자계산기의 영상 면을 매개로 체결되는 계약으로서, 사업자 또는 그 위탁을 받은 자가 당해 영상 면에 표시하는 절차에 따라 소비자가 그 사용하는 전자계산기를 이용하여 송신함으로써 그 청약 또는 그 승낙의 의사표시를 행하는 것을 말한다(일본 전자소비자계약법 제2조 제1항).

원회(UNCITRTAL)의 전자상거래모델법(1996년)에서는 전자문서(data message)에 의한 상업적 활동을 전자상거래로 파악하여 그 규제대상으로 삼았다.[5)]

우리나라 법에서 전자상거래는 거래의 전부 또는 일부가 전자문서에 의하여 처리되고 그 거래가 재화나 용역에 관한 상행위에 해당하는 경우를 말한다(전자거래기본법 제2조 제5호 참조). 여기서 말하는 전자문서란 정보처리시스템에 의하여 전자적 형태로 작성, 송신・수신 또는 저장된 정보를 말한다. 전자상거래와 관련된 전자적 행위가 어느 시점에 행해지는가에 따라 다음과 같은 유형으로 분류된다. 첫째, 계약체결 이전단계에서 정보제공 등이 전자문서로 행해지는 경우가 있다. 이에는 상품광고나 기타 청약의 유인을 전자문서로 하는 경우가 포함된다. 둘째, 계약의 청약이나 승낙을 전자문서로 함으로써 의사표시가 전자적 의사표시로 되는 경우가 있다. 이런 경우 전자계약이 체결된 것으로 본다. 셋째, 계약의 이행이 전자적으로 처리되는 경우가 있다. 상품의 인도가 전자적 배송으로 이루어지는 음원정보, 영화정보, 게임정보 등 디지털정보의 송부가 계약의 목적인 경우가 많아졌다. 대금결제가 전자적으로 처리되는 경우는 아주 흔한 사례가 되었다.

전자상거래는 많은 경우 사이버몰에서 행해지는데, 사이버몰이란 컴퓨터 등과 정보통신설비를 이용하여 재화 등을 거래할 수 있도록 설정된 가상의 영업장을 말한다.[6)] 전자상거래의 모습으로는 인터넷 사업자로부터 물품을 구입하는 경우, 보험상품 등 금융서비스를 구매하는 경우, 인터넷을 통하여 항공권, 패키지 여행

---

5) UNCITRAL Model Law on Electronic Commerce, Article 1. Sphere of application, "This Law applies to any kind of information in the form of a data message used in the context of commercial activities."

6) 구 전자거래기본법 제2조 제6호에서는 "사이버몰이란 컴퓨터 등과 정보통신설비를 이용하여 재화 또는 용역을 거래할 수 있도록 설정된 가상(假想)의 영업장을 말한다"고 규정했으나 2002년 삭제된 바 있었다.

상품 등의 서비스를 구입하는 경우, 인터넷서점에서 전자책(E-book)을 구입하는 경우, 인터넷사이트에서 음악파일을 다운로드하여 저장하거나 스트리밍(streaming)으로 듣기 위하여 구매하는 경우 등 우리의 일상생활에서 빈번히 이용되고 있는 거래유형이 되어 있다.[7] 금융기관 또는 전자금융업자가 전자적 장치를 통하여 금융상품 및 서비스를 제공하고, 이용자가 금융기관 또는 전자금융업자의 종사자와 직접 대면하거나 의사소통을 하지 아니하고 자동화된 방식으로 이를 이용하는 거래를 가리켜 전자금융거래라고 한다(전자금융거래법 제2조 제1호).

2. 소비자와 사업자 간의 거래

전자상거래의 당사자는 사업자와 소비자이다. 소비자와 소비자 사이의 전자거래는 전자상거래에 포함되지 않는다.

전자상거래법에서는 소비자에 관한 개념정의를 명확히 규정함으로써 법의 적용범위를 한정하고 있다. 소비자는 첫째 사업자가 제공하는 재화 등을 소비생활을 위하여 사용하는 자, 둘째 사실상 소비자와 같은 지위 및 거래조건으로 거래하는 자의 두 종류이다. 사실상의 소비자란 사업자가 제공하는 재화 또는 용역을 소비생활 이외의 목적에 사용하지만 그 재화 또는 용역을 최종적으로 사용하는 사업자를 포함한다. 이에 따라 소비자에는 자연인뿐만 아니라 법인도 포함된다. 생산활동을 하는 사람이라도 당해 재화 또는 용역에 관하여 최종적 사용자로서 사실상의 소비자의 지위에 있는 때에는 소비자의 범위에 포함된다. 그러나 사업자가 그 재화 또는 용역을 원재료나 중간재, 자본재로 사용하는 경우

---

7) 디지털콘텐츠가 매매목적물이 되는 전자상거래의 법적 문제에 관하여는, 정완용, "디지털콘텐츠 이용과 소비자보호," 「인터넷법연구」 3권 2호, 2004, 99면 이하.

에는 소비자의 지위라고 보지 않는다. 전자상거래법에 특징적인 것은 다단계판매원이 되고자 다단계판매업자로부터 재화를 최초로 구매하는 자도 소비자에 포함시키며, 일정규모 이하의 농어민도 소비자에 포함시킨다는 사실이다.

전자상거래의 사업자는 전자상거래를 자신의 사업으로 삼아 전자상거래를 하는 자이며, 그 유형의 거래가 주된 업종인지 또는 부수적 업무인지는 문제삼지 않는다. 사업자에는 판매업자와 중개업자의 두 종류가 있다. 판매업자는 물품이나 서비스를 소비자에게 판매하는 사업자를 말한다. 판매업자는 물품을 제조하거나 가공 또는 포장을 하여 판매하거나 용역을 제공한다. 전자상거래의 중개업자는 사이버몰의 이용을 허락하거나, 자신의 명의로 전자적 판매를 위한 광고수단을 제공하거나 그러한 광고수단에 자신의 이름을 표시하여 전자적 판매에 관한 정보의 제공이나 청약의 접수 등 전자적 판매의 일부를 수행하는 행위 등으로 거래 당사자 간의 전자적 판매를 알선하는 행위를 하는 사람을 말한다. G마켓, 인터파크, 11번가, 옥션 등 오픈마켓의 운영자가 전자적 중개업자에 해당한다.

3. 소비자의 청약철회권

전자상거래에서 소비자의 계약체결은 유동적이며 청약철회, 계약취소 또는 계약해제 등의 명목으로 효력을 상실케 할 철회권이 부여된다. 소비자는 실제 상품을 보지 않고 사이버공간의 상품설명만으로 상품을 선택하므로 그 설명과 실물 사이의 차이를 간과하기 쉬우며 소비자가 판매자의 점포위치, 규모 등을 통해 판매자의 신뢰도에 관한 판단을 할 수 없는 등, 소비자의 계약체결의사는 경솔, 착오, 사기에 기한 의사표시로 하자 있는 경우가 많다.[8] 소비자가 주문한 상품과 배송된 물건 사이에 성능, 효능,

색상, 디자인, 치수, 이미지 등에서 상당한 차이가 있는 경우가 많다. 그러나 소비자가 그 차이에 관한 착오 또는 판매자의 사기성 등을 입증하여 계약을 취소해야 한다면 사실상 계약취소가 불가능하게 될 것이다. 이러한 상황하에서 소비자의 불만을 해소시키고 전자상거래의 빈번한 이용을 촉진하기 위하여 법률로 청약철회권(또는 계약취소권, 계약해제권)을 인정한다.[9)]

전자상거래 업자와 재화 등의 구매에 관한 계약을 체결한 소비자는 계약내용에 관한 서면을 받은 날부터 7일 이내에 해당 계약에 관한 청약철회 등을 할 수 있다(전자상거래 소비자보호법 제17조).[10)] 소비자는 소비자에게 책임이 있는 사유로 재화 등이 멸실되거나 훼손된 경우에는 통신판매업자의 의사에 반하여 청약철회 등을 할 수 없다. 다만 소비자가 재화 등의 내용을 확인하기 위하여 포장 등을 훼손한 경우는 제외한다. 그 밖에 소비자의 사용 또는 일부 소비로 재화 등의 가치가 현저히 감소한 경우, 시간이 지나 다시 판매하기 곤란할 정도로 재화 등의 가치가 현저히 감소한 경우, 복제가 가능한 재화 등의 포장을 훼손한 경우 등에도 청약철회가 배제된다. 이와 별도로 재화 등의 내용이 표시・광고

8) Horst Eidenmueller, Die Rechtsfertigung von Widerrufsrechten, Acp. Bd.210(2010), S.74, 이 논문에서는 계약체결시 소비자와 사업자 사이의 정보의 불균형을 가장 중요한 요소로 파악하였다.

9) 소비자의 청약철회권을 축소하자는 의견도 있다. 소비자보호를 위한 청약철회는 원칙의 파괴, 법적 불안정성 및 소비자에 의한 악용 등의 남용사례에도 불구하고 인정하여야 한다면 그에 대한 특별한 법정책적 정당화 사유가 있어야 한다는 것이다. 최민식, "소셜커머스에서의 청약철회에 관한 법적 연구," 이 논문집에 수록되어 있음.

10) 계약내용에 관한 서면을 받은 때보다 재화 등의 공급이 늦게 이루어진 경우에는 재화 등을 공급받거나 재화 등의 공급이 시작된 날부터 7일로 한다. 서면을 받지 아니한 경우, 통신판매업자의 주소 등이 적혀 있지 아니한 서면을 받은 경우 또는 통신판매업자의 주소 변경 등의 사유로 제1호의 기간에 청약철회 등을 할 수 없는 경우에는 통신판매업자의 주소를 안 날 또는 알 수 있었던 날부터 7일로 한다.

의 내용과 다르거나 계약내용과 다르게 이행된 경우에, 소비자는 그 재화 등을 공급받은 날부터 3개월 이내, 그 사실을 안 날 또는 알 수 있었던 날부터 30일 이내에 청약철회 등을 할 수 있다.

Ⅲ. 소셜커머스와 소비자의 권리

1. 소셜커머스의 특성

소셜커머스(social commerce)는 인터넷 중에서 특히 페이스북이나 트위터와 같은 소셜네트워크서비스(Social Network Service)를 이용하여 상거래(commerce)가 행해지는 새로운 온라인 거래유형을 말한다. 소셜커머스는 다음과 같은 성격을 갖는다.

첫째, 소셜커머스는 전자상거래의 일종이다. 일반적인 전자상거래는 일정 수 이상의 소비자가 모여야 계약이 성사된다는 조건이 붙지 않지만, 소셜커머스를 비롯한 공동구매는 일정 수 이상의 소비자가 구매신청을 하여야 계약이 효력을 발생한다는 정지조건이 붙은 계약이다.

둘째, 소셜커머스는 온라인 공동구매의 한 유형이다. 온라인 공동구매는 사업자 또는 소비자가 같은 상품을 구매할 다수의 소비자를 모집하여 다량의 상품을 저렴하게 공동구매하는 것을 말한다. 소셜커머스는 그 공동구매자를 찾는 경로가 페이스북이나 트위터 같은 소셜네트워크라는 점에서 종래의 온라인 공동구매와 다른 특징이 있다.

셋째, 소셜커머스는 특정 장소에서 제공되는 서비스를 목적으로 하는 매매계약 또는 매매의 중개계약이다. 종래 온라인 공동구매는 공장제품이나 농산물 등 유체의 상품을 구입하는 것이 보통이었지만, 소셜커머스는 특정 음식점의 식음료, 특정 공연장의 음악, 연극, 뮤지컬 등을 관람하는 것을 거래의 목적으로 삼는 경우가 많다는 현상을 보인다. 이 경우 소비자는 음식점이나 공연장을 직접 방문하여 계약상의 급부를 수령해야 한다. 이 때 서비스의 급부의무를 지는 매매계약의 당사자가 특정 영업장 주인인지 소셜커머스업자인지 모호한 경우가 많다. 구체적인 사례에서 소셜커머스 사업자가 전자상거래소비자보호법에 의한 통신판매업자인지 아니면 통신판매중개자인지가 문제되며, 이는 사업자가 청약철회에 관한 소비자의 권리를 존중해야 하는 의무자인지 아닌지와 관계된다.

넷째, 소셜커머스에는 서비스 종료기한이 설정된 실권약관이 부착되어 있는 경우가 많다. 소비자는 특정한 장소에서 지정한 서비스를 제공받기 위하여 사업자가 한정한 이용기간을 준수하여야 하며, 많은 경우 소비자가 그 이용기간 내에 서비스를 수령하지 않은 때에는 그 서비스의 이용권한이 소멸된다는 약정을 해둔다. 소셜커머스 사업자는 쿠폰의 유효기간을 3개월 내지 6개월 미만으로 제한하는 것이 근래의 관행이며, 유효기간이 지난 후에는 쿠폰을 무효화 시키는 경우가 종종 있다. 이러한 약정은 소셜커머스의 급부에 종기(終期)의 기한을 설정해 두는 효과가 생긴다. 기간종료로 서비스 이용권한이 소멸한 경우에, 소비자가 선불로 지급한 서비스 이용대금을 반환받기를 포기하는 약정을 약관조항 또는 개별약정을 통해 준비해두는 경우가 많은데, 이러한 반대급부 포기약정이 과연 정당한가 하는 것은 의문이다. 소비자의 반대급부 포기약정에도 불구하고 비용 등을 공제한 일부 금액을 환불하여 주는 것이 타당하다.

다섯째, 소셜커머스에서는 이용쿠폰이 발행되며 이 쿠폰은 타인에게 양도할 수 있다. 소셜커머스에서는 대개 공동구매를 모집하는 사업자가 소비자에게 특정한 급부를 수령할 권한을 부여하며, 이 권한을 나타내는 증서를 발행해 주는데 이 증서를 흔히

'이용쿠폰'이라고 부른다. 그 증서는 번호로 된 전자증서인 경우가 많다. 소비자는 사업자에게 서비스의 이용대가를 지급하고 특정급부의 이용쿠폰을 휴대폰이나 이메일로 전송받아 보관해 두었다가 서비스를 이용할 때에 자신이 이용 권한을 가진 사람이라는 것을 증명하기 위하여 쿠폰에 기재된 번호를 제시한다. 이용쿠폰이 최초계약자에게서 제3자에게로 양도된 경우에 양수인은 그 쿠폰번호를 제시하고 지정된 서비스를 수령할 권한을 갖는다.

2. 계약의 법적 성격

소비자는 소셜커머스 사업자와의 소셜커머스 계약을 통해 제3의 사업자의 물건 또는 용역에 대한 급부청구권을 취득하는가, 아니면 단순히 수령권한만을 가질 뿐인가? 소셜커머스 계약은 그 자체로서는 서비스에 대한 매매계약인가가 논의된다. 소셜커머스 사업자가 소비자에 대한 관계에서 매매계약의 당사가가 되어 급부의무를 부담하지 않으려 하는 경우가 많다. 소비자가 누구를 계약상대방으로 하는지 누구에 대하여 급부청구권을 취득하는지 등의 문제에 관하여 여러 가지 법적 해석이 있다.

첫째, 소셜커머스사업자를 위탁매매업자로 파악하고 소비자가 위탁판매된 서비스제공자(매도인에 해당)에 대한 급부청구권을 매수하는 것이라고 해석하는 입장이다(위탁매매설).[11] 즉 소셜커머스 사업자는 위탁매매인이고, 상품(또는 서비스)제공자는 위탁인이며, 소비자는 상대방에 해당한다는 것이다. 소셜커머스 사업자가 상품제공자로부터 상품이나 서비스의 판매를 위탁받아 소비자에게 매도하고, 소셜커머스 사업자는 소비자와 계약을 체결한 실적

---

11) 상법 제101조는 자기명의로써 타인의 계산으로 물건 또는 유가증권의 매매를 영업으로 하는 자를 위탁매매인으로 파악한다.

을 기준으로 상품판매자에 대하여 대금정산을 해 주는 것이라고 파악한다.[12] 소셜커머스 사업자와 소비자간에 체결되는 계약은 상품이나 서비스 등에 대한 매매이며, 간접대리의 성격을 갖는다는 것이다. 상법상 위탁매매인은 자기의 명의로 거래를 하므로 자기가 직접 법률행위의 당사자가 되고 그 법률행위로부터 발생하는 법률효과의 주체가 된다. 위탁매매인은 소비자에 대한 관계에서 매매목적물인 상품이나 서비스를 제공할 의무를 스스로 진다.

둘째, 소셜커머스 거래를 중개계약으로 보는 입장이 있다(중개계약설). 소비자는 상품제공자와의 사이에 매매계약을 체결하고 소셜커머스사업자는 두 당사자의 계약체결을 알선하고 중개하는 역할을 할 뿐이라고 한다.[13] 소셜커머스를 이와 같이 이론 구성할 경우에 소셜커머스 업자는 전자상거래소비자보호법의 통신판매중개에 해당할 것이다. 소셜커머스업자는 자신의 명의로 전자판매(통신판매)를 위한 광고수단을 제공하거나 그러한 광고수단에 자신의 이름을 표시하여 전자판매에 관한 정보의 제공이나 청약의 접수 등 전자판매의 일부를 수행하는 것에 의하여 거래당사자간의 전자상거래를 알선하는 행위를 한다고 본다.

셋째, 소셜커머스 업자가 소비자에게 상품제공자에 대한 상품, 서비스의 청구권을 판매하는 것이라는 견해가 있다(권리매매설).[14] 이 견해에 의하면 사업자가 권리매매시 발행하는 쿠폰은 상품의 구입권 또는 용역의 이용권을 나타내는 유가증권으로 파악하게

12) 같은 입장: 고형석, "소셜커머스 및 쿠폰의 법적 성질에 관한 연구," 「재산법연구」 29권 2호, 2012, 199면.

13) 최민식, "소셜커머스에서의 청약철회에 관한 법적 연구"(이 논문집에 게재되어 있음)에서는 소셜커머스를 여러 유형으로 분류하고, 그 중 한 유형으로 중개계약형을 인정한다.

14) 송오식, "소셜커머스의 법률관계," 「재산법연구」 제28권 제2호, 210면.

된다. 소셜커머스 거래 대상은 쿠폰이며, 이는 일정한 시설을 이용하거나 용역의 제공을 받을 수 있는 권리라고 이해한다. 소셜커머스 업자는 이용권 등의 권리의 판매정보를 제공하고 소비자의 청약에 의해 이용권 등의 권리를 판매하는 것으로서 전자상거래소비자보호법의 통신판매에 해당한다고 본다.[15)]

사견으로는 소셜커머스의 성격을 원칙적으로 위탁매매로 해석하며, 이러한 입장이 소비자의 권리보호에 철저하다고 본다. 위탁매매로 보아야 소비자가 소셜커머스 업자에게 대금을 지급하고 그에 상환하여 급부청구권을 획득할 수 있게 되기 때문이다. 만약 중개계약으로 해석하는 경우에 소비자는 매매당사자인 상품제공자에 대해서만 급부청구권을 가지며, 매도인이 채무를 이행하지 않거나 하자 있는 급부를 제공한 경우에는 소셜커머스 업자에 대하여 이행 또는 손해배상을 청구할 수 없다는 허점이 생기므로 중개계약설은 타당하지 않다고 생각한다. 권리매매설은 소셜커머스의 거래 대상을 구입권이나 이용권 등 권리로 구성하여 일견 법률관계가 명확해 보이는 듯 하지만, 거래의 실상을 살펴보면 쿠폰을 증권화된 권리로 보기 곤란하다. 그리고 권리매매설에 의하면 역시 소셜커머스 업자에 대하여 이행청구를 할 수 없다는 취약점을 갖게 되어 소비자에게 불리하다. 상품제공자의 폐업 등으로 소비자가 이행을 받지 못하거나 불완전이행으로 인하여 손해를 입은 경우에, 소셜커머스 업자는 그 대신에 다른 상품(서비스)제공자를 통해 계약을 이행하도록 해주거나 또는 불이행으로 인한 손해배상책임을 져야 한다.[16)] 계약체결시에 소셜커머스 업

15) 통신판매는 우편・전기통신 그 밖에 총리령이 정하는 방법에 따라 재화 또는 용역의 판매에 관한 정보를 제공하고 소비자의 청약에 의하여 재화 또는 용역을 판매하는 것으로서, 방문판매법의 전화권유판매를 제외하는 것으로 정의된다(전자상거래소비자보호법 제2조 제2호).

16) 같은 취지로 고형석, "소셜커머스 및 쿠폰의 법적 성질에 관한 연구," 「재산법연구」 29권 2호, 2012, 200면 이하.

자가 상품제공자의 불이행에 따른 소비자의 손해에 대하여 자신은 아무 책임을 지지 않는다는 면책약관을 제시하여 소비자의 동의를 받아 둔 경우에, 그러한 면책약정은 사업자의 법적 책임을 면제하는 약관조항으로서 무효이다(약관규제법 제7조).[17]

3. 이용쿠폰의 성격

일반적으로 사업자는 쿠폰을 상품이나 서비스의 가격할인 증서, 서비스무료제공 증서, 상품교환증서 등 다양한 목적으로 발행하고 있다. 소셜커머스에서는 사업자가 소비자에게 제3자의 상품(서비스)제공을 확실히 해 준다는 의미에서 이용쿠폰을 발행해 주며, 대개 소비자가 이용대금을 선납한 경우에 이용쿠폰을 발행해 준다. 소셜커머스는 공동구매의 성격을 가지므로 사업자가 쿠폰 발행을 약속했더라도 공동구매 성립의 조건이 되는 목표수량에 미달하면 쿠폰이 발행되지 않거나 이미 발행한 쿠폰이 효력을 상실하게 된다.

소셜커머스에서 발행되는 이용쿠폰은 소비자가 대금을 선지급했다는 증서로서의 기능을 가지고 있다. 대금의 선지급이라는 점에서 소셜커머스쿠폰은 상품권과 유사성을 가진다. 그러나 양자 간에 다른 점도 많다. 상품권은 발행업자와 서비스업자가 일치하며, 상사채권의 소멸시효기간과 같은 유효기간(5년)동안 사용할 수 있고, 일정비율 이상의 금액을 사용하고 남은 잔액은 환불해 줄 의무가 있다. 반면에 소셜커머스쿠폰은 소셜커머스업자와 소비자 사이의 계약의 뒤에 소셜커머스업자와 서비스제공업체 간의 계약이 있는 3당사자 사이의 거래이며, 대개 3개월 내지 6개

17) 같은 취지로 서희석, “소셜커머스의 소비자계약법적 과제 —소셜커머스의 법적 구성에 관한 고찰을 통하여—,” 「법학연구」 제53권 제1호, 부산대학교 법학연구소, 2012, 187-188면.

월의 단기 유효기간 내에 이용할 것을 조건으로 하고 있다. 유효기간이 경과한 이후에 소비자는 선급금의 일부만 환불받거나 전혀 환불받지 못하도록 약정해 두는 경우가 많다.

소셜커머스 이용쿠폰의 법적 성격에 관해서는 유가증권인 상품권의 일종으로 파악하는 이론과 증거증권인 지명채권으로 파악하는 이론이 존재할 수 있다.[18)]

첫째, 이용쿠폰을 유가증권으로 보는 이론이 가능하다(유가증권설). 유가증권설에 의하면 소비자는 쿠폰에 의해서만 급부청구권을 행사할 수 있게 된다. 쿠폰에 권리가 화체되어 있으며 권리를 행사하기 위하여 쿠폰의 제시가 필수적이 된다. 소비자는 권리를 취득하였다는 사실을 증명하는 것만으로는 부족하고 쿠폰의 제시가 있어야 하는데, 이러한 유가증권성은 소셜커머스의 거래실제와 부합하지 않는다는 취약점을 갖는다.

둘째, 이용쿠폰을 증거증권으로 보는 이론이 있다(증거증권설). 이용쿠폰은 채권의 존재를 증명하는 증거로서의 역할을 담당하는 것이지 증서에 채권이 화체된 것은 아니므로, 소비자는 증서를 소지하지 않더라도 상품이나 서비스의 제공을 요구할 수 있다. 급부를 제공한 자는 증서가 있는 경우 증서의 교부를 요구하거나 영수증을 청구할 수 있다(민법 제474조, 제475조). 거래실제를 살펴보면 소셜커머스 사업자로부터 쿠폰을 발급받은 소비자가 상품판매자에게 상품 등의 공급을 청구할 때 반드시 쿠폰을 제시할 필요는 없다. 증거증권은 실질적인 법률관계의 유무나 내용을 증명하는 자료로서 의미가 있는 증서로서, 그 법률관계의 유무나 내용 자체와 서면의 유무와는 관계가 없다. 서비스제공자는 쿠폰이 없어도 다른 정보확인절차를 통해 소비자의 계약체결을 확인하고

---

18) 우리나라에서는 아직 소셜커머스 이용쿠폰에 관해 유가증권설과 증거증권설의 명확한 대립은 거의 발견되지 않는다.

서비스를 제공하는 것이 관행이다.

사견으로는 소셜커머스계약을 위탁매매의 일종으로 파악하므로, 소비자는 상품판매자에게 쿠폰을 제시하여 상품 등의 공급을 청구할 수 있지만, 쿠폰은 지명채권의 증서이기 때문에 소비자는 쿠폰이 없더라도 계약체결사실을 증명할 수 있으면 상품 등의 공급을 청구할 수 있다고 하는 증거증권설을 취한다. 이용쿠폰은 소비자가 서비스제공자에게 서비스의 제공을 요구할 때에 자신이 권리자라는 사실을 증명하는 기능을 담당한다.

소셜커머스의 이용쿠폰과 관련하여 현실에서 당면한 문제는 사업자가 유효기간이 경과한 쿠폰에 대해, 환불을 거부하는 부당함을 제거하는 일이다. 특히 식음료나 공연관람 등의 서비스제공을 목적으로 하는 거래에서 이러한 환불거부가 두드러지게 나타난다. 비록 계약할 때에 소비자가 사업자의 환불거부조항에 동의했더라도 소비자는 정당한 범위에서 환불청구권을 갖는 것으로 해석된다. 소비자가 쿠폰을 사용하지 못한 이유가 서비스제공능력에 비해 과도하게 다량의 쿠폰을 판매하여 사실상 서비스를 제공받기 곤란했던 경우, 기타 지나치게 단기의 유효기간을 설정하여 서비스수령이 곤란했던 경우 등에는 물론 사업자 측의 귀책사유가 있었으므로 전액 환불청구권을 갖는다. 그 밖에 사업자의 귀책사유가 없었던 경우에도 소비자는 일정 범위에서 환불청구권을 갖는다고 해석된다. 환불거부조항이 약관의 요건을 갖춘 경우에, 그 조항은 신의성실에 어긋나는 부당한 약관조항으로서 무효이다(약관규제법 제6조 제1항). 이러한 부당성이 사회적으로 거론된 후에도 상당수의 소셜커머스 쿠폰에는 유효기간이 경과되는 경우 환불이 불가능하다는 것이 기재되어 소비자를 당혹하게 만들고 있다. 이 문구를 읽은 소비자는 유효기간 내에 쿠폰을 사용하지 않으면 모든 권리를 포기해야 하는 줄 착각하게 되므로, 이러한 문구의 삭제를 강제하는 것이 필요하다.

Ⅳ. 맺 음 말

온라인거래에 관한 소비자보호 메커니즘이 구축되어야 소비자의 신뢰가 높아지고 소비자피해가 감소한다. 우리 거래계가 필요로 하는 소비자보호 메커니즘은 다음과 같다. 첫째, 전자상거래의 변화하는 환경에 적합하도록 법령을 계속해서 정비해 나간다. 둘째, 사업자의 자율적 규제 시스템을 구축하고 자율적 기구를 통한 분쟁해결을 증가시킨다. 셋째, 온라인거래 관련 기술의 발전에 소비자보호를 위한 시스템을 포함시켜 기술적으로 소비자피해를 감소시킨다. 넷째, 온라인거래와 관련하여 사업자와 소비자 양자에게 교육을 한다. 다섯째, 국가가 소비자보호정책을 지속적으로 개발하여 발전시키고 국제적인 협력을 강화한다. 온라인거래는 국경이 없는 사이버공간에서 행해지므로, 국경을 전제로 한 법체계에 의한 대응방법은 한계를 가지게 되므로 국제적인 공조가 필요하다.[19] 온라인거래의 유형이 나날이 다르게 변천해 가는 현상을 보면서 다양한 온라인거래를 관통하는 원칙을 확립하여 관철해 나가는 것이 시급하다는 점을 절감한다.

현재 우리나라 법에서는 온라인거래의 대표적 유형인 전자상거래에 관해 「전자상거래 등에서의 소비자보호에 관한 법률」이 있기는 하지만, 이 법에서는 종래 오프라인을 규율하던 통신판매의 원칙을 전자상거래에 준용하는 형태로 규율하고 있다. 현재 거래의 이용실태와 비교해 볼 때 압도적으로 다수를 차지하고 있는 전자상거래와 그 영역이 축소되는 추세에 있는 통신판매 사이에 주객이 전도된 입법형태라는 비판을 면치 못하는 실정이다.

---

19) Jonathan Hill, Cross-Boder Consumer Contracts, Oxford University Press, 2008, 2-02 & 3-134.

온라인거래에서의 소비자의 권리에 관한 종합적 민사법이 없다는 점도 문제점으로 지적될 수 있다. 전자상거래 소비자보호법, 개인정보보호법 등 개별적 특별법에서 각 법률의 입법목적에 한정하여 규정하다 보니, 소비자의 입장에서 어떤 권리를 갖게 되는지 종합해서 명확하게 알려주는 법체계가 존재하지 않아 법의 적용에 불편과 공백이 발생한다는 취약점을 갖게 된다. 그리고 각기 다른 입법목적을 갖는 특별법에는 민사법, 행정법, 형벌규정이 혼재되어 있기 때문에 소비자의 피해가 발생한 경우 어떤 구제수단을 활용할 수 있을지 혼선이 오게 된다. 이러한 특별법은 대개 특정한 행정부처가 관장하는 실정이어서 그 법의 운용 또한 당해 행정부처에 일임되어 있다. 이러한 특별법 위주의 법체계는 민사법적 규정을 약화시킴으로써 소비자 스스로 자신의 권리를 주장하거나 그 침해에 대항하는 힘을 부여하지 못하고, 설혹 민사소송으로 피해구제를 받으려 해도 법원이 그러한 행정규제 위주의 특별법 적용을 사실상 기피하고 계약법의 일반원칙에 의하여 재판하는 경향을 보이므로 민사법으로 규정하는 것이 바람직하다.

색인어

온라인거래, 전자상거래, 소셜커머스, 소비자보호, 이용쿠폰

참 고 문 헌

1. 국내문헌

고형석, "디지털콘텐츠거래에 있어서 소비자의 청약철회권에 관한 연구,"「서강법학」 제12권 제1호, 서강대학교 법학연구소, 2010. 6.

고형석, "소셜커머스와 청약철회권,"「선진상사법률연구」 통권 제56호, 법무부, 2011. 10.

고형석, "특수거래에 있어서 소비자의 청약철회권에 관한 연구,"「민사법학」 제29호, 한국민사법학회, 2005.

고형석, "소셜커머스 및 쿠폰의 법적 성질에 관한 연구," 재산법연구 29권 2호, 2012. 3.

구병문, "디지털콘텐츠 이용자의 청약철회와 그 제한규정의 문제점과 해결방안,"「홍익법학」 제10권 제1호, 홍익대학교 법학연구소, 2009. 2.

김성천, "계약청약의 구속력에 관한 고찰,"「외법논집」 제12집, 한국외국어대학교 법학연구소, 2002. 8.

김성천, "EU 소비자계약법의 최근 동향,"「소비자정책동향」 제12호, 한국소비자원, 2010. 5.

김진우, "소비자철회권의 정당화 사유 — 방문판매와 통신판매를 중심으로—,"「소비자문제연구」 제40호, 한국소비자원, 2011. 10.

서희석, "소셜커머스의 소비자계약법적 과제 —소셜커머스의 법적 구성에 관한 고찰을 통하여—,"「법학연구」 제53권 제1호, 부산대학교 법학연구소, 2012. 2.

송오식, "소셜커머스의 법률관계,"「재산법연구」 제28권 제2호, 한국재산법학회, 2011. 8.

오병철, "소셜커머스의 전자상거래소비자보호법상 법적 성격,"「소셜커머스의 소비자보호」, 연세대학교 법학연구원 의료/과학기술과 법 센터, 2011. 5.

오병철, "인터넷상의 특수한 매매계약,"「민사법학」 제21호, 한국민사법학회, 2002. 3.

오병철, "전자상거래소비자보호법 제17조 제2항 제4호의 청약철회권 배제조항의 문제점,"「민사법학」 제39-1호, 한국민사법학회, 2007. 12.

이병준, "온라인디지털콘텐츠 이용계약과 소비자보호,"「스포츠와 법」 제9권, 한국스포츠엔터테인먼트법학회, 2006. 10.

정완용,「전자상거래법」 제3판, 법영사, 2009.

정완용, 디지털콘텐츠 이용과 소비자보호,「인터넷법연구」 3권 2호, 2004.

정진명, "온라인디지털콘텐츠의 이용과 소비자보호,"「재산법연구」 제26권 제3

호(하), 한국재산법학회, 2010. 2.
황진자, 소비자보호 관점에서 본 전자상거래와 약관, 「인터넷법연구」 1권 2호, 2002.

2. 외국문헌

後藤巻則, 消費者契約の法理論, 日本 弘文堂. 2002.

David G. Epstein & Steve H. Nickeles, Consumer Law, Nutshell Series, 2009.

David W. Oughton, Consumer Law, Blackstone Press Limited,1991.

Horst Eidenmueller, Die Rechtsfertigung von Widerrufsrechten, Acp. Bd.210(2010), S.67-104.

Jonathan Hill, Cross-Boder Consumer Contracts, Oxford University Press, 2008.

Kathrin Sachse, Der Verbrauchervertrag im Internationalen Privat- und Prossrecht, Verl. Mohr Siebeck, 2006.

UN, United Nations Convention on the Use of Electronic Communications in International Contracts, New York, 2007.

글로벌 인터넷 서비스의 법적 환경과 이용자보호*

이 병 준**

차 례

Ⅰ. 들어가며

1. 국경 없는 인터넷과 다양한 법적 환경에 따른 문제점

인터넷을 통한 온라인 환경은 거래생활의 변화를 가져오고 있다. 특히 국경을 넘어선 거래 내지 서비스 이용이 너무 쉽게, 심지어는 이러한 사실을 당사자가 의식하지 못한 상태에서 이루어지는 경우가 많아지고 있다.[1] 온라인을 통하여 거래 내지 계약

---

* 이 글은 가천법학 제5권 제1호에 발표한 논문을 대폭적으로 수정·보완한 것임.

** 한국외국어대학교 법학전문대학원 교수.

1) 예를 들어 한국어로 된 인터넷쇼핑몰이서 당연히 한국회사인줄 알고

의 성립은 쉽게 이루어지고 있지만, 그 후 법적 분쟁이 발생하였을 때 그 해결 자체는 쉬운 문제가 아니어서 소비자 자신이 입은 피해를 국내 거래에서만큼 쉽게 구제를 받지 못하는 상황에 처하는 경우가 많다.[2)] 반대로 사업자도 다양한 나라의 소비자와 거래해야 함에 따라서 그에 적용되는 법률도 각각 다르기 때문에 어떠한 법적 환경에 맞추어서 사업모델과 시스템을 구성해야 하는지를 모르는 불명확한 상태에 놓이게 되었다. 이러한 사정으로 인하여 오히려 국경을 넘어선 전자상거래 내지 서비스제공이 예상했던 만큼 활발하게 확대되지 못하고 있다. 최근에는 각국의 국내법을 고려하지 않은 상태에서 자국의 소비자와 거래를 하거나, 자국의 소비자에게 서비스를 제공하는 외국의 사업자에 대한 소송 내지 행정기관의 법적 제재 여부가 논의되거나 실제로 문제가 되고 있는 경우가 늘어나고 있다.[3)]

소비자가 거래하였으나, 실재는 중국 현지에 법인을 둔 중국쇼핑몰인 경우가 흔히 있다. 최근 기사에 따르면 노스페이스다운몰에서 소비자가 상품을 구매하였으나, 상품을 못 받는 피해를 입었는데, 이 회사는 중국에 서버를 두고 운영하다가 스스로 사이트를 폐쇄했다고 한다(한국일보 2012. 02. 07. 기사).

2) 이에 따라 2011년 4월 경제협력개발기구(OECD) 회원국을 중심으로 국제 전자상거래 소비자피해구제 네트워크가 창설되었고 한국은 소비자보호원을 대표기관으로 하여 참여하고 있다. 국제 전자상거래 소비자피해구제 네트워크는 OECD 소비자정책위원회에 참여하는 29개 회원국을 중심으로 지난 1992년 설립된 국제거래 감시네트워크(IMSN)가 최근 급증하는 국제 전자상거래상의 소비자피해에 적극 대처하기 위해서 발족하였다. 소비자피해구제 네트워크는 우리나라를 포함해 미국, 영국, 캐나다, 호주, 스웨덴, 노르웨이, 스위스, 덴마크, 핀란드 등 전자상거래규모가 큰 10개국이 우선 참여키로 하기로 하였다. 2011년 4월말부터 인터넷 쇼핑몰에서 상품을 구매하면서 피해를 입은 국내 소비자는 인터넷을 통해 IMSN의 피해구제 웹사이트(http:www.econsumer.gov)에 접속해 구제를 신청할 수 있게 되었다(국제전자상거래 이용실태와 소비자분쟁 현황에 관하여 자세한 것은 이종인, 국제 잔저상거래 소비자피해 구제 방안 연구, 한국소비자보호원 연구보고서 2005-04, 7면 이하 참조).

3) 예를 들어 소셜네트워크서비스(SNS) 페이스북의 '좋아요' 버튼이 독일

국경이 없는 온라인에서는 사업자가 웹사이트를 개설하여 사업을 하게 되면 세계 각국의 소비자가 해당 사이트에 자유롭게 접속하여 계약을 체결할 수 있다. 계약체결 후 물건의 배송으로 이어지는 전통적인 전자상거래의 경우 배송지를 통하여 해당 소비자의 국적 내지 주소지 등이 드러나게 되어 사업자가 누구와 그리고 어느 법적 환경에서 거래를 하는지를 어느 정도 통제할 수 있다. 그러나 이와 같은 전통적인 전자상거래에서의 배송의 의미가 퇴색되어버린, 예컨대 포털 또는 소셜네트워크와 같이 서비스가 순수하게 온라인으로 제공되고 이용되는 경우가 늘어나고 있다. 이러한 경우 계약체결 단계에서 이용자가 국적이나 주소지를 밝히지 않는다면, 사업자는 그 계약상대방인 소비자의 국적 내지 주소지를 알지 못한 상태에서 계약을 체결하게 되고, 더 나아가서 어느 법적 환경에 해당 계약관계가 놓여 있는지도 불명확한 상태에서 계약을 이행하게 된다. 이러한 법적 불명확성 때문에 사업자가 이러한 다양한 법적 환경에 일일이 맞추어서 거래 내지 서비스를 제공한다는 것은 거의 불가능에 가깝다고 할 수 있다. 그렇다면 글로벌한 서비스를 제공하려고 하는 인터넷 서비스 제공자, 특히 한국의 서비스 제공자는 어떠한 법적 환경에 맞

내 한 주에서 위법이라는 판결을 받았다(ZDNet Korea IT/과학 2011. 08. 20.). 즉 독일의 슐레스비히-홀슈타인(Schleswig-Holstein)주가 주정부 및 공공기관 페이스북 페이지에서 '좋아요' 버튼을 삭제하고 팬페이지를 차단하는 명령을 내렸다. 이로써 해당 주정부 공공기관 페이지들은 다음달 30일까지 '좋아요' 버튼을 삭제해야 한다. 만약 이를 어기면 최대 5만유로(한화 약 7천760만원)의 벌금을 물게 된다. 슐레스비히-홀슈타인 주정부는 페이스북의 '좋아요' 버튼이 독일의 개인정보보호법을 위반한다는 판단을 내렸다. 이용자가 '좋아요' 버튼을 누르면 회원이든 비회원이든 이용기록이 페이스북으로 전송돼 프로파일로 저장한다는 이유 때문이다. 주정부는 공문을 통해 "페이스북닷컴을 방문하거나 플러그인 서비스를 사용할 때는 자신의 정보가 최소 2년간 페이스북에 의해 추적될 수 있다는 사실을 염두에 둬야한다"고 말했다.

추어서 서비스를 제공해야 할 것인가?

2. 국제전자상거래 법적 환경과 분쟁해결 가능성

적용되는 법제를 확정하지 못하는 어려움을 극복하기 위하여 다양한 해결방법을 고려할 수 있으며, 국제적으로도 다양한 방향으로 움직임이 나타나고 있다. 물론 가장 이상적인 방법은 거래 내지 서비스 제공, 광고, 소비자보호 등에 관한 법률규정의 내용을 세계적으로 통일하는 방법일 것이다. 이렇게 되면 사업자는 전 세계적으로 동일한 법적 환경에서 거래 내지 서비스를 제공할 수 있기 때문에 사업자로서는 가장 명확하면서도 손쉬운 방법일 것이다. 하지만 이는 아직 이상에 불과하다. 전자상거래 내지 인터넷에 대한 각국의 시각 차이로 인하여 한편에서는 역기능 방지에 초점을 맞추어 법률적으로 이를 강하게 규제하는 나라가 있는가 하면, 사업 내지 거래의 자유로운 발전을 위하여 법적 규제를 자제하고 자율적인 규제 장치에 의존하는 나라도 있다. 이러한 기본적인 시각의 차이로 인하여 법적 환경이 기본적으로 큰 차이가 나기도 하지만, 법적 규제를 하는 나라들의 경우도 그 나라 국내의 법적 환경에 따라서 같은 제도라고 하더라도 그 운영이나 해석이 다름에 따라 구체적인 내용에 있어서 차이가 난다(예컨대 유럽연합의 경우).

실체법적 규정이 통일되어 있지 않은 상태에서 그 다음으로 생각할 수 있는 노력은 국제거래에서 적용될 나라의 법을 정하는 국제사법을 통일하는 방법이다. 이를 위한 노력이 국제기구에서 진행되고 있으나, 여기서도 각국의 소비자법을 준수하도록 규정하고 있어 적용될 법의 불명확성의 문제가 B2C 영역에서는 근본적으로 해결되지 못하고 있다(이에 관하여 자세한 것은 아래 II. 참조). 최근에는 국제전자상거래의 손쉬운 분쟁해결을 위하여 온라인상 대체적 분쟁해결수단(Online Dispute Resolution: ODR)을 제도화하려는 노력이 국제기구를 통하여 논의되고 있으나, 아직 이러한 모델이 제도화될 때까지는 상당한 시일이 걸릴 것이다.

이러한 상태에서 인터넷으로 거래를 하거나 서비스를 제공하는 사업자들은 그 사업을 국제적인 스탠더드로 확장하고 싶어 하나, "적용될 법률규정의 미로" 속에서 어떻게 사업을 수행해야 할지를 모르는, 다시 말해서 법적 환경에 대한 불명확성을 안고 있다. 이에 따라 인터넷 서비스 제공자들은 글로벌 서비스의 제공을 망설이고 있는 실정이다.

3. 연구의 범위

이하에서는 국내 인터넷 서비스 제공자가 글로벌 서비스를 통하여 외국인을 대상으로 서비스를 제공하는 경우에 부딪히게 되는 소비자보호 관련 법률의 적용 및 해당 법률의 준수 문제를 검토하고 이러한 법적 장애를 해결하기 위한 방안을 모색하려고 한다. 이와 동시에 외국 인터넷 기업이 국내에 거주하는 한국인을 대상으로 서비스를 하는 경우 어느 요건 하에서 우리나라 법이 적용되는지도 살펴보려고 한다. 이 문제는 준거법 결정의 문제 내지 국내법의 역외적용 문제로 압축될 수 있다(Ⅱ).[4]

---

4) 그밖에 어느 나라 법원에서 소를 제기할 수 있는지의 여부에 관한 재판관할권의 문제도 어려운 쟁점으로 제기될 수 있으나, 본 논문에서 주로 살펴보려고 하는 인터넷 서비스 제공자의 서비스 구성문제와는 직접적 연관성은 없으므로 본 논문에서는 자세히 검토하지 않으려고 한다(인터넷과 재판관할권에 관하여 자세한 것은 박종삼, 전자상거래분쟁에서 국제재판관할권의 논점, 중재연구 제13권 제2호, 2004; 신창선, 전자상거래에 있어서의 국제재판관할과 준거법 :스위스와 미국의 경우를 중심으로, 법학논총 제25집, 2005; 김성진, "국제전자상거래상 소비자계약분쟁의 국제재판관할권에 관한 연구 — 미국의 타깃팅 재판관할권이론을 중심으로—," 국제거래법연구 제18집 제1호, 2009 참조).

이러한 법률적 분석을 기초로 하여 사업자가 어떠한 방식으로 서비스 내지 약관을 구성해야지만, 최소한의 법률적 리스크를 안고 글로벌 스탠더드에 맞춘 서비스를 제공할 수 있는지를 살펴보려고 한다(III). 우선 다양한 서비스 구성방식을 살펴본 후 IP주소를 기초로 사업자가 특정한 국가 내지 지역만을 대상으로 서비스를 제공하여 소비자보호 관련 법률들을 합리적으로 준수하여 법률적으로 최소한의 리스크를 안고 사업을 하는 것이 기술적으로 가능한 방안에 관하여 살펴보려고 한다.

II. 글로벌 인터넷 서비스와 법률의 적용

우선 글로벌 온라인 서비스가 직면하게 되는 법적 환경을 분석하려고 한다. 이를 위하여 국내법의 해외 글로벌 인터넷 서비스에 대한 적용가능성을 중심으로 살펴보려고 한다. 이는 다른 나라의 경우 해당 국가의 법률이 해외 서비스에 대하여 언제 적용되는지가 우리나라와 완전히 동일한 방식으로 결정되지는 않겠지만, 우리나라의 경우를 분석함으로써 그 방향성을 감지할 수 있기 때문이다. 어느 나라나 마찬가지로 사법에서는 적용될 법률을 '준거법의 결정' 문제로 국제사법에서 정하고 있으며, 공법의 경우 국내법의 해외 적용문제를 '역외적용'이라는 표제 하에서 논의하고 있다. 이하에서는 사법의 대표적인 경우로 소비자법 중 소비자계약에 관한 규정을 중심으로,[5] 공법의 대표적인 경우로

---

5) 여기서 주의할 것은 우리나라의 경우 순수한 소비자 사법 내지 소비자계약법에 해당하는 법률은 없다는 점이다. 소비자기본법을 위시하여 전자상거래소비자보호법, 할부거래법 등은 사법적 규정도 있지만 행정적 규제를 중심으로 한 소비자행정법적 성질의 규정과 분쟁해결을 위한 절차법적 규정도 갖고 있는 혼합법적 성격을 갖고 있다. 따라서 국제사법에서 준거법결정의 문제에서는 이중 소비자계약법 내지 소비자사법에

개인정보보호법을 중심으로 다루려고 한다.

1. 소비자사법과 국제사법에 의한 준거법결정

(1) 국제사법과 인터넷

모든 국가는 외국적 요소가 있는 생활관계에서 적용될 법률을 결정하는 국제사법을 가지고 있다. 이 경우 사안과 가장 장소적으로 밀접한 관련성을 갖는 나라의 법률이 원칙적으로 적용된다. 실체법적 규정이 전 세계적으로 통일되어 있다면 국제사법이 당연히 필요 없겠지만, 이미 살펴본 바와 같이 전자상거래 내지 인터넷 서비스 제공과 관련하여 전 세계적으로 통일된 입법은 존재하지 않는다. 하지만 각국의 법률이 통일되어 있지 않고 인터넷 확산과 더불어 국제적인 생활이 급속도로 증가함에 따라 적용되는 법률을 결정하는 국제사법상의 저촉규정 내지 준거법규정이 갖는 중요성이 점점 커지고 있다.[6] 이러한 차원에서 각국의 국제사법 규정을 통일하려는 노력이 이어지고 있다(예: 헤이그 협약).[7]

현실적으로 현재는 법률이 통일되어 있지 않기 때문에 국제사법의 적용이 중요한 쟁점으로 떠오른다. 그런데 국제사법의 적

관한 규정만이 문제됨을 주의할 필요가 있다.

6) 인터넷과 준거법결정의 문제에 관하여 자세한 것은 장준혁, 사이버거래에서의 국제분쟁과 준거법, 국제사법연구 8호, 2003; 장준혁, 인터넷과 준거법, 인터넷과 법률 Ⅱ, 2005 참조.

7) 이와 같은 국제사법 규정이 존재함에도 불구하고 각국의 국내 법률의 내용이 다르기 때문에 인터넷을 상업적으로 활용하는 데 큰 장벽이 존재한다. 물론 앞에서 살펴본 바와 같이 이러한 국내 규정들을 전 세계적으로 통일할 수 있다면 국제사법은 필요하지 않게 된다. 그러나 이러한 통일은 아직 묘연하다. 하지만 앞으로도 계속하여 인터넷의 이용을 규율하는 법제를 가능한 한 통일하여 각국의 사업자와 소비자가 동일한 법적 환경에서 거래를 할 수 있는 기회균등을 부여하고 법적 분쟁이 발생하였을 때도 동일한 해결책에 이를 수 있는 법적 안전성을 보장하도록 국제적으로 노력할 필요가 있다.

용에 있어서 어려움은 인터넷상에서 이루어진 활동을 장소적으로 어디에서 일어난 것인지를 확정하기 어렵다는 점에 있다. 장소적으로 가장 밀접한 나라의 법률을 적용하는 국제사법상의 준거법 결정에서는 장소의 결정이 그 핵심이라고 할 수 있는데, 해당 행위가 이루어진 장소를 확정하기 어렵기 때문에 준거법 결정의 불명확성이 존재한다. 이것은 결국 사업자가 인터넷을 통하여 국제적인 상거래를 하거나 서비스를 제공하려면 모든 관련 국가들의 법률을 고려하고 이에 부합하게 인터넷상의 사업모델을 만들어야 한다는 것을 의미할 수도 있다.

(2) 인터넷 서비스 제공계약과 관련된 국제사법규정의 적용

국제사법 제25조 및 제26조에 따라 원칙적으로 적용될 준거법이 결정된다. 이 규정들은 원칙적 규정으로서 B2B, B2C 및 C2C 모두에 대하여 적용되지만, B2C 사이인 소비자거래 중 특별한 경우에 대해서 제27조의 특칙이 적용된다.

국제사법 제25조 제1항 본문에 따르면 원칙적으로 당사자가 선택한 법이 준거법이 된다(당사자자치주의).[8] 준거법에 대한 합의는 명시적 뿐만 아니라 묵시적으로도 가능하다. 일반적으로 이러한 묵시적인 준거법 합의로 추정되는 것은 법정지에 관한 합의이다. 이러한 경우에는 법정지법의 실체법이 준거법인 것으로 인정된다.[9] 당사자가 준거법을 선택하지 아니한 경우에 해당 계약과 가장 밀접한 관련이 있는 국가의 법에 의한다(객관적 연결점, 국제사법 제26조 제1항). 추정규정에 의하여 특징적인 이행이 있는 당사자의 상거소 내지 영업소가 있는 국가의 법이 가장 밀접한 관

---

8) 이러한 준거법 선택은 인터넷으로 체결되는 계약에 있어서는 주로 약관을 통하여 이루어지게 되고 이러한 약관에 규정된 준거법 선택조항은 허용되는 것으로 보고 있다(Waldenberger, BB 1996, 2370).

9) BGH WM 1969, 1140, 1141.

련이 있는 것으로 추정된다(국제사법 제26조 제2항).

단순한 매매계약의 경우 원칙적으로 매도인이 특징적인 이행을 하게 된다. 따라서 매도인의 상거소가 있는 국가의 법이 적용된다. 하지만 물질적 재화의 이전을 목적으로 하지 않는 인터넷 서비스의 경우에는 단순 매매계약에서 매도인에 해당되는 서비스 제공자의 위치를 정하기 어렵다. 따라서 온라인 서비스의 영업소가 존재하지 않고 인터넷상으로만 존재하는 경우에 사업자의 상거소 내지 서버가 있는 곳을 기준으로 준거법을 결정할 수밖에 없다.[10] 하지만 이에 대해서 상시성을 갖는 상거소와 달리 서버의 경우에는 언제든지 다른 나라로 이를 이전할 수 있다는 측면에서 서버를 기준으로 준거법을 결정할 수는 없다는 비판도 존재한다.[11]

(3) 유럽연합에서의 주소지주의

유럽연합은 전자상거래로 인한 혼란을 방지하기 위하여 입법지침에서 주소지주의(Herkunftslandsprinzip)를 규정하였다. 주소지주의는 유럽 내 회원국들 사이에서는 해당 사업자의 주소지가 있는 국가의 법을 준수하면 된다는 원칙을 의미한다. 입법지침상의 이러한 원칙은 모든 회원국들이 반영하고 있다.[12]

---

10) Ernst, JuS 1997, 777.

11) Mankowski, RabelsZ 63 (1999), S. 226 ff.; Junker, RIW 1999, 818.

12) 독일에서는 이 원칙을 온라인서비스법(Teledienstegesetz, TDG)에 반영하였고 이때 논의되었던 바를 소개하는 것은 이 문제를 더 자세히 이해하는데 도움을 줄 뿐만 아니라 입법론적으로도 좋은 참고자료가 될 수 있으므로 아래에서 소개하기로 한다(이에 관하여 김병일, “독일 연방 온라인서비스법(TDG)에서의 온라인서비스제공자의 책임 및 제한,” 비교상사법 제1권, 2004, 276면 이하 참조). 독일 정부는 원 입법초안에서는 주소지주의를 제한적으로만 받아들여서 국제사법규정과 배치되지 않는 한도에서만 이 원칙이 효력을 갖는 것으로 규정하였다. 하지만 이 안은 사업자단체로부터 강한 비판을 받았다. 독일상공회의소(DIHK)는 이용자

(4) B2C거래의 특수성

앞에서 이미 살펴본 바와 같이 계약에 관한 준거법 결정에 관하여 원칙적인 규정(국제사법 제25조 및 제26조)을 두고 있다. 다만 우리 국제사법 제27조[13]는 소비자계약에 관한 특칙규정을 두어 당사자자치의 원칙을 제한하고(제1항), 객관적 준거법의 결정 및 계약의 방식에 관하여도 일반원칙을 수정하여 소비자의 상거소지법에 의하도록 하였다(제2항 및 제3항). 국제사법 제25조가 인정하는 당사자자치 그리고 제26조가 인정하는 특징적 급부를 공

들이 유럽전역에서부터 인터넷 웹사이트에 접근할 수 있기 때문에 서비스 제공자가 그 당시로는 15개의 법체계를 모두 고려해야 한다고 지적하였다. 유럽위원회에서는 이러한 법적 불안전성을 바로 주소지주의를 도입함으로써 해결하려고 하였던 것이다. 그런데 주소지주의를 도입함으로써 우선 국제사법규정을 고려하고 그 다음에 본 규정 내용(온라인서비스법)을 고려해서 유리한지 불리한지를 비교하게 된다면, 기존의 존재하였던 법상황보다 오히려 더 복잡하게 되어 입법지침에서 의도했던 바와 배치되므로 이러한 측면에서 보았을 때 주소지주의는 명확하게 도입되어야 한다는 것이다. 따라서 사업자 단체에서는 독일 사업자에게는 독일법이, 그리고 다른 회원국의 사업자에게는 해당 나라의 법이 적용되기를 원하였다. 이에 따라 온라인서비스법 제4조에 주소지주의가 규정되었고 독일에 주소지를 갖는 사업자들은 원칙적으로 독일법만 준수하면 되고, 다른 회원국들은 해당 국가의 법을 준수하면 되었다. 물론 이러한 주소지주의는 상행위를 하는 경우만 적용되고 사인들의 거래에는 적용되지 않는다. 이 원칙은 그 후 온라인서비스법이 온라인미디어법(Telemediengesetz, TMG)으로 변경되면서 해당 법 제3조에서 거의 비슷하게 규정되어 있다. 하지만 이러한 주소지주의 규정에 대해서도 다양한 예외가 인정되고 있다. 특히 채권계약과 관련하여 온라인 서비스 사업자와 체결하는 소비자계약에 대하여는 예외가 인정되고 있다(TMG 제3조 제3항 제2호). 유럽연합의 입법지침에서 유래하고 있는 이 예외는 국제사법을 통하여 인정하고 있는 소비자 보호수준을 유지하기 위한 것이다. 결국 주소지주의를 취하더라도 소비자거래에 대해서는 사업자는 통일된 법적 환경을 갖지 못한다는 것을 의미하게 된다.

13) 본 규정은 「계약채무의 준거법에 관한 1980년 유럽공동체협약」(Convention on the Law Applicable to Contractual Obligations. "로마협약") 제5조를 본받은 것이다(로마협약에 관하여는 석광현, 『국제사법과 국제소송 1』, 박영사, 2001, 53면 이하 참조).

급하는 주소지법에의 연결은 교섭력이 강한 자 내지 사회경제적 강자 위주로 준거법을 정하는 경향을 가질 소지가 있기 때문이다.[14)]

국제사법 제27조 제1항에서는 당사자가 준거법을 선택하더라도 일정한 소비자계약의 경우 소비자의 상거소가 있는 국가의 강행규정에 의하여 소비자에게 부여되는 보호를 박탈할 수 없다고 규정하고 있다. 이에 따라 제27조 제1항을 통하여 소비자의 상거소지 국가의 소비자법이 적용된다. 그 요건으로 제27조 제1항은 소비자계약에 관하여 우선 소비자가 직업 또는 영업활동 외의 목적으로 체결하는 계약일 것을 요건으로 하고 있다. 그밖에 소비자의 상거소지법인 한국법이 적용되기 위해서는 계약을 체결하는 사정이 소비자의 상거소지 국가와 밀접한 관련성이 있을 것을 요구하고 있다. 이러한 밀접한 관련성에 관하여는 제27조 제1항의 제1호에서 제3호까지 3가지 경우를 열거하고 있으나, 인터넷거래의 특성상 제1호와 제2호만이 고려될 수 있다. 왜냐하면 인터넷 상에서 계약이 체결되는 이상 외국에 가서 직접 주문을 하는 경우는 없을 것이므로 제3호[15)]는 충족될 수 없기 때문이다.[16)] 제2호의 경우 "그 국가에서 … 주문을 받는다"는 것을 어떻게 해석하느냐가 관건인데, 인터넷 등 범세계적인 통신망 상으로 주문을 받은 경우에는 공급자가 소비자의 주문을 어느 국가에서 받은 것

---

14) 장준혁 외 6인, "전자상거래상의 국제사법적 법률문제 연구," 정보통신정책연구원, 2002, 46면; 석광현, 국제사법연구 제4호, 길안사, 1999, 313면.

15) 제3호의 "외국에 가서"라는 문언을 전자적 계약의 특수성을 고려하여 "외국에서"라는 의미로 해석하는 것이 타당할 것인지의 문제가 있다. 긍정설에서는 이것이 제27조의 입법의도를 살리는 것이라고 보며, 부정설에서는 이것은 과도한 확장해석이므로 허용되지 않는다고 한다(장준혁 외 6인, 전자상거래상의 국제사법적 법률문제 연구, 66면 참조).

16) 국제사법 개정기초자에 의하면 제3호는 외국으로의 쇼핑 주선 등을 상정한 것이다(법무부, 국제사법 해설, 2002, 99면의 주54).

인지를 반드시 용이하게 판단할 수 있는 것은 아니다.[17)]

분명한 것은 인터넷 거래의 경우 제1호가 적용될 수 있다는 점이다.[18)] 이에 따르면 사업자가 소비자의 상거소지 국가에서 광고에 의한 거래의 권유 등 직업 또는 영업활동을 행하고 소비자가 상거소지 국가에서 계약체결에 필요한 행위를 하였을 것이 요구된다. 다른 매체수단을 활용하지 않고 웹사이트 자체를 특정 국가에 맞추어서 구성하는 경우에도 본 요건이 충족된 것으로 볼 수 있을 것이다.[19)] 그 대표적인 예가 Amazon으로서 외국 현지에 지사를 두지 않으면서도 특정국가에 맞추어 페이지를 구성하고 그 나라에 적합한 상품들을 제시하고 있다. 또한 최근에 많이 활용하고 있는 Facebook도 외국지사 없이 특정 국가의 언어에 맞추

17) 석광현, 2001년 개정 국제사법 해설, 2001, 지산, 182면. 평균적 소비자의 시각에서 순수한 국내거래가 존재하는 것으로 보이는 경우 또는 사업자가 국내에 있는 서버를 사용하는 경우에는 소비자의 상거소지 국가에서 소비자의 주문을 받은 때에 해당하여 제2호가 충족하는 것으로 보는 견해가 있다(Waldenberger, BB 1996, 2371; 이와 비슷한 견해로 Mehrings, CR 1998, 620). 하지만 실체가 존재하지 않고 단지 웹사이트에만 접근할 수 있다는 이유만으로 제2호의 요건이 충족된 것으로 보기 어렵다는 것이 다수설이다. 제2호는 박람회, 전시회 등에서 소비자의 주문을 받는 경우를 상정하였기 때문에 사업자의 실체가 소비자의 상거소지에 존재할 것을 요구하고 있는 것이다.

18) 국제사법 개정기초자에 의하면 제1호는 외국기업이 국내 소비자를 상대로 통신판매를 하는 경우 등을 그 예로 들 수 있다고 한다(법무부, 국제사법 해설, 99면의 주54).

19) 사업자가 어떠한 국가를 특정하여 대상으로 삼고 있는지를 판단하기 위한 단서로는 무엇보다도 온라인 서비스가 제공되고 있는 언어가 될 것이다. 그리고 해당 서비스가 어떠한 도메인 이름을 갖고 있는지도 기준이 될 수 있어 특정한 나라의 도메인 이름을 사용한다면 해당 국가의 이용자를 대상으로 하려는 의사를 갖고 있는 것으로 해석할 수 있다. 또한 특정한 나라의 IP영역에서만 서비스가 구성되어 있어 제한된 이용자에게만 접근 가능하도록 서비스가 설계될 수 있을 것이다. 이러한 표지를 기초로 하여 종합적으로 해석하여 서비스가 대상으로 하는 이용자층을 결정해야 할 것이다.

어서 홈페이지를 구성하고 있어 이러한 예에 해당한다.

논란의 대상이 되고 있는 것은 상품판매 내지 서비스 제공을 목적으로 하는 웹사이트가 특정 국가를 대상으로 하지 않은 경우에도 본 규정에서 말하는 소비자국에서의 계약체결이전의 광고행위로 볼 수 있느냐의 여부이다.[20] 다수의 입장은 본 조 제1호를 적용함에 있어서 특정 국가의 소비자를 대상으로 하는지 여부는 중요하지 않다는 것이다.[21] 현대 정보통신수단을 활용하여 글로벌하게 사업 활동을 하는 자는 세계의 모든 소비자를 대상으로 직접적으로 사업을 할 수 있다는 장점을 누리고 있는 만큼 그에 따른 불이익도 감수해야 한다고 보는 입장이다. 이러한 입장에 따르게 되면 한국 소비자가 인터넷상으로 물건을 주문하거나 서비스를 이용하면 사업자는 항상 한국 소비자법의 적용을 받게 된다는 것을 의미한다. 이 때 사업자의 주소지가 어디인지 그리고 웹사이트를 어떻게 구성하는지는 상관이 없다. 이에 대한 반대견해는 인터넷상의 웹사이트가 의도적으로 소비자의 상거소지국가를 대상으로 하고 있는 경우에만 본조 제1호의 광고행위를 인정할 수 있다고 한다.[22] 이 견해에 의하면 웹사이트의 운영자는

---

20) 광고행위를 긍정하는 경우에는 인터넷에서 사업자가 하는 상품판매와 서비스제공에 대하여 한국 소비자에게는 언제나 한국법이 적용될 수 있고 반대로 온라인 서비스를 하고 있는 우리나라 사업자에게도 어느 나라의 소비자법이나 다 적용될 수 있다는 것을 의미한다. 실무적 중요성이 더욱 부각되는 것은 사업자가 아무리 특정 국가의 소비자를 대상으로 웹사이트를 구성하고 특정한 소비자를 대상으로 광고를 하지 않았더라도 상품 자체의 검색을 가능하게 하는 검색서비스가 증가함에 따라 다양한 국가의 소비자들이 우연히 해당 웹사이트에 연결되어 상품을 구매하거나 서비스를 이용하는 경우가 늘어나고 있다는 점이다.

21) Waldenberger, BB 1996, 2371; Kronke, RIW 1996, 988; Junker, RIW 1999, 815 f.; Martiny, ZEuP 1999, 259; Siehr, Internationales Privatrecht, 149; Staudinger/ Magnus, Art. 29 EGBGB Rn. 71.

22) Borges, ZIP 1999, 570; Pfeiffer, NJW 1997, 1214 그리고 NJW 1999, 3684 f.; Mehrings, CR 1998, 614; Gruber, DB 1999, 1438.

제한적 조치를 통하여 특정한 나라를 대상으로 하지 않거나, 특정한 나라만을 대상으로 한다는 점을 명확히 함으로써 본 조 제1호의 적용을 피할 수 있다고 한다. 이 견해에 있어서는 사업자가 설계한 웹사이트의 종류에 따라 어떠한 나라의 소비자를 대상으로 사업할 것을 기대할 수 있는지가 중요한 의미를 갖는다. 따라서 이 견해는 웹사이트 내지 광고를 통하여 특정한 지역의 소비자만을 대상으로 한다는 점을 명확히 한다면 한국 소비자법의 적용을 배제할 수 있는 가능성을 열어 주고 있다.

다수의 견해는 인터넷 거래에 있어서 소비자를 충분히 보호할 수 있는 해석이긴 하지만, 반대견해가 지적하고 있는 바와 같이 이렇게 넓게 광고행위의 의미를 해석하는 것은 본 규정의 의미와 목적에 부합하지 않는다. 본 조의 3가지 경우를 살펴보면 모두 사업자에 의하여 야기된 특정한 소비자국가의 시장과의 특별한 연관성이 전제되어 있다. 국제사법 제27조는 사업자가 광고행위 등을 통하여 특정한 시장에서 활동한 경우에 해당 국가의 법질서와 그에 따른 특별한 소비자보호규정들을 고려한 상태에서 사업을 수행해야 한다는 것이 전제되어 있다고 보아야 한다. 인터넷 서비스 제공자에게는 자신의 사업위험을 정확히 조절할 수 있도록 하여 자신이 조절한 위험 속에서만 사업을 펼칠 수 있도록 보장해야 할 것이다. 이렇게 제한된 영역에서 사업을 펼치려고 하는 중소 서비스 제공자에게 세계의 모든 법영역을 고려한 상태에서 사업을 펼칠 것을 요구해서는 안 된다. 이처럼 서비스 제공자가 제한된 영역에서 사업을 펼칠 수 있는 "사업모델"을 만들 수 있도록 보장하는 것은 정당할 뿐만 아니라, 소비자와 사업자 모두에게 이익이 되며 더 나아가서 전자상거래 발전에도 도움이 될 것이다.

(5) 구체적인 적용범위의 결정

결국 웹사이트를 통하여 사업을 운영하는 방식에 따라 어떠한 특정 국가의 소비자가 이용할 것인지를 기준으로 결정해야 한다. 구체적 상황에 따라서는 이를 판단하기 어려운 경우가 있다. 판단표지로 보았을 때 언어 내지 최상위 도메인이름만으로는 판단하기 어렵다고 할 수 있다. 영어로 된 웹페이지의 경우에는 영어가 갖고 있는 국제적 성격으로 인하여 세계의 모든 나라의 소비자를 대상으로 한다고 할 수 있다. 마찬가지로 .com 으로 되어 있는 도메인이름 그리고 가격이 $라는 화폐단위로 지불되는 경우에도 세계성을 부정할 수 없을 것이다. 그런데 영국을 나타내는 .uk 라는 도메인이름 그리고 지불화폐단위로 영국 파운드를 사용하는 경우에도 세계성을 쉽게 부정하고 영국을 대상으로 하는 웹페이지라고 말할 수 있는지는 의문이다. 영어라는 언어를 사용하는 이상 이러한 언어로 운영되는 웹페이지의 경우에는 다른 특별한 제한을 두지 않은 한 온라인상 다양한 국가의 소비자들이 이 웹페이지에 접속하여 사업자와 계약을 체결하려고 한다는 것을 충분히 예상할 수 있을 것이다.

하지만 한국어로 운영되고 있는 웹페이지에 한국어를 하는 독일의 소비자가 우연히 접속하여 물건을 주문하거나 서비스를 이용하고 원화로 대금을 지불하는 경우에 과연 지역적으로 한정된 웹페이지성이 쉽게 무너질 수 있는지는 또한 의문이다. 이 경우에는 아직 독일의 소비자와 연결시킬 수 있는 특수한 사업자의 행위가 존재하지 않는다고 보아야 할 것이다.

사업자가 계약을 체결하는데 있어서 강제되지 않은 점, 즉 체약강제가 인정되지 않는다는 점도 주목할 필요가 있다. 따라서 계약체결을 거부할 수 있음에도 불구하고 사업자가 외국의 소비자와 계약을 체결하는 경우에는 외국의 소비자가 한 주문이라는 것을 인식한 경우라고 볼 수 있으므로, 이러한 사정을 바탕으로 계약을 체결한 외국 소비자에게는 그에 합당한 보호가 인정되어야 할 것이다. 그렇다면 자동화된 주문시스템 내지 계약체결시스템으로 인해 외국의 소비자를 걸러내지 못하고 계약을 체결할 수밖에 없게 되어 있는 웹페이지를 사업자가 운영하고 있다면 이러한 경우에는 외국의 소비자와 거래를 한다는 것을 사업자가 처음부터 용인하고 있다고 보아야 할 것이다. 그렇기 때문에 이러한 자동화된 계약체결절차를 운영하는 웹페이지의 경우에는 국제사법 제27조 제1항의 적용을 받는 것으로 보는 것이 타당하다.

지금까지 내용을 종합하여 요약해 본다면 웹페이지를 어떻게 구성하느냐(도메인 이름, 언어 등)만을 기준으로 하는 것이 아니라, 더 나아가서 계약체결절차를 어떻게 구성하느냐에 따라 결정을 해야 할 것이다. 완전히 자동화된 계약체결 절차를 갖고 있고, 이 절차 안에서 해외 소비자를 배제하지 않는 경우에 사업자는 인터넷의 특성상 세계의 모든 소비자와 그 지역에 상관없이 계약을 체결하려고 하는 의도를 갖고 있는 것으로 해석해야 하고, 이에 따라 세계시장을 대상으로 하고 있는 것으로 보아야 한다. 따라서 이러한 사업자는 세계시장의 모든 소비자의 보호를 위하여 존재하는 각국의 소비자보호 관련 사법규정을 준수하고 해당 소비자의 권리를 인정한 상태에서 사업을 수행해야 할 것이다.

2. 개인정보보호법과 역외적용

(1) 인터넷과 개인정보보호법

개인정보보호법과 같은 행정규제적 성격을 갖는 법은 기본적으로 국내에서 일어나는 개인정보침해를 대상으로 한다. 따라서 우리나라 개인정보보호 관련 법률도 원칙적으로 우리나라에서 이루어지는 개인정보수집과 관련된 문제를 다루고 예외적으로 이러한 개인정보가 해외로 이전되는 경우의 문제를 다루고 있다. 하지만 지금까지 살펴본 바와 같이 인터넷은 국경이 없어서 우리나라 국민의 개인정보가 쉽게 수집되고 있는 상황에서 어느 한도에서 해외에 있는 사업자에 의한 개인정보수집 및 이용을 우리나라 개인정보보호법에 의하여 규제할 수 있는지가 문제된다.

우리나라 개인정보보호법제는 정보통신망에서 개인정보보호를 중심으로 발전해 오다가 올해에 비로소 일반법인 개인정보보호법을 갖게 되었다. 하지만 우리나라 개인정보보호법은 해외 서비스 제공자에 의한 개인정보보호 수집 및 이용에 관하여 명시적인 규정을 두고 있지 않아, 이러한 경우 어느 한도에서 개인정보보호법이 적용될 수 있는지가 문제되고 있다.

(2) 개인정보보호법의 역외적용

아직 우리나라에서는 개인정보보호법의 해외사업자에 대한 적용, 즉 역외적용에 관한 논의가 거의 없어[23] 이하에서는 독일 개인정보보호법과 관련된 논의를 참조하여 역외적용의 문제를 살펴보려고 한다.

1) 독일 개인정보보호법의 적용범위

독일 개인정보호법(BDSG)은 원칙적으로 독일에서 개인정보를 수집, 처리 및 이용하는 자에게 적용된다(동법 제1조 제5항 2문). 이를 영토주의(Territorialprinzip)이라고 한다. 그렇기 때문에 외국의 서비스 제공자가 독일 개인정보보법의 적용을 받기 위해서는 독일 "국내에서" 개인정보를 수집해야 한다.

독일 개인정보보호법상 "수집"이라고 함은 당사자에게 정보를 제공받는 것을 말한다(동법 제3조 제3항).[24] 그렇기 때문에 이와

23) 우리나라에서는 주로 경제법 내지 공정거래법의 역외적용을 중심으로 논의되고 있다(예컨대 최승필, "경쟁법의 역외적용에 대한 법적검토—역외적용 이론의 발전 및 적용상의 문제점을 중심으로—," 외법논집 제33권 제1호, 2009).

같은 개인정보가 개인정보보호법에 의한 보호를 받기 위해서는 그 수령자가 이를 처리하거나 이용해야 한다.[25] 문제는 언제 "국내에서" 개인정보의 수집이 이루어지는지의 여부이다. 기본적으로 장소적 측면을 생각해 본다면 서비스 제공자의 서버가 있는 장소와 이용자의 컴퓨터가 있는 장소를 개인정보가 수집되는 곳으로 생각할 수 있다. 여기서 장소적 의미를 구체화하는 데에 있어서 독일 해석론은 유럽연합의 입법지침[26]상 개념을 고려하지 않을 수 없다(소위 입법지침 합치적 해석). 그런데 유럽연합 입법지침에서는 유럽연합 밖의 제3국에 위치하고 있는 서비스 제공자가 개인정보처리를 위하여 유럽연합 회원국 영토 안에 있는 "수단"을 활용하는 경우에 이를 적용하고 있다.[27] 여기 "수단"에는 이용자들

---

24) 사업자가 우연하게 획득한 정보 그리고 특히 강요된 개인정보에 대한 개인정보보호법의 적용을 배제하기 위하여 "수집"이라는 것은 책임 있는 기관(verantwortliche Stelle)의 작위가 요구된다(Weichert, in: Däubler/Klebe/Wedde/Weichert, Basiskommentar zum BDSG, 2. Aufl. 2006, §3 Rdnr. 24; Gola/Schomerus, in: Gola/Schomerus, Kommentar zum BDSG, 9. Aufl. 2007, §3 Rdnr. 24).

25) 예컨대 서비스 제공자가 이메일을 통하여 개인정보를 수령하였다고 한다면 일단 개인정보보호법의 적용이 대상이 되지 않다가, 서비스 제공자가 이를 데이터베이스에 저장하여 이를 처리하게 되면 개인정보보호법이 적용된다.

26) EU 개인정보보호지침은 개인정보 이전에 관하여 준상호주의 입장을 취하여 본 지침에 부합되는 수준의 개인정보보호를 하지 못하는 제3국에 대하여는 정보의 이전을 금하고 있다. EU 집행위원회는 회원국들이 아무리 개인정보를 철저히 보호하더라도 정보를 전송받은 제3국에서 개인정보를 제대로 보호하지 않으면 자국민의 기본권이 침해될 우려가 있다고 보았기 때문이다. 다만 제3국의 개인정보보호에 관한 국내법의 직접적인 역외적용은 통상압력의 수단으로 이용될 여지가 있어 적잖은 무리가 따르므로 정보의 대외전송만을 금지하고 있을 뿐이다. EU 지침이 회원국 및 회원국민의 정보를 전송받고자 하는 제3국에게 요구하는 개인정보보호의 수준으로 국제적으로 보편성 있는 가이드라인을 상세히 정하고 여러 가지 보완적인 수단을 마련하여 그 충격을 완화하고 있는 것이 특색이다. 이에 관한 자세한 내용은 박훤일, EU 개인정보보호지침의 역외적용, 통상법률 제43호, 법무부, 2002, 105-127면 참조.

이 사용하고 있는 컴퓨터도 포함되는 것으로 이해되고 있다.[28] 문제는 어느 정도의 활용이 존재해야 하는지의 여부이다.

기술적인 측면에서 이 문제를 바라보면, 예컨대 사업자가 이용자의 컴퓨터에 설치된 소프트웨어를 통하여 이용자의 행동에 대한 개인정보를 수집한다면 이용자의 컴퓨터를 적극적으로 활용하기 때문에 "수단"을 활용하는 것으로 볼 수 있을 것이다. 따라서 이러한 경우에는 "국내"에서 개인정보가 수집되는 것으로 볼 수 있기 때문에 개인정보호법이 적용되는 것으로 해석되고 있다.[29] 실례로 Apple의 iTunes에서의 음악다운로드 서비스 중에서 "Genius-기능"을 통하여 이용자의 컴퓨터에 저장되어 있는 현황을 조사하여 이용자에게 적합한 정보를 제공하는 경우가 여기에 해당한다. 그 밖에 기술적 측면에서 보았을 때 서비스 제공자가 쿠키나 자바스크립트를 통하여 개인정보를 수집하는 경우에도 동일하다고 할 수 있다.[30]

2) 서식을 통한 개인정보의 수집과 개인정보보호법의 적용

문제가 되는 것은 서비스 제공자가 자유롭게 접근가능한 정

---

27) EU 개인정보보호지침 제3조 제1항에 의하면 개인정보의 처리를 전부 또는 일부 자동화수단(automatic means)으로 하는 경우, 또는 개인정보를 자동화 수단 이외의 방법으로 처리하더라도 그것이 파일링 시스템의 일부를 구성하거나 구성할 의도로 처리되는 경우에 적용된다. 즉 개인정보를 컴퓨터로 처리하거나 수작업(manual)으로 하더라도 개인에 관하여 일정 기준에 따라 구조화된 파일린 시스템을 갖추게 되면 동 지침이 적용되는 것이다(박훤일, EU 개인정보보호지침의 역외적용, 통상법률 제43호, 110면).

28) Scheja, Datenschutzrechtliche Zulässigkeit einer weltweiten Kundendatenbank, 2006, S. 86 f.

29) Duhr/Naujok/Peter/Seiffert, DuD 2002, 7; Damman, in: Simitis, Kommentar zum BDSG, 6. Aufl. 2006, §1 BDSG Rdnr. 226; Jotzo, MMR 2009. 236.

30) Damman, in: Simitis, Kommentar zum BDSG, 6. Aufl. 2006, §1 BDSG Rdnr. 227; Jotzo, MMR 2009. 236.

해진 웹상의 서식을 통하여 이용자들에게 정보를 제공하도록 하는 경우이며, 이러한 경우에도 서비스 제공자가 이용자들의 컴퓨터를 활용하는 것으로 볼 수 있는지의 여부이다. 이러한 경우가 개인정보를 수집하는 원칙적인 상황이기 때문에 이 사례군이 여기에 포함되는지는 매우 중요한 문제이다. 이에 대하여 다양한 견해가 주장되고 있다. 첫 번째 견해는 이러한 경우에 이용자들이 일정한 영향력을 행사하는 것이라는 측면에서 서비스 제공자들이 수단을 활용하고 있는 것으로 인정할 수 없다고 한다. 특히 서비스 제공자가 어떠한 나라의 이용자들이 개인정보를 제공하는지를 알 수 없기 때문에 그들이 준수해야 할 개인정보법률을 예견하기 힘들다고 한다. 그렇기 때문에 이 경우에는 서비스 제공자의 서버가 있는 곳의 개인정보보호법을 적용하면 된다고 한다.[31)]

두 번째 견해는 그에 반하여 서비스 제공자가 원칙적으로 서식을 통하여 제공되어야 할 개인정보의 종류와 내용을 이미 사전에 정한다는 측면에서 이용자의 서버를 기준으로 판단해야 한다고 본다.[32)] 이렇게 봄으로써 특히 서비스 제공자들이 특정한 국가의 법률을 회피하기 위하여 다른 나라에 서버를 두는 경우를 막을 수 있다고 한다. 이 견해는 첫 번째 견해보다 이러한 측면에서 엄격한 개인정보보호법을 준수하기 위하여 서비스를 다른 나라로 이전하지 않은 서비스 제공자를 불이익하게 취급하지 않게 된다는 장점을 갖는다고 한다. 그러나 이 견해에 대하여도 예컨대 우리나라 서비스 제공자가 우리나라와 미국을 대상으로 서비스를 제공하고 있는데, 독일의 이용자가 우연히 해당 서비스를

31) Damman, in: Simitis, Kommentar zum BDSG, 6. Aufl. 2006, §1 BDSG Rdnr. 223.

32) Scheja, Datenschutzrechtliche Zulässigkeit einer weltweiten Kundendatenbank, 2006, S. 90 f.

이용하기 위하여 개인정보를 제공한 경우에 사업자는 독일의 개인정보보호법을 준수해야 한다는 부당한 결과에 이르게 된다. 즉 이용자들의 컴퓨터가 있는 곳을 기준으로 해서만 개인정보보호법의 적용범위를 정하게 되는 경우 세계적으로 어느 곳에서나 접속이 가능한 인터넷 서비스의 특성을 감안한다면 사업자들은 전 세계의 개인정보보호법을 모두 준수해야 한다는 결과에 이르게 된다. 특히 외국 인터넷 서비스에 접속하는 이용자들은 인터넷상으로이기는 하지만, 외국의 법영역에서 활동한다는 것을 스스로 인식하고 있기 때문에 자신의 국내법에 의한 보호를 당연히 받을 것이라고 신뢰하지 않을 것이다.

이와 같은 문제점을 해결하기 위하여 세 번째 견해는 해외에 있는 서비스제공자가 어느 국가의 이용자들을 대상으로 하여 서비스를 제공하는지를 기준으로 개인정보보호법의 적용여부를 결정하려고 한다(수신자주의, Adressatentheorie).[33] 그렇기 때문에 앞의 예에서 서비스 제공자가 한국과 미국을 대상으로 서비스를 제공하고 있다면 한국과 미국의 개인정보보호법만을 준수하면 되고 서비스 제공의 대상국가에 속하지 않은 독일의 개인정보보호법은 고려하지 않아도 된다.

이 견해에 따른다면 서비스 제공자가 자신이 어느 개인정보보호법을 고려해야 하는지를 인식하고 스스로 결정할 수 있다. 또한 서비스 대상인 이용자들도 자국의 표준에 맞게 개인정보보호가 이루어지는 것을 신뢰할 수 있다. 따라서 이러한 해석에 따른다면 당사자들의 이해관계가 최대한 보장될 수 있을 것이다. 이러한 측면에서 보았을 때 국제적으로도 이 이론이 받아들여질 가능성이 가장 클 것이다. 또한 이 이론에 따르면 사업자의 서버

---

33) Hansen/Meissner, Verkettung digitaler Identitäten, 2008, S. 124; 이러한 기초적 시도로 Duhr/Naujok/Peter/Seiffert, DuD 2002. 7.

가 어느 곳에 있던 상관없이 서비스가 대상으로 하는 이용자들 국가의 개인정보보호법이 적용될 수 있다는 장점이 있으므로 개인정보보호법의 적용을 회피하기 위하여 다른 나라로 서버를 이전하는 현상을 막을 수 있다.

이 견해의 핵심적인 단점이면서도 이론적 어려움이라고 할 수 있는 것은 "국내의 수단에 의한 활용"이라는 표지를 어떻게 충족시키느냐이다. 왜냐하면 기술적 차원에서만 보았을 때에는 이용자가 사업자에 의하여 제공된 서식에 의하여 개인정보를 제공하는 것이 이 표지를 충족시키지 못하기 때문이다. 하지만 법률상의 요건은 단지 기술적으로만 이해할 수 없으며, 규범적인 해석과정을 거치는 것이기 때문에 이 요건을 더 넓게 해석할 수 있는 가능성은 충분히 열려 있다고 할 수 있다. "수단을 이용 내지 활용"이라는 개념은 사업자가 개인정보를 수집하면서 그 의사를 기초로 해야 한다는 것을 내재하고 있다. 그렇기 때문에 세계의 모든 이용자들로부터 개인정보를 수집하려고 하는 것이 아니라, 특정한 나라의 이용자로부터만 개인정보를 수집하려는 의사를 갖는 것으로 해석할 수 있다. 이 때 물론 객관적으로 드러난 의사를 기준으로 해석해야 할 것이다. 이러한 의사를 해석할 수 있는 단서로는 무엇보다도 온라인 서비스가 제공되는 언어가 될 것이다. 또한 해당 서비스가 어떠한 도메인 이름을 갖고 있는지도 기준이 될 수 있어, 특정한 나라의 도메인 이름을 사용한다면 해당 국가의 이용자를 대상으로 하려는 의사를 갖고 있는 것으로 해석할 수 있다. 또한 특정한 나라의 IP영역에서만 서비스가 구성되어 있어 제한된 이용자에게만 접근 가능하도록 서비스가 설계될 수 있을 것이다. 이러한 표지를 기초로 하여 종합적으로 해석하여 서비스가 대상으로 하는 이용자층을 결정해야 할 것이다. 이 때 불명확한 경우에는 서비스 제공자에게 불이익하게 해석해야 할 것이다. 이러한 불명확성이 나타날 수 있는 대표적인 경우는 해당 서비스가 특정한 나라의 제한된 도메인 이름을 사용하지 않고 서비스를 영어로 제공하는 경우이다. 하지만 이 견해에 의하면 아직도 국내의 어떠한 수단을 어느 정도 활용해야 하는지는 명확하게 밝히고 있지 않다는 문제점을 갖고 있다. 따라서 이러한 해석이 가장 합리적인 해석방안이라고 하더라도 법률규정에 부합하는 해석인지는 의문일 수 있다.

Ⅲ. 글로벌 인터넷 서비스의 법적 환경에 따른 서비스의 구성방안

지금까지 살펴본 바에 의하면 글로벌 서비스를 제공하게 되면 세계 각국의 다양한 법률의 행정적 규제를 받고 계약관계도 다양한 법률에 의하여 적용을 받게 된다. 이러한 상황에서 각 나라 행정기관으로부터 규제를 받거나, 계약관계를 둘러싼 법적 분쟁이 발생한 경우 민사상의 소송이 제기되어 외국법원에서 외국법의 적용을 받게 되는 경우가 일어날 것이다. 그렇다면 이러한 상황에서 온라인 서비스 제공자는 과연 외국의 이용자를 대상으로 서비스를 제공하는 것이 타당한지를 고민하게 된다.

본 장에서는 우선 여러 법제의 적용에 직면하는 사업자가 각국의 소비자보호 관련 법률을 준수하고 자신의 사업모델을, 특히 약관을 중심으로 어떠한 방식으로 구성할 수 있는지에 관하여 살펴보려고 한다. 그 다음으로 제한된 국가의 법적용을 받기를 원하는 사업자가 서비스의 이용범위 설정을 IP주소를 기초로 제한할 수 있는 가능성에 대하여 고찰하려 한다.

1. 글로벌 서비스의 약관 구성방안

글로벌 스탠더드를 지향하는 인터넷 사업자가 일단 외국의 이용자를 대상으로 서비스를 제공하기로 결정한 경우 사업초기에는 물론 각 국가 별로 차이를 어느 정도 고려하지 않고도 서비스를 제공할 수 있을 것이다. 하지만 서비스가 안정적으로 제공되고 이용자층이 확고히 확보된 단계에 이르면 각국의 법을 고려하지 않을 수 없다. 이 때 사업자가 각국의 다른 입법을 약관으로 반영하는 방법은 크게 세 가지를 생각할 수 있다.

(1) 가장 강한 법의 적용

우선 가장 보수적인 방법으로 각 사항마다 가장 강한 소비자보호를 추구하는 법에 맞추어서 약관과 서비스를 구성하는 방법을 생각해 볼 수 있다. 다양한 차원에서 문제될 수 있으나, 이하에서는 이를 사법적 규제의 대표적인 예로 청약 철회권을, 그리고 행정적 규제로 가격표시를 중심으로 살펴보려고 한다.

1) 소비자 청약철회권

국가에 따라서는 소비자의 철회권을 인정하고 있는 법제와 인정하지 않는 법제가 있으므로 이 방안에 따르면 청약철회권을 원칙적으로 인정해야 할 것이다. 그리고 청약철회권을 인정하더라도 인정하는 범위, 배제되는 사유, 행사기간 그리고 청약철회권의 행사로 인한 법률효과가 다르므로 실제로 소비자의 권리를 가장 확실하게 보장하는 방법으로 철회권을 인정해야 할 것이다.

2) 가격표시

가격도 되도록 모든 나라의 화폐단위로 표시를 해야 한다. 예컨대 독일어로 제작된 서비스 사이트의 경우에는 유로(독일, 오스트리아)뿐만 아니라 스위스 프랑으로도 가격을 표시해야 한다.

(2) 여러 사이트 사이의 선택 가능성 제공

두 번째 방법은 적용법률이 다를 것으로 예상되는 나라의 고객들에게 별도의 홈페이지를 개설하여 다른 계약조건에서 서비스를 제공하는 것이다. 이 방안에 따르면 첫 단계에서 서비스 이용자가 어느 나라에서 이용을 하는지를 먼저 구분하여야 한다. 물론 이 때 IP주소를 바탕으로 하여 자동적으로 어느 나라에 속하는지를 확인하여 결정하는 것이 허용되고 또한 이것으로 충분한지는 별도의 검토를 필요로 한다(아래 2. 참조). 개별적으로 마련된 사이트들은 해당 나라의 소비자보호 관련 법률을 반영하여 이에 위반되지 않는 범위에서 만들어야 한다. 이 때 약관도 해당 나라의 법률과 거래관행에 맞추어서 구성해야 함은 물론이다.

1) **소비자 청약철회권**

각 나라별로 별도의 서비스 페이지를 구성할 수 있다면 소비자 청약철회권을 법률상 인정하지 않은 국가의 경우 이를 인정하는 것이 불필요하게 되므로 굳이 이를 인정하는 서비스를 구성하지 않아도 된다는 장점을 갖는다. 예컨대 독일의 경우에는 청약철회권을 인정하고 있음에 반하여, 스위스에서는 이를 법률로 요구하고 있지 않으므로 청약철회권을 인정하지 않을 수 있다. 이 경우에도 물론 독일과 스위스 고객들을 명확히 구분하여 각국의 고객들이 해당 서비스 페이지에서 다른 계약조건으로 제공되는 서비스를 이용할 수 있도록 사업자가 보장해야 한다는 점이 전제가 되어야 한다. 즉 독일 고객들이 스위스 고객들이 이용하도록 되어 있는 웹페이지를 통하여 해당 서비스를 이용하지 못하도록 해야 한다는 것을 의미한다.

2) **가격표시**

이 방법으로 사이트를 구성하게 되면 첫 번째 방법과는 달리 가능한 모든 나라의 화폐 단위를 동시에 나열하지 않아도 되는 장점이 있다. 명확히 하나의 화폐 단위를 가격으로 정할 수 있게 된다. 따라서 스위스 고객이 서비스를 이용하는 경우에 유로가 아니라 스위스 프랑으로 지불을 할 수 있도록 웹사이트를 구성할 수 있다. 또한 각 사이트 별로 가격을 차별화할 수 있는 가능성도 열려 있다는 장점을 갖는다.

3) 평　가

이 방법이 각 나라의 입법상황에 따라 맞춤형 서비스를 제공할 수 있다는 장점은 갖지만 해당 사업자가 제한적으로 몇 개의 나라에 대하여만 서비스를 제공하려고 하는 경우에만 유용한 방법이라고 할 수 있다. 전 세계적인 서비스를 제공하는 것을 목적으로 하면서 이 방법으로 웹사이트를 구성한다면 세계의 모든 나라 숫자만큼 사이트를 별도로 만들고 약관도 그에 맞추어서 구성해야 한다는 것을 의미하게 된다. 물론 절충적으로 특별히 고려해야 할 나라만 별도로 웹사이트를 구성하고 그 밖의 국가들에 대해서는 이들 국가들을 모두 포괄하는 웹사이트를 구성하는 것을 생각해 볼 수 있다. 이 경우 모든 나라의 법제도를 고려하지 않기 때문에 100% 완전한 법적 안정성을 가져오지는 못하지만, 이용이 많이 이루어지지 않은 다른 나라의 경우에는 그만큼 법적 문제가 발생할 가능성도 낮으므로 전체적으로 위험도를 최대한 줄일 수 있는 절충적 방법이다.

(3) 특별약관의 고려

마지막으로 절충적인 방법으로서 웹페이지는 동일하게 구성하지만 계약적 측면에서, 정확히 말하면 약관을 통하여 다양한 나라의 고객을 구분하는 것을 생각해 볼 수 있다. 이 방법은 각 고객들이 자신이 이용할 서비스 페이지를 선택하지 않아도 된다는 절차상 이점이 있다. 또한 시작 페이지를 거치지 않고 바로 구체적인 서비스 내용으로 접속할 수 있어서 이용하는 이용자들에 대해서도 특별한 문제가 발생하지 않는다는 장점이 있다.

하지만 가격표시와 같은 사항에 대해서는 규제법률에 관한 내용은 준수해야 할 것이다. 그렇기 때문에 웹페이지를 이러한 방법으로 구성을 하여, 예컨대 지불수단을 미국 달러를 기본으로 표시 하더라도 해당 페이지에서 가격을 유로 내지 스위스 프랑 등으로도 표시해야 할 것이다.

여기서 각 나라의 고객에 대한 고려는 약관을 통해서 차별화하는 방안으로 이루어진다. 예컨대 철회권의 경우 철회권을 인정하고 있는 국가에 주소지를 두고 있는 고객에게만 약관을 통하여 철회권을 인정하게 된다. 이 경우 약관의 규정은 다음과 같이 구성할 수 있다.

[약관규정(예)]
한국, 유럽연합 회원국에 주소지를 갖고 있는 고객의 경우에는 다음과 같은 요건이 충족된 경우에 철회권이 인정된다.
…

그리고 약관을 구성함에 있어서 추가로 고려해야 할 점은 모든 고객들에게 한국법의 적용을 합의해서는 안된다는 점이다. 즉 이처럼 한국법을 준거법으로 정하게 되면 철회권을 모든 고객에 인정해야 되기 때문에 철회권을 해당 국가에서 인정하지 않은 경우까지 철회권을 보장하게 된다. 따라서 준거법 결정에 있어서도, 다시 말하면 준거법을 규정하는 약관조항에서도 소비자의 주소지를 기준으로 준거법을 구분하여 규정해야 할 것이다.

1) **주소지를 기준으로 준거법을 정하는 약관규정의 허용가능성**

고객의 주소지를 기준으로 준거법을 정하는 약관규정을 만드는 것이 준거법 결정에 관한 국제사법상 허용되는지가 문제된다. 이 쟁점이 우리나라의 법정에서나 유럽연합국의 법정에서 문제되어 우리 국제사법이나 유럽연합의 Rome I 협약이 적용된다는 것을 기초로 해서 살펴보기로 한다.

당사자들 사이의 합의를 통해 준거법을 자유롭게 선택할 수 있다는 원칙은 소비자계약에서도 동일하게 적용된다. 하지만 이미 살펴 본 바와 같이 소비자보호를 위해서는 해당 소비자의 상거소지의 소비자법의 적용을 배제하지 못한다(예: 국제사법 제27조). 이는 만약에 한국 서비스 제공자가 한국법을 적용한다고 준거법규정을 약관에 두었다 하더라도, 독일이나 스위스 소비자가 계약을 체결한 경우에 독일법 내지 스위스법에서 소비자에게 보장하고 있는 보호를 배제하지 못한다는 것을 의미한다.

하지만 여기서 제시하고 있는 방법에 따라 한국 소비자에게는 한국법을 그리고 독일 소비자에게는 독일법을 준거법으로 정하는 약관규정을 둔다면 이러한 문제는 수월하게 해결될 것으로 보인다. 오히려 해당 소비자에게 주소지법에서 보장하고 있는 수준을 보장하겠다고 약관규정에서 선언하고 있는 것이므로 크게 문제가 없는 것이다.

2) 약관규제법에 의한 검토

그 밖에 고객의 주소지를 기초로 적용범위를 구분하는 약관규정은 법적으로 크게 문제되지 않을 것으로 보인다. 하지만 몇몇 국가(유럽연합 국가, 한국 등)에서는 특별히 약관의 불공정성을 규율하는 법률, 즉 약관규제법이 있으므로 이 조항이 약관규제법의 시각에서도 유효한지를 검토할 필요가 있다.

첫째, 이 조항이 의외조항에 해당하여 무효인지를 검토해 볼 수 있을 것이다(약관규제법 제6조 제2항 제2호). 의외조항이라고 하기 위해서는, 예컨대 웹페이지에서 포괄적인 철회권이 인정되고 있음을 명시·설명하고 있어서 고객이 일반적으로 철회권을 갖는다고 생각하였는데, 구체적인 약관조항에서 일부 소비자에 대해서는 철회권을 법률로 인정하고 있지 않는 국가의 법을 적용한다고 하여 일부 소비자에게는 철회권이 인정되지 않은 결과를 가져

와야 한다. 즉 당연히 의외조항이 되는 것이 아니라, 웹페이지를 어떻게 구성하는지가 문제된다. 따라서 철회권의 경우에도 계약을 체결하는 과정에서 계약관련 정보를 제공하면서 철회권이 인정되는지의 여부를 분명히 밝혀야 할 것이다. 이렇게 구성해야만 의외조항의 문제를 피할 수 있을 것이다.

둘째, 고객에게 불리한 조항에 해당하여 무효인지를 검토해 볼 수 있다(약관규제법 제6조 제2항 제1호). 조항의 불공정성은 원칙적으로 임의규정을 기초로 해서 판단하는 것인데, 앞에서 살펴본 국제사법조항의 규정내용을 보면 최소한 소비자의 상거소지법의 보호를 보장하라고 하는 것이 법률규정에서 정해진 척도라고 볼 수 있다. 이에 바로 부합하는 내용을 담고 있기 때문에 원칙적으로 고객에게 불리한 조항으로서 무효라고 보기는 힘들 것이다.

3) 평 가

약관에서 특별히 고려할 수 있는 소비자의 범위 내지 사항이 다양하지 않기 때문에 이 방법도 제한적인 범위의 나라에 서비스를 제공하는 경우에 효과가 있다고 볼 수 있을 것이다.

(4) 소 결

지금까지 살펴 본 서비스 구성 및 약관의 구성방안 중에서 완벽한 해결책을 제시해 주는 것은 없다. 첫째 방안은 너무 경직되고 사업자에게 과도한 부담을 주기 때문에 법률적으로 가장 안전한 방법이긴 하지만 현실성이 없다. 두 번째 방안은 각 서비스가 언어를 중심으로 별도로 구성된다는 측면에서 어느 정도 고려할 수 있는 모델이다. 한국어처럼 단일 국가에서 사용되는 언어의 경우는 모르지만, 독일어처럼 여러 나라가 사용하는 언어의 경우 다양한 법제를 고려해야 하는 부담이 발생한다. 특히 영어의 경우 전 세계적 특성이 있어 각 나라의 법률을 고려하는 것은 현실성이 없어진다. 세 번째 방안은 이미 몇 개 글로벌 서비스에서 그 실례를 찾아볼 수 있다. 그 실현가능성이 가장 크다고 하지만 문제된 쟁점에 대하여만 특별히 고려하고 대부분의 경우는 통일된 서비스와 약관을 갖고 있어 법적 분쟁에 가장 취약한 모델일 것이다.

2. 인터넷에서의 지역설정 : Zoning과 Geolocation을 통한 기술적 실현가능성

서비스모델과 약관의 구성방안을 기초로 해서 보았을 때 국경 없는 인터넷에서 서비스 제공자가 일정한 지역 내지 국가에 대한 사업을 하거나 하지 않을 수 있는 가능성이 존재해야 서비스 제공자가 스스로 법의 미로에서 자신이 적용받을 법을 선택하는 것이 가능해진다. 이러한 인터넷에서의 지역설정 가능성에 관하여 살펴보려고 한다.

(1) 논의가 된 첫 사건 – 야후 나치 기념물 사건

프랑스의 한 법정은 미국의 야후에게 프랑스 인터넷 사용자들이 나치의 기념물들을 파는 사이트에 접속하지 못하게 하라고 명령하였다.[34] 고메즈 판사는 본 판결에서 프랑스인들에 대한 야후의 나치 상징물 경매금지명령을 확정하였다.

고메즈 판사는 인종간의 혐오를 야기하는 야후의 상품판매 및 전시를 금하는, 즉 프랑스 법을 지켜야 한다는 입장을 지지하였다. 이에 대해 야후는 미국에서 운영되는 영어 사이트에 제재를 가하는 것은 지나친 조치이며, 미국은 헌법상 표현의 자유를 인정하므로 나치 상징물을 경매하는 것을 금지할 수 없다고 주장

---

34) http://www.humanrights.or.kr/old/NEWS/NEWS001123.htm. 이에 관하여 자세한 것은 윤종수, "인터넷에서의 국가관할과 국내법의 역외적용," 공법연구 제39집 제1호, 한국공법학회, 2010, 30-31면 참조.

하였다. 야후의 프랑스어 사이트인 Yahoo.fr은 이러한 경매를 하고 있지 않지만, 프랑스 사용자들은 세계의 다른 모든 사람들처럼 한 번의 마우스 클릭으로 Yahoo.com의 서비스를 이용할 수 있다.

고메즈 판사는 본 판결의 내용대로 실제 기술적으로 실행 가능한지에 대해 세 명의 컴퓨터 전문가들의 결론이 나올 때까지 판결을 연기했다. 야후는 프랑스인만을 선별하여 사이트에 접근할 수 없도록 하는 이중 장치는 없다고 주장하였으나, 파리법원은 법원이 임명한 3명의 전문가들로부터 사용자의 국적과 패스워드 확인을 통해 90%가량을 식별할 수 있다는 보고를 받고 이와 같은 판결을 내렸다. 세 명의 웹 보안 전문가는 필터링 시스템은 서퍼들이 사용하는 키워드뿐만 아니라 웹 서퍼들의 IP주소를 검사함으로써 작동할 수도 있다고 진술하였다.

고메즈 판사는 캘리포니아에 기반을 둔 야후에게 대책을 마련할 90일간의 시간을 주면서, 이 기한을 넘길 경우 하루에 10만 프랑(만 3천 달러)의 벌금을 물어야 한다고 판결했다. 하지만 미국의 법원들은 프랑스법원의 판결 집행을 거부하였다.[35)]

(2) 인터넷에서의 지역설정과 쟁점

미국 법원에 의하여 거부되기는 하였지만 위 사건으로 IP주소를 통하여 인터넷상으로 유효하게 지역설정을 할 수 있는지의 문제가 처음 논의되었던 것이다. 이러한 지역설정이 가능하다면 어느 나라의 법률이 적용되는지에 관한 법의 충돌이 기술적으로 해결될 수 있을 것이다. 이처럼 웹상 접근가능성을 지역적으로 제한할 수 있다면 웹사이트는 모든 국가의 적용을 받는 것이 아

---

35) U.S. District Court for the Northern District of California MMR 2002, 26 — Yahoo v. LICRA.

니라, 기술적으로 시장을 결정하여 제한된 대상지역 법의 적용을 받는다고 할 수 있을 것이다.

이와 같은 지역설정을 Zoning이라 하며 이는 인터넷상의 정보접근과 정보내용을 지역적 구분에 맞추어서 구성하는 것을 말한다.[36] Zoning의 목적은 웹상의 내용을 특정한 고객층에 맞추는 것, 예컨대 지역적 광고를 하는 것을 말한다. 다른 한편 각국의 다른 법률 상태를 피하기 위한 법률적 목적도 있다. Zoning의 특수형태가 Geolocation 또는 Geo-Targeting이다. 이는 IP주소를 통하여 지역적 위치를 정하는 절차를 말한다. 이미 많은 서비스 제공자들이 Geolocation절차를 이용하여 서비스를 구축하고 있다.

(3) Geolocation의 법적 의미

Geolocation절차는 인터넷 이용자의 장소가 문제될 때 의미를 갖는다. 우선 방송영역에서 온라인으로 스포츠경기를 중계할 때 정확히 방송지역을 맞추어서 보낼 수 있도록 해준다. 또한 음악과 영화의 경우도 이미 미국에서 발표 내지 상영이 되었지만, 아직 한국에서 발표 내지 상영이 되지 않은 경우 미국의 서비스 제공자가 이를 이미 온라인으로 제공하고 있는 경우 지역적으로 한국의 이용자들을 차단할 필요가 있는 것이다.

행정법, 형법과 같은 법영역에서 Geolocation절차가 의미를 가질 수 있다. 앞의 프랑스 사건처럼 나치 내용을 담고 있는 사이트의 경우 독일 이용자들을 차단할 수 있다. 또한 온라인 도박을 금지하고 있는 나라의 이용자들의 접속을 차단할 수 있다.

마지막으로 국제적인 재판에서 법원의 재판관할권과 연관해서도 의미를 갖는다. 해외의 접속을 전부 차단한다면 국내 법원

36) 이에 관한 시론적 논문으로 Hoeren, Zoning und Geolocation — Technische Ansätze zu einer Reterritorialisierung des Internet, MMR 2007, 3 ff.

에만 재판관할권이 인정될 수 있다. 왜냐하면 이러한 경우에 외국에 대한 침해행위가 존재하지 않기 때문이다.

(4) Geolocation의 적용례

Geolocation절차는 이미 인터넷으로 많이 활용되고 있다. Google의 경우 한국에서 google.com을 치면 한글로 된 문구를 볼 수 있다. PayPal의 경우 Geolocation절차를 이용하여 지불과 관련한 지역적인 차이를 반영하고 사기적 행위를 방지하고 있다. 이메일 서비스 제공자인 DidTheyReadIT는 언제, 얼마동안 그리고 어디서 이메일을 읽었는지를 보여주고 있다. 또한 광고영역에서도 Geolocation절차가 이용되어 DoubleClick과 Google에서는 고객에게 지역 맞춤광고를 제공하고 있다. 뿐만 아니라 정치적 목적으로도 Geolocation절차가 이용되어 중국정부의 경우 자국민에게 보여주고 싶지 않은 외국 웹사이트를 차단하고 있다.

(5) 평가 및 의의

아직도 기술적으로 Geolocation절차가 완벽한 것은 아니기 때문에 법률적 의미에서 확실한 의미를 가진다고 볼 수 없을 것이다. 하지만 Geolocation절차가 많이 활용되고 있는 지역맞춤광고, 지역에 따른 결제과정의 조정, 시장조사, 스팸보호, 이용자에 맞는 화폐와 언어의 제공 등의 영역에서는 Geolocation절차가 갖고 있는 부정확성이 큰 의미가 없어 이를 활용하는 것에는 큰 문제가 없을 것이다. 하지만 100%의 보장이 없는 현재의 Geolocation절차에서는 그 밖에 특정지역의 이용자들을 차단하라고 하는 행정적 제재의 유효성에 대하여는 아직 논란이 있을 수 있다.

Ⅳ. 결 론

1. 논의내용의 요약

1) 글로벌 서비스를 제공하는 사업자는 영업소가 있는 해당 국가의 법률은 물론 그 사업자가 의식적으로 서비스 대상으로 하는 나라의 소비자보호 관련 법률을 준수해야 할 것이다. 이것은 국제사법과 소비자법 측면에서 그리고 행정적 규제를 목적으로 하는 개인정보보호법의 분석을 통하여 얻어질 결과이다. 따라서 사업자가 특정한 국가만을 대상으로 하는 서비스모델을 갖고 있지 않은 한 인터넷 서비스 제공자는 수많은 나라의 법을 준수해야 하는 위험에 처해져 있다.

2) 다양한 나라의 법률을 준수해야 하는 사업자들이 사업모델 및 약관을 구성하는 방법은 그리 쉬운 것이 아니다. 가장 강한 법규제를 중심으로 구성하면 너무 큰 부담이 될 것이고, 국가별로 별도의 서비스 사이트를 개설하는 것도 어려울 것이다. 그에 반하여 가장 큰 문제가 되는 법적 쟁점을 중심으로 나라별로 예외를 두는 방법은 현실적으로 사용되고 있는 방법이기는 하지만, 이러한 방법을 취한 서비스 제공자는 특수성을 반영하지 못한 나라의 규제당국으로부터 행정적 조치 내지 해당 나라로부터 소송을 당할 위험성을 안고 사업을 하게 된다. 이에 따라 일정한 나라에 대하여만 서비스를 제공하기 위하여 IP주소를 기초로 지역적인 한계를 설정하는 Geolocation의 방법이 어느 정도의 해결책을 마련해 줄 수는 있을 것이다.

2. 논의내용에 따른 결과분석

(1) 국내 인터넷 기업과 외국 인터넷 기업의 역차별

인터넷 산업의 성장으로 우리나라 인터넷 기업들은 국내에 진출한 외국 인터넷 기업과의 경쟁뿐만 아니라, 해외에서 직접 물품을 판매하거나 서비스를 제공하는 경우에도 외국 인터넷 기업과 경쟁을 하고 있다. 물품의 경우 배송이라는 지역적 한계가 아직 남아 있다고 할 수 있지만, 콘텐츠 서비스의 경우 배송이라는 문제가 없기 때문에 글로벌한 경쟁 환경은 더욱 가속화되고 있다고 할 수 있다. 이처럼 Google, Facebook, Apple 등과 같은 세계적인 기업들과의 무한 경쟁의 시대에 직면하면서 우리나라 인터넷 기업들은 한국에서는 물론 세계적인 서비스를 지향하는 글로벌 스탠더드에 부합하는 서비스의 개발이라는 대과제에 직면하게 되었다.

무엇보다도 국내·해외의 법제도의 차이는 국내 인터넷 기업이 글로벌 서비스를 진행함에 있어서 장애가 되고 있을 뿐만 아니라, 국제 경쟁력을 약화시키기는 요소로 작용하고 있다. 구체적으로 국내 인터넷 기업이 외국의 법제를 충분히 숙지 못한 상태에서 무리하게 진출하여 현지에서 예기치 못한 법률의 규제를 받거나, 아니면 국내보다 강한 규제를 받게 됨으로써 국내 인터넷 기업의 해외진출에 있어서 상당히 큰 장애가 되고 있다. 뿐만 아니라 국내 인터넷 기업이 해외에 진출했음에도 불구하고 여전히 국내법의 규제를 받으면서도 새로이 외국법의 규제를 받게 되어 국내·외적 규제가 중복적으로 적용되는 상황에 놓이게 될 경우에는 결과적으로 이것이 해외진출의 실패로 이어지게 되는 사례가 적지 않다. 반면에 국내에 진출한 외국 인터넷 기업들이 실제 국내 법률에 의한 규제를 받지 않거나, 이를 거부하는 사례가 빈번하게 발생하고 있어, 국내법의 적용이라는 측면에서 국내 인터넷 기업과 외국 인터넷 기업과의 역차별 문제가 대두되고 있는 실정이다.

(2) 국내·외 법적 환경 차이에 따른 국내 인터넷 기업 경쟁력 약화

국내 인터넷 기업과 외국 인터넷 기업이 한국 이용자들을 대상으로 서비스를 제공하는 경우와 외국 이용자들을 대상으로 서비스를 제공하는 경우 모두 동일하거나 아니면 적어도 유사한 법적 환경에서 서비스를 제공할 수 있도록 하여 외국 기업과의 사실상 역차별을 막고 우리 기업의 국제경쟁력 제고에 기여할 필요가 있다고 할 수 있다.

국내적 법률 환경을 기초로 해서 보았을 때, 한국의 법률은 이용자 내지 소비자보호를 위하여 상당히 많은 그리고 강한 규제를 갖고 있다. 예컨대 약관규제법에 의한 3단계 통제, 소비자법상 청약철회권, 정보제공의무, 개인정보보호에 관한 법률들이 바로 그러하다. 이에 반하여 외국의 경우에는 기업의 보다 더 자율적인 서비스가 가능하도록 하는 법률적 환경을 갖추고 있다는 데서 제도적 차이가 존재하고, 따라서 이러한 부분으로 인해 이미 국내 인터넷 기업과 해외 인터넷 기업과의 경쟁력의 차이가 발생하는 것이 현 실정이라고 할 수 있다. 해외 인터넷 기업이 외국 이용자들을 대상으로 서비스를 제공할 때 이와 같은 보다 완화된 규제 속에서 자유롭게 서비스를 제공하는데도 국내 인터넷 기업은 외국 이용자들을 대상으로 세계적인 서비스를 제공할 때에 반드시 국내법(한국법)을 준수해야 한다면, 국내 기업의 경쟁력 약화를 초래할 여지가 있다. 이러한 측면에서 입법부의 법 개선작업과 행정부의 공정한, 더 나아가 균일한 법집행이 요구된다고 할 수 있다.

(3) 세계법의 적용과 글로벌 스탠더드의 모습

이러한 상태에서 국내법의 적용영역과 해외법의 적용영역을 명확히 하는 작업이 필요하다고 할 수 있다. 이는 법의 적용과 관련하여 인적·지역적 특성을 벗어난 인터넷 서비스의 특수성으로 인하여 직면하게 되는 새로운 과제에 해당한다. 즉 글로벌 서비스를 지향하고 있는 인터넷 기업은 어느 정도 다른 나라 법률을 준수하여 사업을 수행해야 하는지 아니면 이를 무시한 채 공정하다고 판단되는 자체 기준으로 일률적인 서비스를 제공할 수 있는지에 관한 식견을 기초로 서비스를 해야 한다.

본 논의를 기초로 해서 보았을 때 사업자는 영업소를 둔 국가의 법 및 서비스가 대상으로 하고 있는 나라의 법을 준수해야 한다는 것이 잠정적 결론이라고 할 수 있다. 하지만 글로벌 서비스를 제공하기 위해서 영어로 해당 서비스를 구축한 이상 세계의 모든 나라의 법을 준수해야 한다는 결론에 이르게 될 수 있다. 이러한 측면에서 보았을 때 해당 사업자에게 가장 강한 규제의 법률을 따라 서비스를 제공하라고 하는 것은 법적 안전성에서는 매우 타당할지는 몰라도 사업자가 서비스모델 및 수익모델을 설정함에 있어서 너무 가혹한 요구가 될 것이다. 현재의 시점에서 잠정적으로 제시할 수 있는 글로벌 스탠더드는 현재 다른 글로벌 서비스가 대부분 하고 있는 바와 같은 일반적 서비스 모델을 개발하고 법률문제가 심각하게 등장할 수 있는 개인정보보호, 지적재산권 등의 영역을 중심으로 서비스 대상으로 하고 있는 다른 나라의 법률을 검토하여 서비스를 제공하는 방안일 것이다. 그리고 아직 완벽하지는 않지만 IP주소를 기초로 하여 이용자들의 주소지를 판별하여 각 나라별로 맞는 서비스를 점차 개발하는 것이 지향점이 될 수 있을 것이다.

색인어

글로벌 스탠더드, 인터넷 서비스, 국제사법, 개인정보보호법, 이용자보호

P2P서비스와 이용자보호

김 도 년*

차 례

Ⅰ. 문제제기

P2P(Peer to Peer)서비스는 파일공유서비스로 알려져 통칭되고 있다. P2P서비스는 개인들 사이에서 파일을 직접 공유·교환할 수 있는 서비스로서, 그 기본적인 취지는 회원들 사이의 자료의 공유를 통한 많은 자료의 획득에 있다. 우리나라의 경우 음악파일과 같은 용량이 작은 파일을 공유하기 위한 P2P 프로그램이 확산되었는데,[1] 공유프로그램을 제작 배포했던 온라인 서비스 제공자와 저작권자(특히 음악 저작권자)들의 소송을 통해서 많이 쟁점

* 한국소비자원 선임연구원, 법학박사.

1) 고홍석 외 1인, "온라인저작권 소송 사례 비교분석: 한국소리바다와 미국 그록스터 판결의 경우," 한국언론학보 제52권 1호, 2008. 2, 34면.

화되었다.[2] 이후 P2P 서비스가 웹스토리지(웹하드)형태로 제공되면서, 특정개인이 영상물, 음악 그리고 각종 소프트웨어를 비롯한 각종 전자 자료를 배포하는 장이 형성되었다.

한편 본래의 P2P 서비스는 당해 서비스에 참가하는 회원이 많아야 정보량이 풍부해지고, 그만큼 회원들 사이에서 활발한 정보공유가 이루어진다. 그 과정에서 P2P 서비스 제공자들은 검색에 대한 대가를 얻거나, 제3자로부터 광고게재를 허용하여 광고수입을 회득할 수 있었다. 때문에 서비스에 참가하는 회원의 수는 P2P 서비스 제공자의 수익에 절대적인 영향을 미친다. P2P 서비스가 웹스토리지 형태로 제공되면서 서비스 제공자들은 더 많은 광고를 할 수 있게 되었고, 안정적인 전송서비스를 제공함에 따라서 전송서비스에 대한 대가도 취하고 있다.[3]

최근의 P2P 사이트는 회원에게 무료로 제공하는 쿠폰을 제공하여 서비스에 참가하는 회원의 수를 늘리고, 그 과정에서 수집한 회원의 개인정보를 제3자에게 제공하는 서비스가 일반화되고 있다.[4] 이와 같은 웹스토리지 형태의 P2P가 일반화되면서 상세한 개인정보의 기입이 전제됨에 따라서, 이를 제공받은 제휴업체들은 실질적인 광고를 할 수 있게 되었다.

---

2) 김왕석 외 3인, "파일공유 서비스와 인터넷 음악 저작권의 인식에 대한 연구: 한국과 미국의 대학생들의 비교 연구를 중심으로," 한국언론학보 제49권 1호, 2005. 2월, 221면 이하.

3) 본 논문에서 검토의 대상이 되는 주된 P2P 서비스 제공자는 "짱큐(http://jjangq.co.kr)", "디비고(http://www.dbgo2.com)", "파일시티(http://www.filecity.co.kr)", "쉐어박스(http://sharebox.co.kr)", "클럽박스(http://www.clubbox.co.kr)", "피디박스(http://www.pdbox.co.kr)", "빅파일(http://www.big-file.co.kr)" 등이다. 랭키닷컴(http://www.rangky.com)에 따르면 2011년 5월 10일 기준으로 업계순위는, 쉐어박스 1위, 짱큐 4위, 빅파일 11위, 파일시티가 17위, 클럽박스 20위를 차지하고 있다.

4) 음식점 등에서 무료다운로드 쿠폰을 손쉽게 구할 수 있고, 컴퓨터 등의 전자제품을 구입하는 경우 다양한 쿠폰이 함께 동봉되어 제공되고 있다.

P2P 서비스를 둘러싼 법적 분쟁은 다양하다. 저작권 침해를 둘러싼 분쟁은 이전부터 지속적으로 문제제기 되고 있다. 이와 더불어 최근에 쟁점이 되고 있는 것은 P2P 서비스 제공자가 이용자의 개인정보를 광고업자들에게 제공하고 있는 점이다. 회원을 확보하기 위해서 저작권의 침해 및 음란물의 제공이 활발하게 이루어지고, 이를 이용하기 위해 가입한 P2P 서비스 이용자는 자신의 개인정보를 제공한다. 그러나 P2P 서비스 이용자들은 자신의 개인정보가 어떻게 활용되는지 잘 인지하지 못하는 상태에서, 단순히 제휴업체들의 직접적 또는 간접적 광고의 대상이 될 뿐이다. P2P 서비스 제공자가 본인의 서비스를 이용하는 회원의 개인정보를 제3자에게 제공 및 열람하게 하는 경우, 회원의 동의가 있는 한 불법은 되지 않는다고 한다. 그렇지만 P2P 서비스 가입 시 명시적이고 개별적인 동의절차 없이, P2P 서비스 이용약관에 동의한다는 형식적인 동의만으로 P2P 서비스 이용자의 개인정보가 포괄적으로 제공된다는 점은 문제이다. 더 나아가 P2P 사이트에 가입한 회원이 자신의 개인정보를 제3자에 대하여 자신의 개인정보를 관리 및 처분할 권한을 가지지만, 이미 제3자에게 제공된 개인정보를 손쉬운 방법으로 파기할 방법이 없다는 점은 이용자보호에 크게 반한다.

본 논문은 이와 같은 문제의식을 가지고, P2P 서비스에 있어서 이용자보호를 검토하고자 한다. 이를 위하여 P2P 서비스의 현황과 P2P 서비스 계약의 형태 및 과정을 살펴보고자 하며, 그 과정에서 P2P 서비스업자들의 이용자 권익을 침해하는 모습과 P2P 서비스 이용자의 보호를 위한 방법을 고려해 보고자 한다.

II. P2P서비스의 개념과 역할

1. P2P 서비스의 개념

원래 P2P서비스는 인터넷에 연결되어 있는 여러 가지 형태의 리소스(저장 공간, CPU 파워, 콘텐츠, 그리고 연결된 컴퓨터를 쓰고 있는 사람 그 자체)를 이용하는 일종의 응용 프로그램이다. 그런데 이들은 고정된 IP 주소도 없고, 연결이 되었다 안 되었다 하는 '불안정한' 형태로 존재하는 분산된 리소스이다.[5] 따라서 강력한 중앙의 서버들의 영향력이 미치지 않는다. 그런데 기본적인 P2P 서비스와 달리 중앙서버에 파일을 업로드하고, 파일공유 참가자들에게 검색을 용이하게 하고 파일제공자의 컴퓨터 상태와 상관없이 자료를 제공하는 경우도 있다. 즉 컴퓨터 파일의 저장 공간인 스토리지를 확보하여 이용자들로 하여금 인터넷 접속이 가능한 어느 곳에서나 인터넷을 통해 업로드, 열람, 편집, 다운로드 할 수 있도록 하고, 나아가 다른 사람들도 그 파일을 다운로드 받을 수 있도록 하여 파일의 공유를 가능하게 하는데,[6] 이를 웹

5) P2P 방식도 여러 가지가 있는데, 하이브리드 P2P 방식은 타 이용자의 접속이나 위치정보 또는 교환 대상 파일들의 리스트를 중앙 서버가 제공하는 방식(예: 소리바다1)이고, 순수 P2P 방식은 중앙 서버가 없는 대신에 슈퍼노드(super node) 또는 슈퍼 피어(super peer)를 사용하는 방식(예: 소리바다5)이다. 슈퍼노드 방식이란 정보 검색자가 자료를 검색하면 그와 연결된 컴퓨터 중에서 가장 좋은 몇 개의 컴퓨터만 정보제공자로 임의로 지정되는 방식을 말한다.

6) 웹스토리지 서비스는 사실상 웹하드서비스이지만, 불특정 다수의 접속자가 파일을 다운로드 받는 것을 원칙으로 한다는 점에서 보통 저장 공간으로써 웹하드와 구분된다. 한편 웹스토리지는 인터넷 디스크와 구분된다. 인터넷 디스크는 하드디스크를 직접 네트워크에 연결함으로써 인터넷을 통해서 웹스토리지와 마찬가지로 파일을 공유, 전송할 수 있는 장치이다. 웹스토리지가 지속적인 고정비가 들고 보안의 문제와 파일

스토리지 서비스라고 한다.[7] P2P 서비스나 웹스토리지 서비스는 모두 파일공유기능을 가지고 있고, 파일의 검색과 다운로드를 원활하게 하는 응용프로그램을 활용한다는 점에서 공통적이다. P2P 서비스와 웹스토리지 서비스의 차이는 파일공유방식의 차이이고, 일반적으로 P2P 서비스라 함은 이 두 가지 서비스를 통칭한다.[8]

2. P2P 서비스의 사회적 기능

한편 P2P 서비스는 인터넷포털서비스와 같이 반드시 필수적인 서비스라고 보기는 어렵다. 현재의 우리나라 인터넷 사용 환경에 있어서 인터넷포털이 기본적으로 제공하고 있는 메일서비스 및 검색서비스는 필수적인 서비스임에 틀림없다.[9] 그러나 P2P서비스가 가지고 있는 주된 기능이 본인이 가지고 있는 자료를 불특정 다수인에게 적극적인 복제 및 전송을 함에 있으므로, 현재의 인터넷 환경에서 이를 반드시 P2P만을 통해서 할 수 있는 것은 아니므로 필수적인 서비스라고 보기 어렵다. 또한 P2P 서비스

용량에 제약을 가진 것에 비하여 인터넷 디스크는 본인이 직접 저장장치를 관리하고 통제할 수 있으며, 초기 투자비 외에는 별도의 비용이 들어가지 않는다. 이러한 인터넷 디스크는 웹스토리지 기능 외에도 인터넷 공유기와 웹서버, 메일서버, 그리고 무선 AP 등의 다양한 기능을 복합적으로 제공하고 있다.

7) 최상필, "웹스토리지 서비스에 관한 법률관계," 동아법학 제44권, 2009, 223면.

8) 보다 엄밀하게 말하면, 공유될 파일이 저장된 곳의 차이이다. 웹스토리자의 파일공유는 서비스 가입자의 컴퓨터의 작동여부와 상관없이 회원의 파일을 검색 다운로드 받을 수 있는 장점이 있는 것이다. 웹스토리지는 회원이 서비스제공자가 가지고 있는 컴퓨터 저장 공간을 임차한 것으로 회원이 제공한 파일을 특정 다른 회원에게 제공한다는 점에서 본래의미의 P2P 서비스와 유사하다.

9) 성준호, "인터넷포털서비스 이용약관의 공정성문제에 관한 소고," 소비자문제연구 제39호, 2011년 4월, 43면.

를 이용하기 위해서는 회원들 사이에 동일한 프로그램을 사용하므로 메일서비스에 비하여 폐쇄적이다.

그러나 P2P 서비스를 통해서 다양한 미디어(영화, 방송, 음악 등)를 향유하는 것이 일반화되었고,[10] 유용한 소프트웨어의 보급에 기여를 하고 있다. 물론 음란물이 빠르게 퍼지는 창구이기도 하고, 저작권법상 복제권과 전송권이 광범위하게 침해되는 공간이기도 하다. 인터넷 이용자들로 하여금 직간접적으로 인터넷 보급에 기여를 하였다고 볼 여지가 있으나, 불법행위로 인한 역기능도 상당하다.

최근 들어 P2P서비스 제공자들의 수익구조가 다수 회원들의 개인정보를 제3자에게 제공하고 수익을 얻는 사업구조가 보편화되면서, 제휴업체의 광고대상이 될 회원의 모집창구로써 기능도 한다고 볼 것이다.

Ⅲ. P2P서비스 이용계약

1. P2P 서비스 이용자와 서비스 제공자 사이의 계약

P2P 서비스는 개인들 사이의 파일 공유를 원활하게 하는 서비스로써, 일정한 프로그램 또는 P2P 서비스 제공자가 제공하는 저장공간을 무상 또는 유상으로 사용하게 한다는 점에서 사용대차 또는 임대차라고도 볼 수 있고, 전송을 원활하게 해 줄 사무를 위탁한 것으로 위임이라고 볼 여지도 있다. 뿐만 아니라 공유파일을 P2P 서비스 제공자의 저장공간에 두었다면 임치의 성격

10) 김왕석 외 3인, "파일공유 서비스와 인터넷 음악 저작권의 인식에 관한 연구," 전게논문, 237면에 따르면 모두 대부분의 학생들이 P2P 음악파일 공유 프로그램을 이용해 본 것으로 나타났다.

도 가진다. 한편 P2P 서비스가 포털처럼 다양한 서비스를 제공하는 것은 아니지만, 기본적인 메신저 기능도 탑재하고 있고, 제휴 콘텐츠를 판매하는 공간으로 활용되는 만큼 P2P 서비스 이용계약 속에 다양한 전형계약 또는 비전형계약의 요소들이 혼합되어 있다고 볼 것이다.

P2P 서비스는 이용자들 사이에 정보교환이 이루어지지만, P2P 프로그램 또는 서비스를 제공하는 자를 매개하여 이루어지고, 원칙적으로 P2P를 통한 이용자들 사이에서 정보 교환의 대가는 발생하지 않는다. 그러나 P2P 사업자는 이용자들에게 보다 효과적인 다운로드 서비스를 제공하고 그 대가를 받는 경우가 있고,[11] 많은 회원을 확보하기 위하여 자료를 제공해 주는 회원에 대해서는 P2P 사업자가 그 대가를 지불하기도 한다.[12] 때문에 P2P 서비스는 유상계약일 수도 있고 무상계약일 수도 있다.[13]

P2P 서비스 이용자가 제공자에 대하여 재산상의 출원을 하지 않는다면 형식적으로 무상계약이라고 볼 수 있으나, 이용자의 서비스 이용행위가 제공자의 이익에 직접 내지 간접적으로 영향

---

11) 웹스토리지 서비스를 기반으로 하는 P2P 서비스의 경우 대부분 "캐시(코인)"제도를 가지고 있다. 원래의미의 P2P 서비스를 제공하더라도 프로그램을 이용하기 위하여 프로그램 저작자에게 정기적인 비용을 지급하기도 한다.

12) 조사대상의 P2P 서비스 제공자들의 약관을 분석하면 "거래의 수익의 출금"이라는 규정을 두고 모인 캐시를 일정한 비율로 현금으로 전환하여 입금시켜 준다.

13) 관점에 따라서 P2P 이용자가 제공자에게 지불하는 금원을 P2P 이용자들 사이에 자료를 구매하는 데 사용한 것이라는 관점이 있을 수 있다. P2P 서비스 이용약관을 보면 P2P 서비스 이용자들 사이에 발생하는 분쟁에 대하여 P2P 서비스 제공자는 절대 관여하지 않는다는 약관을 가지고 있고, 많은 정보를 제공하는 자에 대하여 캐시를 환급하기도 하기 때문이다. 그러나 캐시의 환급률을 살펴보면 제공시의 경우와 다운로드의 경우에 격차가 있고 이용자들은 캐시를 빠른 다운로드의 이용의 대가로 생각하고 있으므로 전송의 대가라고 파악할 것이다.

을 미치고 있다. 서비스 제공자는 P2P 프로그램과 P2P 서비스 홈페이지에 광고를 게재함으로써 서비스 제공에 필요한 금원을 조달하거나, P2P 서비스 회원의 개인정보를 광고업자에게 제공 열람하게 하여 광고를 위한 기초정보를 제공하고 있기 때문이다. 결과적으로 이용자들의 이용활동이 서비스제공자의 이익창출에 기여하는 행위이므로 이를 단순히 서비스의 무상제공만이라고 보기는 어렵다.[14] 이 점은 P2P 서비스 제공자의 책임 문제에 있어서 고려되어야 할 부분이며, 이용약관상 공정성에 관한 판단에도 직・간접적으로 영향을 미치는 부분이라고 할 것이다.

2. P2P 서비스 이용자와 제휴 사업자 사이의 계약

현재 상용중인 P2P 서비스 사업자와 이용계약을 체결하는 과정에서 이용자는 P2P 서비스 이용자가 제시하는 약관에 동의를 함으로써 청약을 하고 P2P 사업자가 승낙을 함으로써 계약이 성립된다. 이때 P2P 서비스 이용자의 개인정보를 제휴 사업자에게 제공 및 열람하게 한다는 내용과 광고수신의 동의를 한다는 내용이 약관에 들어가 있다.[15] 뿐만 아니라 경우에 따라서는 약

---

14) 임건면, "인터넷 provider 계약," 성균관대학교 법학연구소, 제16권 제1호, 2004, 184면에서는 "일반적으로 고객은 무상으로 웹사이트 상의 정보를 이용하지만, 사용자는 사이트를 열 때, 일정한 광고를 접하게 된다. 특히 배너광고가 이루어지는 경우가 많아 이용자의 급부와 제공자의 급부 사이에 대가성이 인정된다"고 본다.

15) 조사대상 약관의 '개인정보의 보호' 조항에서 규정하고 있다. 일반적인 표현은 다음과 같다.

예1) '회사'는 회원의 허락 없이는 회원의 개인 정보를 함부로 공개 또는 공유하지 않는 것을 원칙으로 삼고 있습니다. 다만, 회원 본인이 사전 허락한 경우나, 회원 본인이 허락을 전제로 특정 서비스 사용을 위해 개인정보를 수집하거나 전송할 필요가 있을 때 관계법에 의거하여 개인정보를 이용할 수 있습니다.

예2) 회원이 '회사'에서 하나의 회원ID로 서비스를 별도의 회원가입 절

관에 삽입되어 있지 않고 별도의 가입 창에 제휴 사업자에게 제공할 개인정보를 입력하고 나서야 P2P 서비스를 이용할 수 있는 권리를 부여하는 경우가 있다.[16] 이러한 경우 P2P 서비스 이용자는 P2P 서비스 제공자와 별개로 제휴 사업자와도 계약을 체결하였는지 의문이다.

별도의 계약이 체결되었다는 관점에서 본다면 제휴 사업자에게 개인정보를 제공한다는 약관의 동의 및 광고수신동의로 P2P 서비스 이용자와 제휴 사업자 사이에 별도의 계약이 이루어진 것으로 보는 것이다. 반면 P2P 서비스 이용계약만이 이루어졌다고 보는 관점에서는 P2P 서비스 이용자가 동의한 하나의 약관으로 2개의 계약이 이루어졌다고 보기 어렵고, 제휴 사업자와 P2P 서비스 제공자가 회원의 개인정보를 제공하는 계약을 맺고, 이를 이행하기 위하여 P2P서비스 제공자는 이용약관에 서비스 이용자로 하여금 개인정보의 제휴 사업자에 제공할 것을 동의시키게 하는 것이며, 제휴 사업자는 P2P 서비스 이용자에 대하여 광고를 하기 위한 광고수신동의만이 별도로 이루어지는 것이라고 파악하기도 한다.

P2P 서비스 이용자와 제3자 사이의 계약에 P2P 서비스 제공자와의 계약과정에서 이루어졌다고 보는 것은 다소 의제적이라고 볼 것이다. 다만 이와 같은 의제적 설정은 P2P 서비스 이용자가 제3자에게 제공한 개인정보의 폐기를 계약적 의무로 접근하려는

차 없이 편리하게 이용하실 수 있도록 하기 위해 필요한 회원의 개인정보는 '회사' 및 제휴사에 제공될 수 있습니다. 이 경우 회사는 사전에 이를 공지하며 이에 동의하지 않는 회원은 등록을 취소할 수 있습니다. 다만 회원이 계속 이용하는 경우는 동의하는 것으로 간주합니다. 따라서 개인정보의 공유는 회원의 동의 없이는 절대 이루어지지 않으며 언제든지 철회가 가능합니다. 또한 이는 <u>회원의 최초 이용신청 이후 제휴사가 늘어난 경우</u>에도 마찬가지로 적용됩니다.

16) 보통인 제휴 사업자의 광고수신동의를 위한 페이지인 경우가 일반적이다.

시도라고 평가할 것이다. 즉 P2P 서비스 이용자가 제3자에게 직접 자신의 개인정보를 삭제 및 폐기를 계약해지를 근거로 청구할 수 있게 하여 개인을 보호하고자 노력한 의견인 것이다.[17] P2P 서비스 이용자의 개인정보보호에 관한 문제는 단락을 바꾸어 보다 구체적으로 살펴본다.

Ⅳ. P2P서비스의 이용자보호문제

1. 서 설

P2P 서비스를 이용하는 이용자들에 대한 보호는 다른 온라인서비스에 비하여 취약하다. 기본적으로 회원 수를 확보하기 위하여 저작권침해 등 불법행위를 전제로 하는 경우가 많고, 비교적 다른 인터넷 서비스(인터넷 포털, 온라인 게임, 인터넷 쇼핑몰 등)에 비하여 영세한 업체가 많아서 손쉽게 폐업을 하는 경우가 많기 때문이다. 특히 P2P 서비스의 수익구조가 전송료와 광고료에 있는 가운데, 최근에 회원의 개인정보를 제휴 사업자에게 제공함으로서 수익을 얻는 구조에 주목할 필요가 있다.

P2P 서비스 사업자가 제공해준 개인정보를 활용한 제휴 사업자의 공격적인 판촉활동이 당연 불법이라고 말할 수는 없다. 이는 스팸메일과 달리 P2P 서비스 이용자가 자신의 개인정보를

17) 개인정보보호법(2011년 9월 시행) 제36조(개인정보의 정정・삭제) 제1항에서는 "자신의 개인정보를 열람한 정보주체는 개인정보처리자에게 그 개인정보의 정정 또는 삭제를 요구할 수 있다. 다만, 다른 법령에서 그 개인정보가 수집 대상으로 명시되어 있는 경우에는 그 삭제를 요구할 수 없다"고 규정하고 있으므로, 이러한 이론구성을 하지 않더라도, P2P 서비스 이용자들은 제휴업체에 대하여 자신의 개인정보를 정정, 삭제 청구할 수 있다고 볼 것이다.

제3자에게 제공해도 좋다는 형식적 동의가 있었고, P2P서비스 가입과정에서 제휴 사업자가 광고를 해도 좋다는 동의가 이루어진 경우가 많기 때문이다.[18)]

더욱 문제는 P2P 서비스 이용자가 자신의 개인정보에 대한 관리와 통제를 하기 어렵다는 점에 있다. 즉 P2P 서비스 이용자가 개인정보이용 동의에 대한 철회를 손쉽고 자유롭게 할 수 있어야 함에도 불구하고 현재는 사실상 그러하지 못하므로, 개인정보를 둘러싼 이용자의 보호가 큰 쟁점으로 부각되고 있다.

한편 P2P 서비스 제공과정에 있어서 저작권 침해와 P2P 서비스 이용자의 컴퓨터에 대한 불법적 이용은 모두 불법행위로써 제재의 대상이다. P2P 서비스 이용자의 대부분은 P2P 서비스를 통해 정보를 소비하는 정보소비계층[19)]이므로, P2P 서비스 이용자의 보호관점에서 저작권을 둘러싼 분쟁은 주로 P2P 서비스 이용자의 저작물의 보호라기보다, P2P 서비스 이용자가 당해 서비스 이용으로 말미암아 저작권 침해자가 되는 것을 막는 데 있다.

아래에서는 P2P 서비스 이용자들의 보호관점에서 P2P 서비스 이용에 있어서 개인정보 보호와 저작권 보호 등을 살펴보고 개선책을 살펴본다.

2. 개인정보 보호문제

(1) 폭넓은 개인정보 제공범위

원칙적으로 P2P 이용자들은 프로그램을 다운로드 받고, 공유

18) 짱큐의 회원가입방식 참고.

19) 보통 P2P 서비스의 경우 특정 소수의 이용자가 많은 양의 자료를 게시하고, 나머지 대다수가 다운로드를 받아가는 구조이다. 경우에 따라서 다운로드를 받고 이용자가 당해 파일을 공유폴더에 보관하여 재전송되기도 하지만, 적극적이고 지속적으로 정보를 제공하는 입장은 아니다.

프로그램을 실행함에서 별도의 개인정보를 요구받지 않았다. 프로그램에 따라서 아이디와 비밀번호를 발급하는 수준에 그쳤다. 그러나 웹스토리지 형태의 P2P의 경우에는 P2P 사업자가 관리하는 저장 공간에 공유 대상자료가 저장되고, 그 공유 자료를 다수가 전송받으면 정보를 게시한 이용자에게 인센티브를 부여하는 운영체계를 가짐으로써 회원의 아이디와 패스워드가 필수적으로 요청된다. P2P 서비스 사업자들이 과금 또는 입금을 하고자 하는 경우, 본인신원확인의 필요에 따라 개인식별가능한 정보, 즉 주민등록번호 및 신용카드정도 그리고 핸드폰 번호 등을 필수적으로 요구하게 되었다. 때문에 최근 P2P 서비스 제공자에 대하여 제공하는 개인정보의 양이 상대적으로 매우 많아졌다.[20)]

뿐만 아니라 P2P 서비스 이용자의 쿠키[21)]를 운용할 수 있다고 규정하고 있지만, 어느 정도의 쿠키정보를 이용하는지 명확하게 설명하고 있는 이용약관은 찾아보기 어렵고,[22)] P2P 서비스 제

---

20) 조사대상 약관에서 기본적으로는 "'회사'는 서비스 이용을 위하여 필요한 최소한의 정보(아이디, 비밀번호) 외에 불필요한 개인정보를 요청하지 않는다"는 약관을 사용하고 있으나, 각 회사의 개인정보이용지침을 살펴보면 이용약관과 달리, 회원가입시에 수집하는 항목으로 성명, 주민등록번호, 로그인 ID, 비밀번호, 이메일, 접속 로그, 쿠키 등이라고 규정하고 있고, 그 외 상담, 서비스 신청 및 이용 등을 통해서 성명, 연락처, 주소, 은행계좌 정보, 신용카드 정보, 서비스 이용기록, 결제기록 등을 수집한다고 규정하는 경우가 일반적이다.

21) 쿠키는 웹사이트가 귀하의 컴퓨터 브라우저(넷스케이프, 인터넷 익스플로러 등)로 전송하는 소량의 정보이다. 원칙적으로 쿠키는 이용자의 컴퓨터는 식별하지만 이용자를 개인적으로 식별하지는 않는다. 물론 쿠키 정보에 개인정보가 입력되어 있다면 문제가 다르다. 한편 이용자는 쿠키에 대한 선택권이 있는데, (익스플로어 기준으로) 웹브라우저 상단의 도구>인터넷옵션 탭(option tab)에서 모든 쿠키를 다 받아들이거나, 쿠키가 설치될 때 통지를 보내도록 하거나, 아니면 모든 쿠키를 거부할 수 있는 선택권을 가질 수 있다.

22) 조사대상의 개인정보이용지침 중 "디비고"의 지침이 비교적 상세하게 규정되어 있을 뿐이다.

공자와 제휴를 맺고 있는 업자가 인위적으로 쿠키정보를 생성시키고 이를 수집한 경우, P2P 서비스 제공자는 책임을 지지 않는다는 규정을 두고 있는 경우도 있다.[23]

따라서 P2P 서비스 이용자는 자신의 직·간접적인 개인정보와 더불어 이용자가 인지하지 못하는 컴퓨터 기록 자료까지 P2P 서비스 제공자 또는 제휴 사업자에게 제공되고 있지만 P2P 서비스 이용자는 자신이 어느 정도의 범위까지 개인정보가 제공되고 있는지 알지 못한다.

P2P 서비스 제공자들은 제3자의 불법행위로 통하여 자신에게 발생할 법적 책임을 회피하기 위하여 이용약관에 면책규정을 두고 있으나,[24] P2P 서비스 이용자의 입장에서는 P2P 서비스 이용 도중에 발생하는 문제라고 인식한다. 따라서 P2P 서비스 제공자가 자신의 면책범위를 넓혀두고 있다면, 가능한 한 P2P 서비스 이용자들로부터 얻는 개인정보의 양을 제한하고 그 활용의 범위를 명확하고 상세하게 약관에 제시할 필요가 있다. 쿠키의 경우 개인의 식별이 불가능하고 이용자의 지배하에 정보가 관리된다고 하지만, 앞의 개인정보와 쿠키 정보가 조합되거나 쿠키에 개인식별정보가 남아 있을 수 있다. 무엇보다 이용자의 어떠한 쿠키정보가 생성되고 제공되는지 인식하기 매우 어려우므로 이에 대한 상세한 약관이나 지침이 요구된다.

(2) 개인정보활용 동의 및 광고동의의 획득문제

P2P 서비스 이용계약의 체결은 약관으로 이루어진다. 약관의

---

23) 짱큐와 쉐어박스 이용약관을 살펴보면 다음과 같다. "단, '회사'에 링크되어 있는 웹사이트들이 개인정보를 수집하는 행위에 대해서는 회사의 개인정보보호의무가 없음을 알려드립니다".

24) '회사'는 이용고객 상호간 또는 이용고객과 제3자 간에 '서비스'를 매개로 발생한 분쟁에 대하여는 개입할 의무도 이로 인한 손해를 배상할 책임도 없습니다.

내용이 계약의 내용으로 편입되기 위해서는 원칙적으로 계약의 종류에 따라 예상되는 방법으로 분명하게 밝히고(약관규제법 제3조 제2항), 사업자는 약관에 정하여져 있는 중요한 내용을 고객이 이해할 수 있도록 설명(약관규제법 제3조 제3항)하여야 한다. 현재 P2P 서비스 이용계약을 체결함에 있어서 약관은 온라인으로 공지 또는 전자우편 등으로 밝히고 있는데, 이는 이용자가 예상하고 있는 방법으로 밝히고 있다고 볼 수 있다. 그러나 약관상 중요한 내용을 고객이 이해할 수 있도록 설명하고 있는지는 의문이다.[25]

P2P 서비스를 무료로 이용하는 경우, P2P 서비스 제공자가 회원의 개인정보를 이용할 수 있다는 점은 사실상 양 채무의 대가관계 및 채무의 견련성을 인정할 여지가 있기 때문에 반드시 설명해야 할 부분이다. 이를 위하여 P2P 서비스 이용약관에서 개인정보의 수집·범위·보유·이용기간·파기·제3자의 제공 사항을 제시하고 있는 경우도 있고, 개인정보보호지침을 두고 별도의 규정을 두고 있는 경우도 있다. 더 나아가 개인정보 활용에 관한 사항이 분산되어 규정되어 있기도 한데, 전반적으로 이에 대한 정확한 이해가 어렵다.[26] 또한 P2P 서비스 제공자와 제휴하는 업체가 상시 변동가능하다고 규정하고 있는 약관이 대부분이고,[27] 그러한 경우 P2P 서비스 이용자는 자신의 개인정보제공을 선택적으로 제공할 수 없다는 점 또한 반드시 명시적으로 설명되어야

25) 대체로 가독성이 떨어지는 약관에 동의합니다라는 체크 박스의 체크로 가입이 이루어진다.

26) 사업자는 이용자의 개인정보를 활용하기 전에 반드시 동의를 얻고, 이로써 개인정보의 활용을 계약의 내용으로 편입시켜야 한다.

27) 보통 '회사'의 개인정보 보호정책은 정부의 법률 및 지침 변경이나 회사의 내부 방침 변경 등으로 인하여 수시로 변경될 수 있고, 회사는 그 변경사항에 대하여 지체 없이 사용자에게 통보한다고 규정하고 있다.

할 부분임에도 불구하고 그러하지 않다.

현재에는 모든 P2P 서비스 이용약관은 서비스에서 온라인으로 공시 또는 전자우편 기타의 방법으로 회원에게 통지함으로써 효력이 발생된다고 규정하고 있고, 회원의 권리와 의무에 영향을 미치는 경우에 한하여 변경이전에 사전에 통지를 한다는 규정을 두고 있다.[28] 물론 P2P 서비스 이용자의 개인정보를 제공하는 대상과 범위의 변화를 회원의 권리와 의무의 변화 또는 중요한 약관의 변화로 인식하는 업체는 드물다.[29] P2P 서비스 이용자의 개인정보가 제3자에게 제공되는 경우 제공대상과 그 활용기간 및 범위는 중요한 사항인 만큼, 관련사항의 변경이 있는 경우 단순히 회사의 내부방침 변경으로 보아 개인정보 보호정책(관리지침)을 상시개정하고 이용자에게 통보할 것이 아니라, 반드시 사전에 고지의 사항이 되어야 한다.[30]

한편 P2P 서비스 이용자들은 서비스 제공자들과 이용계약을 체결하는 과정에서, P2P 서비스 사업자와 제휴관계에 있는 사업자와 별도의 광고수신동의를 하는 경우가 많다. 마치 이용약관의 일부분인 것처럼 구성하거나, P2P 서비스 제공자가 제공하는 추가적인 행사의 내용으로 오인하게 구성함으로써, P2P 서비스 이용자들이 제휴 사업자의 공격적인 판촉활동의 대상이 되는 것이

28) 빅파일, 피디박스, 디비고의 경우 이용약관 개정시 최소 7일 이전 고지의 의무가 있고, 소비자에게 불리한 경우 30일 이전에 고지한다고 규정하고 있다.

29) 대부분 즉시 통지만을 규정하고 있다.

30) 더 나아가 개인정보보호와 관련해서 개인정보보호관리지침과 P2P 서비스 이용약관에서 분산되어 규정되어 있는 경우도 있으므로 통일적인 이해를 위해서 약관을 정리할 필요가 있다. 보통 개인정보보호정책을 통하여 이용고객이 제공하는 개인정보가 어떠한 용도와 방식으로 이용되고 있으며 개인정보보호를 위해 어떠한 조치가 취해지고 있는지 등을 고지하고, P2P 서비스 제공자가 이용자의 개인정보의 수집 활용 및 폐기에 관한 사항은 이용약관에서 규정하고 있다.

다. 따라서 제휴업체의 광고동의서는 P2P 서비스 이용약관의 동의절차와 명백하게 구분되어야 할 성질의 것이다.[31)]

(3) 개인정보관리 및 개인정보활용의 한계

P2P 서비스 사업자는 서비스 이용자로부터 제휴 사업자에 대한 개인정보 제공의 동의를 받고, 제휴 사업자는 서비스 이용자로부터 광고동의서를 받음으로써 적극적인 판촉활동이 이루어짐은 앞서 살펴본 바와 같다. 이와 같은 이용자의 동의에 기초한 판촉활동에 대하여 제재를 할 수 없다고 한다면, 적어도 P2P서비스 이용자에게 자신의 개인정보를 관리할 수 있는 권리를 부여하고 손쉽게 관리할 수 있어야 할 것이다. 일반적으로 P2P 서비스 제공자들은 P2P 서비스 이용자가 서비스 제공자와 계약을 해지하는 경우, 서비스 이용자의 개인정보를 삭제 및 파기를 원칙으로 하고 있고 예외적으로 목적 범위 내에서 보관함을 이용약관에 명시하고 있다.

그런데 P2P 서비스 이용자가 자신의 개인정보를 제3자에게 제공하도록 동의를 한 이후, 자신의 개인정보가 특정업체에 제공되는 것을 원치 않거나 기타의 이유로 서비스 제공자와 계약해지를 하게 되었을 때, 이미 자신의 개인정보를 제공받은 제휴 사업자에 어떤 청구를 할 수 있는지 의문이다. P2P 서비스 제공자와 제휴 사업자간에 계약을 통해서 P2P 서비스 이용자의 개인정보가 제공되어 있으므로, P2P 서비스 이용자가 서비스 제공자와 계약을 해지한다면 P2P 서비스 사업자는 보유한 개인정보만을 삭제 및 폐기할 뿐, P2P 서비스 사업자가 제휴 사업자에 대하여 해당 서비스 이용자의 개인정보를 삭제 및 폐기를 청구하지 못할

31) 짱큐, 쉐어박스 약관을 살펴보면 개인정보가 제공되는 것을 원하지 않는 경우에는, 특정 서비스를 이용하지 않거나 특정한 형태의 판촉이나 이벤트에 참여하지 않으시면 된다고 소극적으로 규정되어 있다.

것이다.

때문에 P2P 서비스 이용자는 서비스 제공자에 기재된 약관을 토대로 제휴 사업자에 대하여 개별적으로 자신의 개인정보를 삭제 및 폐기를 청구해야 한다. 그런데 P2P 서비스 이용자와 제휴 사업자 사이에 개인정보활용에 대한 직접적인 합의가 존재하지 않으므로 광고수신동의 철회[32]의 의사표시만으로 제공받은 개인정보를 삭제 및 폐기가 이루어진다고 보기 어렵다. 또한 P2P 서비스 이용자의 개인정보는 개인이 가지는 절대권이므로 상대방에 대하여 삭제 및 폐기를 주장할 수 있다고 주장할 수 있으나, P2P 서비스 이용자는 서비스 제공자와 이용계약 체결과정에서 P2P 서비스 제공자가 제휴 사업자에게 자신의 개인정보를 제공해도 좋다는 포괄적인 위임이 이루어져 있다. 이에 근거하여 제휴 사업자는 P2P 서비스 이용자들의 개인정보 제공기간동안 활용할 권리를 가지기에, 삭제 및 폐기 청구는 당해 기간 동안 할 수 없다고 주장할 여지가 있다.

한편 P2P 서비스 이용자가 자신의 개인정보가 누구에게 얼마큼 어느 기간 동안 제공되는지 명확하게 알지 못하는 구조 속에서, P2P 서비스 제공자가 폐업하는 경우 당해 P2P 서비스를 이용하고 있었던 이용자들의 개인정보에 대한 제휴 사업자에 대한 청구는 사실상 불가능하게 된다고 볼 것이다. 뿐만 아니라 현행 P2P 서비스 이용약관을 살펴보면 무료회원에서 유료회원으로 전환한 경우에는 무료회원이기 때문에 제휴 사업자에게 제공될 수밖에 없었던 개인정보를 회수할 수 있어야 한다. 그러나 이를 염두에 둔 약관규정을 찾을 수 없다. 따라서 한번 제휴 사업자에게 제공된 서비스 이용자의 개인정보는 P2P 서비스 제공자와 제

32) 광고수신의 동의는 언제든지 철회할 수 있으나, 즉시 철회되는 것이 아니라 약간의 시간이 걸린다는 모호한 규정을 두고 있다.

휴사업자 사이에 약정한 제공기간이 도과할 때까지 활용되는 것으로, 개인정보를 보호하고자 유료회원으로 전환한 이용자에게 매우 불합리한 약관이다.[33]

그러므로 P2P 서비스 사업자들은 회원가입 동시에 제휴회사 및 제3자에게 제공되는 곳을 명시적으로 확인시켜줄 의무가 있다. 또한 P2P 서비스 이용자가 당해 P2P 서비스로부터 탈퇴하거나, P2P 서비스 제공자가 없어지는 경우 제휴 사업자가 당해 P2P 서비스 제공자로부터 넘겨받은 P2P 서비스 이용자의 개인정보의 삭제 및 폐기를 규정한 약관의 신설이 요구된다. 그리고 P2P 서비스 이용자가 무료회원에서 유료회원으로 전환되었을 경우에도 제휴 사업자가 당해 서비스 이용자의 개인정보를 삭제 및 폐기할 수 있어야 한다.

또한 2군데 이상의 P2P 서비스를 이용한 이용자의 개인정보가, 각기 다른 P2P 서비스 제공자에 의하여 하나의 제휴업체에게 개인정보가 전달된 경우, 그 이용자는 한 번의 청구로 자신의 개인정보를 모두 삭제할 수 있는지 의문이다. 개인은 자신의 개인정보가 자신 이외의 누군가가 관리한다면 언제 어디서나 그 정정과 삭제를 청구할 수 있어야 할 것이다. 최근에 제정된 개인정보보호법에서는 이용자의 개인정보를 관리할 수 있도록 법률로 규정하고 있다.[34]

다만 P2P 서비스 이용자가 제휴 사업자에 대하여 여러 P2P 서비스 제공자로부터 제공받은 본인의 개인정보를 삭제 및 폐기를 청구하여 삭제한 결과, P2P 이용자는 각각의 P2P업체가 포괄

---

33) 물론 유료회원이 되는 경우 무료회원의 경우보다 다운로드의 속도의 차이가 있을 수 있다.

34) 개인정보보호법의 시행이전까지는 공공기관의 개인정보보호에 관한 법률, 정보통신망이용촉진 및 정보보호에 관한 법률, 신용정보의 이용 및 보호에 관한 법률 그리고 의료법 등 기타의 법률에서 개인정보를 보호하고 있었다.

적으로 규정하고 있는 개인정보의 제3자 제공 약관에 대한 편입 거부 의사를 표시한 것이 된다. 결국 P2P 서비스 이용자의 제휴 사업자에 대한 본인의 개인정보 삭제 및 폐기의 요청은 개별적인 P2P 서비스 이용자와 P2P 서비스 제공자 사이의 맺은 이용계약을 모두 해지하고자 하는 의사표시로 볼 여지가 있다.

(4) 소 결

국내 주요 P2P 서비스 제공자들은 웹스토리지 형태로 파일 공유를 하고 있는 가운데, 「정보통신망 이용촉진 및 정보보호 등에 관한 법률」 및 개인정보보호법에 따라 이용자의 개인정보보호를 하고 있다. 표면적으로는 P2P 서비스 제공자들은 이용약관 및 개인정보보호지침 등에 대한 서비스 이용자들의 동의를 바탕으로 그들의 개인정보를 제3자에게 제공하고 있고, 제휴 사업자들도 광고수신동의에 기초한 판촉활동을 하고 있으므로, P2P 서비스 이용자들의 개인정보의 활용에 명백하게 위법적이라고 볼 수는 없다.

그러나 P2P 서비스 이용자가 자신의 개인정보를 제휴 사업자에게 제공하고, 제휴 사업자로부터의 광고수신동의의 대가로 P2P 서비스를 이용하는 경우, P2P 서비스 이용자에게 이에 대한 명백한 고지와 설명이 수반되어야 한다. 이를 실현하기 위하여, P2P 서비스 이용계약을 체결하는 과정에서 서비스 이용자가 개인정보를 제공할 제휴기관과 제공기간, 더 나아가 광고수신동의 등에 대하여 선택할 수 있는 기회를 부여하고,[35] 계약의 성립 이후에 이용약관과 더불어 자신의 개인정보가 제공된 제휴 사업자

35) 제공대상을 많이 선택하고, 제공기간도 길게 선택하며, 광고수신동의 여부에 따라 제공하는 코인의 차등을 두는 방법이 있을 것이다. 지금의 경우 그러한 동의절차 없이 이용약관에 대한 동의버튼의 클릭으로 이루어지므로 종이 쿠폰으로 정액으로 제공하고 있다.

에 대한 기본적인 정보를 보유하게 하는 과정이 필요하다.

이를 바탕으로 P2P 서비스 이용자는 자신의 개인정보를 제공받은 제휴 사업자에 대하여 자신의 개인정보 삭제 및 폐기를 손쉽게 청구할 수 있어야 할 것이다. 그렇기 위해서는 제휴 사업자에게 자신의 개인정보를 제공하게 된 원인이 되는 무료 P2P 서비스가 더 이상 제공될 수 없거나 탈퇴하는 경우 더 나아가 유료회원으로 전환한 경우에는 P2P 서비스 제공자는 제휴 사업자에 대하여 당해 서비스 이용자의 개인정보의 삭제 및 파기를 요청하는 약관을 보충해야 할 것이다.

마지막으로 P2P 서비스 이용자가 제휴 사업자에 대하여 직접 자신의 개인정보를 삭제 및 파기를 요청한 경우 제휴 사업자가 p2p 서비스 이용자와의 계약을 이유로 그 파기를 거부할 수 없도록 하고, P2P 서비스 사업자와 P2P 서비스 이용자들의 사이의 P2P 서비스 계약은 개인정보제공에 대한 부분만 일부무효로 보아 P2P 서비스 이용자들의 개인정보에 대한 관리권을 실현시키는 노력이 요청된다.

3. 저작권 보호문제

(1) 공유 방식에 따른 저작권 침해 형태

원래적인 의미의 P2P의 경우 복제된 디지털콘텐츠가 네트워크를 통하여 대량으로 유포될 수 있으며 이는 실질적으로 저작권자의 권리에 상당한 위협을 가할 수 있는 것이라는 점에서 큰 논란을 빚어왔고,[36] 국내에서는 소리바다사건[37]을 중심으로 P2P에

36) 이해완, 전자거래법, 사법연수원, 2007, 237면.

37) 법원은 소리바다 프로그램을 이용하여 파일을 업로드 및 다운로드 하는 행위 및 소리바다 서버 3대의 사용을 금지하는 취지의 가처분결정을 내렸고, 2003년 2월 14일 소리바다가 낸 가처분이의에 대하여 종전의

대한 책임문제가 논의고 있다.

한편 웹스토리지 서비스가 정보의 저장용으로 사용할 경우에는 저작권 보호에 문제될 사항이 없으나, 공유형 웹스토리지 서비스의 경우에는 저작권 침해가 일어날 수 있는 문제가 있다. 일반적으로 웹스토리지에 음악, 문서, 영화 파일 등을 올려두고 다른 사람이 다운로드 받을 수 있도록 하는데, 다운받은 이용자는 이와 동일한 파일을 다른 사람에게 용이하게 전달 및 복제해 줄 수 있다. 그러나 공유형 웹스토리지의 경우 복제권 및 전송권의 침해가 광범위하게 일어나므로 사실상 소리바다의 사례와 크게 다르지 않다. 구체적으로 살펴보면 다음과 같다.

(2) 복제권 침해

저작권법상 '복제'는 "인쇄·사진촬영·복사·녹음·녹화 그 밖의 방법에 의하여 유형물에 고정하거나 유형물로 다시 제작하는 것"을 말한다(저작권법 제2조 제22호). 따라서 업로드하여 웹스토리지에 저장하거나 다운로드하여 개인용 하드디스크 또는 웹스토리지에 저장하는 행위는 유형물에 고정하는 것으로서 복제에 해당하고 이용자들이 저작권자로부터 허락을 받지 않은 영화 파일을 위와 같이 '복제'하는 것은 저작권자의 복제권을 침해하는 것이다.

물론 제작권법 제30조에서 사적 이용을 위한 복제를 허용하기 위하여, "공표된 저작물을 영리를 목적으로 하지 아니하고 개인적으로 이용하거나 가정 및 이에 준하는 한정된 범위 안에서 이용하는 경우에는 그 이용자는 이를 복제할 수 있다. 다만 공중의 사용에 제공하기 위하여 설치된 복사기기에 의한 복제는 그러러

가처분 결정을 인가하는 판결을 내렸다(수원지방법원 성남지원 2003. 2. 14. 선고 2002카합284 판결).

하지 아니하다"라고 규정하고 있으므로 사적인 이용을 위한 복제는 저작권의 침해가 되지 않는다고 한다.

그러나 업로드 되어 있는 영화 파일이 명백하게 저작권을 침해하고 있는 경우, 이를 원본으로 하여 사적 이용을 위한 복제가 허용된다고 한다면 저작권의 침해 상태가 영구히 유지되는 부당한 결과가 발생하므로[38] 다운로더 입장에서 복제대상 파일이 저작권을 침해한 불법파일인 것을 미필적으로나마 알고 있다고 한다면 이러한 행위는 사적 이용을 위한 복제로서 적법하다고 볼 수 없다.

P2P 서비스 이용약관에서는 P2P 서비스를 통하여 제공되는 자료들에 대해서는 전적으로 P2P 서비스 이용자들에게 책임이 있다고 규정한다. 더불어 P2P 서비스 제공자는 서비스 제공자의 의무로 서비스 이용자가 사용하고 있는 공간에 어떠한 정보가 올라왔는지 살펴볼 수 없음을 규정하고 있다. 이로써 P2P 서비스 제공자들은 서비스 이용자들의 저작권 침해행위로부터 자유로운 상태임을 규정하고 있다. 즉 P2P 서비스 이용자들의 저작권 침해행위를 함에 있어서 P2P 서비스 제공자는 수동적인 지위에 놓여, P2P 서비스 이용자들에 의하여 복제권 침해를 강요당하였다는 점을 분명히 하고 있다. 때문에 P2P 서비스 제공자가 저작권자에 대하여 책임을 지지 않지만, 그와 같은 행위를 한 P2P 서비스 이용자에 대하여 일정한 제재조치를 규정하고 있다.

P2P 서비스 제공자가 저작권자의 복제권에 대한 침해가 당연 부정된다고 하더라도, P2P 서비스 이용자의 침해행위로 말미암아 또 다른 P2P 서비스 이용자가 잠재적인 저작권 침해자가 되지 않도록 P2P 서비스 제공자의 노력을 약관상 부여할 필요가 있다.[39]

38) 서울중앙지법 2008. 8. 5. 선고 2008카합968 판결.

(3) 전송권 침해

저작권법상 '공중송신'은 저작물, 실연·음반·방송 또는 데이터베이스(이하 '저작물 등'이라 한다)를 공중이 수신하거나 접근하게 할 목적으로 무선 또는 유선통신의 방법에 의하여 송신하거나 이용에 제공하는 것을 말한다(저작권법 제2조 제7호). 한편 '전송'은 공중송신 중 공중의 구성원이 개별적으로 선택한 시간과 장소에서 접근할 수 있도록 저작물 등을 이용에 제공하는 것을 말하며, 그에 따라 이루어지는 송신을 포함한다(저작권법 제2조 제10호). 이용자가 자신의 저작물을 인터넷상에 공개하여 이용자들이 다운로드할 수 있게 한 것은 당연히 전송행위에 포함되며, 제3자가 인터넷을 통하여 개별적으로 접근 가능하게 하는 것도 저작권법상의 전송을 한 것에 해당된다.[40)]

일부 P2P 서비스 이용약관에서는 회원이 게시물의 게시 자료 전송 등의 방법으로 게시물 및 자료를 제공하는 행위를 하는 경우, 명시적인 반대의 의사표시가 없다면 완전한 공중전달권을 부여한 것으로 간주하는 규정을 약관에 두고 있다. P2P 서비스 이용자가 완전한 저작권자로써 정보를 게시하는 행위를 통해서 불특정 다수에게 정보를 제공하겠다는 의미로 해석될 여지가 높지만, 반드시 그와 같이 해석되어야 하는 것은 아니다. 왜냐하면 어떠한 경우에 명백한 거부의사를 나타낸 것인지 규정되어 있지 않기 때문이다.[41)] 적어도 P2P 서비스 이용자가 P2P 서비스를 위

---

39) 이와 같은 관점에서 '회사'는 서비스 이용과 관련하여 회원에게 발생한 어떠한 손해에 관하여도 책임을 지지 않는다는 약관은 바람직하지 않다고 생각한다.

40) 최상필, 웹스토리지 서비스에 관한 법률관계, 전게논문, 232면.

41) 서울중앙지법 2008. 8. 5. 선고, 2008카합968 판결에서는 회원스스로가 명시적인 반대의 의사표시를 할 수 있는 장치를 사용할 수 있는데, 공유파일을 '비공개'로 공유하거나, 웹스토리지에 게시하는 경우 완전한 전송권을 부여하지 않은 것으로 보고, 우리 판례 역시 전송권 침해로 보지 않고 있다.

한 저장 공간에 자료를 게시한 것만으로 완전한 공중전달권을 부여한 것으로 간주하는 규정이 정당하기 위해서는 명백한 거절의 의사표시를 할 수 있는 방법을 이용약관에 명시하여야 했을 것이다. 결과적으로 명백한 거절의 의사표시를 할 수 있는 방법이 없는 가운데 게재만으로 의제의 효과가 난다면, 결과적으로 공중전달권 부여의 명시적인 거부의사는 게재를 하지 않는 경우밖에 없다. 따라서 현재의 '간주' 규정을 '추정'규정으로 전환하거나, 어떤 일정한 행위가 명시적으로 완전한 공중전달권을 부여하지 않은 것이라고 볼 수 있는 규정의 보완이 요청된다.

P2P 서비스 이용자가 불법 복제물을 게시한 경우에는 P2P 서비스 사업자가 회원으로부터 완전한 공중전달권을 획득했다고 의제할 수 없다. 그리고 「정보통신망 이용촉진 및 정보보호 등에 관한 법률」 제44조 제1항에서 "이용자는 … 타인의 권리를 침해하는 정보를 정보통신망에 유통시켜서는 아니 된다"고 규정하고 제2항에서 정보통신서비스제공자는 자신이 운영·관리하는 정보통신망에 타인의 권리를 침해하는 정보가 유통되지 아니하도록 노력해야 한다고 규정하고 있다. 위와 같은 노력은 공유형 웹스토리지 서비스 제공자들이 자신들이 운영·관리하는 서비스를 통해 저작권을 침해한 불법 파일이 공유되지 않도록 하는 노력의 하나일 것이다.

(4) 소 결

P2P 서비스 제공자는 P2P 서비스 이용자들의 저작권 침해행위에 대해서는 일체에 책임을 지지 않는다고 규정하고 있지만, P2P 서비스 이용자가 저작권을 침해하는 자료를 P2P 서비스 제공자가 제공하는 서비스를 통하여 복제 및 전송하는 경우 P2P 서비스 제공자도 저작권 침해에 있어서 완전히 자유로울 수 없다. 따라서 P2P 서비스 제공자는 스스로 저작권 침해가 이루어지

지 않게 할 주의의무를 부담하고, 또 다른 P2P 서비스 이용자가 저작권 침해를 하지 않도록 할 의무도 진다. 이와 같은 노력은 P2P 서비스를 이용하는 다른 이용자를 불법행위자로 만들지 않도록 하는 노력일 것이다. 그러므로 P2P 서비스 제공자는 사업자의 의무로써 저작권 침해방지를 위한 노력의무와 행위의무를 이용약관에 보다 명확하게 규정할 필요가 있다.

또한 P2P 서비스를 위해서 저작물을 제공하는 행위가 완전한 공중전달권을 부여한 것으로 보는 규정을 두기 위해서는, P2P 이용자가 포괄적인 전송을 허용하지 않는다는 명시적인 반대를 표현할 수 있는 방법과 더불어 그와 같은 명시적인 반대가 있는 파일이 검색이 되지 않는다는 내용을 약관에 명시하여 P2P 서비스 이용자가 저작권을 침해하지 않고 또한 P2P 서비스 제공자 역시 저작권을 침해하지 않도록 할 노력이 필요하다.

4. 기타 불공정약관

(1) 개인정보를 제공한 이용자 및 무료쿠폰이용의 차등대우

P2P 서비스 이용자가 자신의 개인정보제공을 허용하고 얻은 캐시에 대하여 유료로 결제한 회원과 차이를 두는 근거가 명백하지 않다. 유료로 결제가 이루어지더라도 P2P 서비스 제공자가 약관으로 정한 비율의 캐시로 전환되고, 전송량에 따라 캐시가 차감된다. 따라서 캐시는 일반적으로 포인트와 같은 개념으로 이해할 수 있는데, 이를 무상으로 취득하든 유상으로 취득하든 캐시를 보유하고 있다면 이용장애시 다운로드 서비스 이용 여부 및 현금으로 환급시에 이를 차등대우하는 것은 불공정하다고 볼 것이다.[42]

---

42) 예를 들어 "회사는 무료서비스의 장애, 제공 중단, 보관된 자료 멸실

(2) 공유프로그램 이외의 기타 소프트웨어 약관 설치문제

P2P 서비스를 이용하기 위하여 P2P 서비스 이용자들은 P2P 서비스 제공자가 제공하는 전용프로그램을 설치해야 하는데, 그 과정에서 파일의 전송과 관련 없는 다른 프로그램도 함께 설치되는 경우가 있다. 함께 설치되는 프로그램은 P2P 서비스를 위해 필요한 프로그램이 아니고, PC의 검색을 보조하거나 PC 백신 등의 보조프로그램들이다. 이들 프로그램의 경우 P2P 서비스 이용자들의 컴퓨터 자원을 자의적으로 활용하거나, 보다 직·간접적인 광고기능도 함께 수반하는 경우가 많다.

그러나 P2P 서비스 제공자는 이용약관에서 제휴업체가 제공하는 서비스에 대하여 일체의 책임을 부정하고 있지만, 이용약관에 당해 프로그램 사용에 관한 약관은 나와 있지 않은 경우가 많고, 보통 P2P 서비스 프로그램 설치 시에 추가 프로그램 설치 동의란에 체크가 된 상태에서 무심결에 설치되는 경우가 많다.

그러므로 추가적인 소프트웨어 설치를 위해서는 이용약관에 당해 추가프로그램에 대한 약관도 함께 제시할 필요가 있으며, p2p 서비스 프로그램 설치시에 추가프로그램 설치 동의란 체크를 해제한 상태로 P2P 서비스 이용자에게 동의를 구해야 할 것이다.[43]

또는 삭제, 변조 등으로 인한 손해에 대하여는 배상하지 않습니다"라는 규정이 그러하다. 또한 무료이용자에게 부여된 코인의 가치를 약관변경을 통하여 일방적으로 변경하는 것도 하나의 예이다.

43) 조사대상 약관 중 디비고 이용약관에서만 관련 약관이 함께 제시되고 있었다.

Ⅴ. 마치면서

최근 국내에서 많이 이용되는 P2P서비스 제공자들의 이용약관을 살펴보면, P2P 서비스를 운영하면서 준수하여야 할 기본적인 의무를 이용약관 및 개인정보보호지침 등에서 규정하고 있다. 구체적인 내용을 살펴보면, P2P서비스 이용자의 개인정보를 본인의 동의하에 제3자에게 제공한 이후, P2P 서비스 이용자가 탈퇴·계약 해지를 하거나 개인정보 활용의 동의를 철회한다면, P2P 서비스 제공자는 개인정보보호지침에 따라 P2P 이용자의 개인정보를 정해진 절차에 따라 삭제 및 폐기할 뿐이다. 제3자에게 제공된 P2P 서비스 이용자의 개인정보에 대한 처리에 대한 방침은 명시적으로 존재하지 않는다. 그러나 일반적으로 P2P 서비스 이용자의 개인정보제공의 동의와 광고수신의 허용을 조건으로 P2P서비스가 이루어지는 모습을 감안할 때에, P2P 서비스에 있어서 P2P 서비스 이용자들의 개인정보제공이 가지는 의미를 조금 더 신중하게 생각할 필요가 있다. 때문에 P2P 서비스 제공자는 서비스 이용자로부터 이용약관에 동의를 받는 과정에서 서비스 이용자가 부담하는 채무의 내용으로 개인정보제공 및 광고수신 등을 명확하게 고지할 필요가 있으며, 이에 대한 동의를 받는 절차도 서비스 이용자가 선택적 동의를 할 수 있게 하여 실질적인 동의를 이끌어 내도록 구성해야 할 것이다. 더불어 P2P 서비스 제공자는 서비스 이용자에 대한 보다 책임 있는 자세로 제휴 사업자에 대하여 P2P 서비스 이용자의 개인정보의 삭제 및 폐기를 청구할 수 있는 계약적 근거를 마련해야 할 것이다.

한편 P2P 서비스로 인한 저작권 침해 문제는 예전부터 제기된 문제이다. 이용자 보호의 관점에서 볼 때 P2P 서비스 사업자는 서비스 이용자가 저작권 침해자가 되지 않도록 최소한의 노력과 의무를 부담해야 한다. 즉 완전한 공중전달권을 토대로 P2P 서비스 제공자의 행위를 정당화하면서도, 정작 저작권 침해라는 불법행위의 문제에 대해서는 P2P 서비스 이용자 사이의 법률분쟁이므로 P2P 서비스 제공자는 책임이 없다고 일관하는 태도는 바람직하지 않다. 그리고 P2P 서비스 제공자는 서비스 이용자가 어떠한 행위를 하면 완전한 공중전달권에 대한 명백한 반대의 의사표시인지 약관에 표시하고, 명시적인 의사가 없다면 다른 이용자가 공유파일의 검색을 하더라도 검색이 되지 않도록 기술적 조치를 할 필요가 있다고 볼 것이다.

색인어

P2P 서비스, 웹스토리지 서비스, 이용약관, 개인정보보호, 개인정보활용동의, 광고수신동의, 저작권, 복제권, 전송권

참 고 문 헌

고홍석 외 1인, "온라인저작권 소송 사례 비교분석: 한국소리바다와 미국 그록스터 판결의 경우," 한국언론학보 제52권 1호, 2008. 2,

김왕석 외 3인, "파일공유 서비스와 인터넷 음악 저작권의 인식에 대한 연구: 한국과 미국의 대학생들의 비교 연구를 중심으로," 한국언론학보 제49권 1호, 2005.

성준호, "인터넷포털서비스 이용약관의 공정성문제에 관한 소고," 소비자문제연구 제39호, 2011.

이해완, 전자거래법, 사법연수원, 2007.

임건면, "인터넷 provider 계약," 성균관대학교 법학연구소, 제16권 제1호, 2004,

최상필, "웹스토리지 서비스에 관한 법률관계," 동아법학 제44권, 2009.

* 본 논문에서 검토의 대상이 되는 주된 P2P 서비스 제공사이트 목록

"짱큐(http://jjangq.co.kr)"

"디비고(http://www.dbgo2.com)"

"파일시티(http://www.filecity.co.kr)"

"쉐어박스(http://sharebox.co.kr)"

"클럽박스(http://www.clubbox.co.kr)"

"피디박스(http://www. pdbox.co.kr)"

"빅파일(http://www.bigfile.co.kr)"

제2편 | 온라인 환경과 개인정보 보호

- 페이스북(Facebook)의 개인정보 보호에 관한 법적 쟁점
- 개인정보의 활용범위에 관한 고찰
- 소비자의 잊혀질 권리
  —전자상거래에서의 개인정보 관점에서—
- 온라인서비스 개인정보 이용약관과 이용자 '동의' 문제

페이스북(Facebook)의 개인정보 보호에 관한 법적 쟁점*

손 승 우**

차 례

Ⅰ. 서 론

소셜 네트워크 서비스(Social Network Service: SNS)는 인터넷을 기반으로 인적 네트워크를 형성하여 정보를 공유하고 인맥을 관리하며 자기를 표현하는 등을 통해 타인과의 관계를 관리할 수 있는 서비스이다. 인터넷 이용자 중 SNS 계정을 갖고 있는 이들의 비중이 해마다 증가하여 지난 2011년 4월에는 국내 인터넷 이용자의 82.8%가 1개 이상의 SNS를 이용 중이거나 이용한 경험

* 이 글은 2012. 4. 발행된 嘉泉法學 제5권 제1호에 게재된 저자의 졸저를 한국소비자법학회 학술총서 발간을 위하여 약간의 수정을 거쳐 제출한 것임을 밝힙니다.

** 단국대학교 법학과 부교수, 법학박사.

이 있는 것으로 나타나 SNS는 이제 우리 생활의 일부로 자리잡게 되었다.[1] 대표적인 SNS로서 우리나라의 싸이월드(Cyworld)와 NHN의 미투데이(me2day), 미국의 페이스북(Facebook), 트위터(twitter), 일본의 믹시(Mix), 영국의 바두(Badoo)[2] 등이 있으며, SNS를 이용하는 가장 중요한 목적은 인맥관리 외에 정보획득 및 공유, 전화 및 문자메시지 대체 수단, 유행 따르기 등을 위한 것이다. SNS를 통하여 이용자는 인터넷 홈페이지에 자신의 프로필을 만들어 소개하고 상대방을 초청하거나 자신이 직접 상대방의 홈페이지를 방문하여 서로 친분을 쌓기도 하며, 실시간 메신저를 통한 (화상) 채팅, 사진 기타 콘텐츠의 교환 등을 통해 많은 사람들과 용이하게 인맥을 형성할 수 있다. 최근에는 스마트폰이나 태블릿PC 등 모바일기기의 확대로 SNS의 영향이 급속도로 확산되고 있다.

이러한 웹 환경에서 SNS 산업은 모바일과 정보기술과의 결합을 통해 급속도로 성장하고 있으며 새로운 시장을 창출하고 있다.[3] 대표적인 SNS 사업자인 미국의 페이스북(Facebook)은 2012년 3월 기준으로 전세계 가입자 수가 8억 4,500만 명이고 하루에 한 번씩 로그인하는 실이용자는 4억 2,500만 명 이상이다. 그런데 페이스북은 그 독특한 개방적 서비스 모델로 인하여 미국은 물론 우리나라와 다른 국가에서도 개인정보침해의 문제가 지속적으로 대두되고 있다. 특히 스마트폰이 확산되면서 프라이버시에 대한 논란이 끊이지 않는 시점에서 페이스북은 2011년 1월 방송통신위

1) "네티즌 82.8% SNS 이용 … 싸이월드 이용률 74.9% 1위," 서울신문, 2011. 4. 19 자.

2) 바두(Badoo)는 소개팅을 원하는 사람을 연결해 주는 SNS로서 페이스북이라는 광활한 인맥 기반 서비스를 토대로 그 안에서 서비스를 제공하는 또 다른 SNS이다. 바두는 2012년 3월 현재 가입자 수가 1억 4,000만 명 이상이고 연매출 1억 5,000만 달러를 넘고 있다. "페이스북에 등돌리는 세계적 기업들 왜?," 전자신문, 2012. 3. 12 자.

3) "모바일, 소셜 서비스 확대로 8조원 신시장 기대," 전자신문 ET VIEW, 2012. 2. 21 자.

원회의 권고에 따라 「정보통신망 이용촉진 및 정보보호 등에 관한 법률」(이하 "정보통신망법"이라고 한다)상의 개인정보 보호 기준을 따르기로 하였다.[4] 그러나 페이스북의 개인정보 방침의 개선에도 불구하고 여전히 개인정보 침해에 대한 우려가 종식되지 않고 있다.

따라서 이하에서는 페이스북 서비스의 연혁과 특성을 먼저 살펴본 후 개인정보보호와 연관된 구체적 사례와 그 법적 쟁점을 검토해 보았다. 그리고 각 쟁점에 대한 해결방안을 모색해 보았다.

II. 페이스북의 연혁과 개인정보 보호정책

1. 연 혁

페이스북(Facebook)은 온라인상에서 친구, 가족, 지인 등과의 인맥 관계를 강화시키는 한편 이를 바탕으로 새로운 인맥과 폭넓은 인적 네트워크를 형성할 수 있도록 해주는 소셜 네트워크 서비스이다. 페이스북은 초기에 하버드 대학교에 재학 중이던 마크 저커버그(Mark Zuckerberg)가 2003년 10월부터 서비스를 제공했던 "페이스메시(FaceMash)"를 기반으로 2004년 2월에 "더페이스북(TheFaceBook)"이라는 명칭으로 서비스를 시작하였다. 처음에는 하버드 대학교의 학생들만 이용할 수 있었는데[5] 2004년 3월부터는

4) "페이스북 개인정보보호 국내법 준수 당연하다," 전자신문, 2011. 1. 21 자.

5) 초기에는 서비스를 오직 하버드대학의 학생들만 이용할 수 있었다는 점에서 현재의 서비스와 차이가 있다. 이와 같이 특정학교 학생들만 가입할 수 있다는 것은 이용자들에게 묘한 우월감을 심어주었고, 학교 내에서 인간관계를 확장할 수 있는 실질적인 도움을 주는 도구가 되었다. 김정남, "페이스북, 무엇이 대단한가?," 스타일조선 vol.58, 2011. 5.

스탠퍼드, 콜롬비아, 예일 대학까지 확대되었고, 이후에는 아이비리그 대학, 뉴욕대학, 매사추세츠 공과대학 그리고 미국의 나머지 대학들과 캐나다 대부분의 대학들로 영역이 점차로 확대되었다.

2004년 6월, 페이팔(PayPal)의 공동 창립자인 피터 티엘(Peter Thiel)로부터 첫 투자를 받아 캘리포니아 주의 팰러앨토(Palo Alto)로 회사를 이전하였다. 그리고 2005년 초에 "facebook.com"이라는 도메인이름을 20만 달러를 주고 매입한 뒤 서비스 명칭에서 "The"를 삭제하고 현재의 "페이스북"으로 자리잡게 되었다. 2005년 9월에는 페이스북의 영향이 고등학교에까지 미쳤고,[6] 이후 비즈니스 영역까지 회원이 확대되었으며, 2006년 9월에는 이메일을 가진 13세 이상의 모든 이용자들에게 개방되게 되었다. 그리고 2008년 말에는 세계 최대의 SNS 사이트였던 마이스페이스(MySpace)를 제치고 SNS 분야의 선두주자가 되었다.[7] "세계 모든 사람들을 연결시키겠다"는 목표를 지닌 페이스북은 2012년 3월 현재 가입자가 무려 8억 5천만 명에 육박하고 있다. 2011년 말까지 모바일 기기를 이용하여 페이스북을 이용하는 사람이 4억

<http://style.chosun.com/site/data/html_dir/2011/05/02/2011050201458.html>.

6) 2005년 말까지 2,000개 이상의 대학과 25,000개 이상의 고등학교를 포함한 네트워크가 형성되었다.

7) 페이스북은 2008년 8월에는 1억 명의 회원을 유치했는데, 2009년 4월에는 2억 명을 돌파하고, 2009년 9월에 3억 명, 그리고 2010년 2월에 4억 명, 2010년 7월에 5억 명을 넘어설 정도로 폭발적인 증가율을 보였으며 현재 페이스북의 회원은 8억 5천만 명에 육박한 것으로 알려져 있다. 골드먼 삭스가 투자를 결정할 때 즈음에 JP 모건에서 흥미로운 조사 자료를 공개했다. 2010년 8월과 10월 사이에 미국의 네티즌 중 70%가 페이스북에 접속한다고 밝혔는데, 이는 전년보다도 22%나 상승한 수치였다. 페이스북 이용자들은 인터넷을 하는 시간의 10%를 페이스북 접속에 할애했는데, 이는 야후(Yahoo)나 구글(Google)보다 높은 수치이며 페이스북 가입자 중 절반이 넘는 숫자가 매 주 페이스북에 접속한다고 밝혔다. 김정남, 전게 글 참조.

3,200만 명이나 되며 그 수가 점차로 증가하고 있다.[8] 페이스북이 국내시장에 진출한 것은 2010년이다.

2. 개인정보 보호정책

초창기 페이스북의 성공요인은 이용자 개개인의 신뢰성을 확보할 수 있는 회원가입 정책에 있었다. 즉, "edu" 도메인 이메일 주소를 가지고 있는 대학생 이용자들에게만 페이스북 사이트 가입을 허락했던 것이다. 또한 페이스북은 서비스 회원들 간에도 자신들과 같이 대학에 재학하고 있는 회원들의 정보만을 검색하고 열람할 수 있도록 하는 제한을 두었다.[9] 이러한 제한들은 이용자들로 하여금 자신들의 대학 커뮤니티 밖으로 정보가 노출되지 않는다는 믿음을 주었고, 이는 개인정보 유출에 따른 스팸광고와 음란물 유포 문제 등에 골머리를 앓고 있던 당시 유명한 마이스페이스(www.myspace.com)와 대비되었다. 페이스북이 회원가입 조건을 완화하여 대학생 외 일반 이용자들의 가입을 허용한 후에도 회원들의 정보노출에 대한 등급을 스스로 설정할 수 있도록 하는 등 개인정보 문제에 대해 조심스러운 접근을 취해 온 것은 이용자들의 신뢰가 바탕이 되어야 SNS가 성공할 수 있다는 기본 가치를 따른 것이다.

그런데 2007년 11월 페이스북은 새로운 서비스를 도입하면서 개인정보 보호와 관련한 논쟁에 휩싸이게 되었다. 페이스북은 가칭 "소셜애즈(Social Ads)"라는 광고 플랫폼을 준비하여 왔으며,

---

8) Facebook mobile audience jumps in 2011, 2012. 3. 7. <http://www.siliconvalley.com/ mobile>.

9) Alan J. Tabak, Hundreds Register for New Facebook Website, Harvard Crimson, Feb. 9, 2004. <http://classic-web.archive.org/web/20050403215543/www.thecrimson.com/article.aspx?ref=357292>.

이는 2007년 11월 6일 "비콘(Beacon)"이라는 이름으로 이용자들에게 공개되었다. 비콘은 소셜 네트워크를 통한 입소문 마케팅에 초점을 둔 플랫폼으로 이해할 수 있다. 즉, 서로 연결되어 있는 회원 개개인의 관심사가 네트워크를 통해 전파되는 효과를 노린 것이다. 일반 이용자들의 물품 또는 서비스 사용 후기가 일반 광고보다 더 이용자들에게 신뢰감을 주는 효과가 있는 것에 착안하여 비콘은 그와 같은 효과를 통해 광고주와 이용자들을 만족시키고 수익 창출도 기대하였다.[10)]

그러나 비콘의 도입과 관련하여, 개인정보의 노출 여부를 이용자가 스스로 결정할 만한 적절한 장치가 제공되지 않음으로써 문제가 발생하였다. 예를 들면, 페이스북 이용자가 제휴 사이트를 방문하여 티켓 예매, 옷 구매 등의 활동을 수행하면 인터넷 브라우저에 외부 협력사이트가 페이스북에 해당 정보를 전송하고 있음을 알려주는 글상자가 뜬다. 이때 이용자가 전송을 거부할 경우 해당 정보는 전송되지 않지만 이용자가 외부 사이트를 방문하여 활동할 때마다 이를 일일이 확인하고 허용 또는 거부를 선택해야 하는 문제가 발생한 것이다. 따라서 이용자의 외부 사이트 방문과 활동에 대한 상세내역이 뉴스피드(Newsfeed)를 통해 온라인 친구들에게 공개되는 빈도가 높아졌으며, 이는 사생활 침해 논란을 강하게 불러왔다. 이로 인하여 서비스를 도입한 지 한 달도

---

10) 비콘(Beacon) 서비스의 구체적인 내용은 다음과 같다. 광고 플랫폼에 뉴욕타임즈, 버라이즌, 블록버스터, 이베이 등 이용자들에게 광고하기를 원하는 다양한 업체가 참여하여 이들 제휴사 사이트와 관련한 페이스북 회원들의 활동이 이용자의 프로필 페이지에 기록되는 방식을 취했다. 프로필 페이지의 업데이트 여부는 친구들에게 즉각적으로 알려져 열람 가능하므로 이를 통해 온라인에서 이웃들이 제휴사 사이트의 홍보에 노출되는 것이다. 또한 광고 페이지를 '팬'으로 등록하거나 브랜드 관련 애플리케이션을 다운로드받아서 친구들에게 소개할 수 있도록 하는 방식으로 광고가 이루어졌다.

채 되지 않은 2007년 11월 29일 페이스북은 이용자가 사전 승인을 하는 경우에만 협력 사이트에서 수행한 활동이 뉴스피드를 통해 친구들에게 공개되도록 기능을 수정하였다. 이에 대해 페이스북 CEO인 저커버그는 사과성명을 발표하고, 비콘 기능을 정지시킬 수 있도록 개선 정책을 발표함으로써 개인정보 침해 논란이 일단락되었다.

Ⅲ. 페이스북의 개인정보 보호에 관한 법적 쟁점

페이스북은 비콘과 관련된 프라이버시 침해문제에 대한 개선책을 내놓았지만 이후 새로운 서비스가 소개될 때마다 개인정보 침해에 대한 논란은 계속되었다. 이하에서는 구체적인 사례를 통하여 페이스북과 관련된 개인정보 보호의 법적 쟁점을 살펴보고자 한다.

1. 프라이버시 침해

페이스북과 관련된 프라이버시 사례들을 살펴보면 다음과 같다. 우선 공권력에 의한 개인정보를 검색한 사건이 있다. 2006년 미국 일리노이 대학 소속의 두 학생이 술집 앞에서 노상방뇨를 하다 경찰에 발각되어 한 학생은 도주를 하고 다른 학생은 체포되게 되는데, 경찰이 도주한 학생에 대해 신문하자 체포된 학생은 그 학생을 모른다고 진술하였다. 그러나 경찰은 페이스북을 통해 두 학생이 친구 사이라는 것을 밝혀냈다.[11]

---

11) 이하 네 가지 사례들과 관련하여, Chris Peterson, *Losing Face: An Environmental Analysis Of Privacy On FaceBook*, 2010. 1, pp.10-11 참조.

둘째, 공개를 원하지 않는 사진정보의 유출과 관련하여, 2007년 영국의 유명 조간신문인 데일리메일(Daily Mail)[12]은 웹사이트를 통해 만취한 여대생의 사진을 공개하였는데, 이로 인해 이 여학생은 해외 모 기관들로부터 성적으로 노골적인 유상의 인터뷰 제안을 받는 피해를 입었다. 문제의 사진은 어떤 학생이 몰래 이 여학생을 촬영하고 페이스북의 그룹(30 Reasons Girls Should Call It A Night)에 무단으로 게재한 것을 데일리메일에서 사용하게 되었다.

셋째, 2008년 미국 플로리다의 한 여고생이 교사를 비방하는 페이스북 그룹을 만들었는데, 이후 마음이 바뀌어 이 그룹을 삭제하였다. 그러나 이 그룹에 게재된 글들이 이미 다른 이용자들에게 알려지게 되었고, 삭제한 지 두 달이 지나서 이 사실을 알게 된 학교당국은 이 여학생에게 정학 조치를 명하였다. 유사한 사건으로서 과거 캠퍼스경찰을 비방하는 페이스북 그룹을 만든 학생에 대해 학교는 명예훼손을 이유로 퇴학을 시킨 사례가 있었다.

넷째, 2009년 영국의 한 마케팅회사에서 근무하는 16세의 근로자가 자신의 페이스북에 따분한 직장생활에 관한 글을 게재하였는데, 이 사실을 알게 된 직장상사는 그 근로자를 해고하였다. 이와 유사한 사건으로서, 2008년 12월 프랑스의 Alten사의 근로자 3인이 각자 자신의 자택에서 페이스북에 접속하여 회사 간부와 인사책임자를 비난하는 대화를 나누었다. 이 세 사람의 동료이자 페이스북에서 '친구' 자격을 가진 사람이 이들의 대화내용을 복사하여 회사에 알렸고, Alten사는 회사를 비방한 이 세 사람을 해고하였다.[13] 위 사건의 근로자들은 자신이 작성한 내용을

12) Daily Mail은 영국의 조간신문으로서 1896년 노스클리프 자작에 의해 런던에서 창간되었으며, 짧은 뉴스 기사, 흥미 위주의 읽을거리와 요리·패션·여성란 등으로 유명하다. Daily Mail Online <http://www.dailymail.co.uk/home/index.html>.

제3자와 공유하고자 하지 않았지만 페이스북의 개방적 환경으로 인하여 원하지 않는 공개가 이루어졌다고 볼 수 있다.

다섯째, 미국의 결혼전문 변호사학회가 회원들을 대상으로 설문조사를 실시한 결과, 이 학회 소속 변호사들 가운데 81%가 최근 5년간 자신들이 맡은 이혼소송에서 SNS 사이트에서 얻은 자료를 증거물로 이용하거나 상대방측에서 SNS 사이트에서 얻은 자료를 증거물로 제시한 적이 있다고 응답했다. 이들 응답자 중 66%가 페이스북에서, 15%는 마이스페이스(MySpace)에서 그리고 5%는 트위터에서 자료를 획득하였다고 답했다. 이혼소송에서 자신에게 유리한 판결을 받아내기 위해 상대방의 페이스북에 올라와 있는 글과 사진들을 활용하고 있다고 한다. 이러한 결과는 페이스북을 포함한 SNS 사이트에 올린 글, 사진 등 개인의 사생활 정보가 타인에 의해 부정적으로 이용될 수 있다는 것을 보여주는 사례이다.[14]

여섯째, 앞서 설명한 바와 같이, 페이스북이 2007년 말 도입한 비콘(Beacon)은 개인정보의 노출 여부를 스스로 결정할 만한 적절한 장치가 제공되지 않았다는 점에서 문제가 되었다. 이로 인해 이용자의 외부 사이트 방문과 구매활동 등에 대한 상세내역(웹 경험)이 온라인 친구들에게 공개되는 빈도가 높아졌고, 이는 이용자의 활동기록의 공개는 물론 누적된 정보의 가공을 통해 더욱 심각한 사생활 침해의 가능성을 높였다. 이와 관련하여, 2010

---

13) "프랑스, 인터넷 소셜 네트워크 사이트에 올린 회사 비방을 이유로 한 해고," 「인터넷 법제 동향」 제32호, 한국인터넷진흥원, 2010, 15면. (이 사건을 맡은 제1심 노동위원회는 위원의 의견이 동수로 나뉘었고 이에 법관인 제5 위원을 포함한 위원회를 재개한 바 있다.) <http://www.letelegramme.com> 페이스북에서 '친구' 등급을 얻게 되면 그 친구와 연결된 인적 관계의 범위와 그들의 대화내용을 알 수 있게 된다.

14) "페이스북, 이혼전문 변호사의 새 '밥줄'," 한겨레 뉴스, 2011. 5. 16자; "당신이 트위터 때문에 해고될 수 있다면?," 프레시안, 2010. 7. 16자.

년 4월에 발표한 오픈 그래프(Open Graph)의 경우도 유사한 문제를 발생시켰다. 오픈그래프는 기존 서비스보다 더 개방된 형식으로 여러 사이트들이 가지고 있는 소셜 그래프(Social Graph)를 하나로 묶어 웹 자체를 소셜화하는 전략을 통칭한다. 소셜 플러그 인(Social Plug-in)은 기존에 존재하는 웹사이트의 소셜 그래프에 페이스북의 소셜 그래프를 플러그인한다는 뜻으로,[15] 가장 대표적인 플러그인은 제3자 웹 사이트의 콘텐츠, 상품 등을 페이스북 계정으로 추천하는 "좋아요(like)" 버튼이다. 기존의 "팬이 되기(Become a fan)" 버튼이 "좋아요(like)" 버튼으로 모두 변경되었고, 이 버튼을 클릭한 웹사이트의 새로운 소식들이 이용자의 페이지에 자동적으로 뉴스피드(Newsfeed)된다. 또한 다른 사이트에서 "좋아요(like)" 버튼을 클릭한 항목 역시 이용자의 승인하에 이용자 프로필의 관심사(interest)에 자동적으로 업데이트된다. 이렇게 업데이트된 사항들은 이용자의 친구들에게도 노출되어 제3자 웹사이트의 트래픽증가로 이어질 수 있다.[16]

페이스북이 주장하는 오픈 소셜 그래프 세상은 이용자의 사회관계에 따라 조성되는 데이터를 그래프화하여 보여주는 효과가 있다. 즉, 이용자와 관계를 맺고 있는 사람들의 취향과 이용자 자신이 좋아하는 영화, 책, 레스토랑, 스포츠, 신문, 방송 등에 대한 기호가 페이스북 서버에서 자동으로 분석돼 새로운 의미를 갖는 정보로 재구성된 후 이용자에게 전달된다.[17] 그러나 이러한 서비

15) 제3자 웹사이트가 한 줄 정도의 HTML를 추가해 페이스북의 소셜 기능을 웹사이트에 통합시키는 위젯을 의미하며, 8가지(Like Button, Recommendations, Login with Faces, Comments, Activity Feed, Like Box, Facepile, Live Stream) 플러그 인을 제공한다.

16) 이와 관련된 상세한 내용을 위하여, KT경제경영연구소, 페이스북의 오픈 그래프 전략을 통해 살펴본 웹의 진화방향, 2010 참조.

17) 이원태 외 3인, 방통융합 환경에서 정보의 자유와 개인의 프라이버시 보호방안 연구, 정보통신정책연구원 보고서, 2010. 12, 71면.

스는 이용자의 일상생활 내 페이스북 이용 빈도에 비례하여 페이스북이 이용자 개인의 일거수일투족을 알게 된다는 점에서 문제의 소지가 있다. 즉 개인화된 정보의 축적 및 공개된 정보를 사용하는 방식에 있어 프라이버시 침해의 문제가 발생할 수 있다.

이 밖에도, 최근에는 기업 인사 담당자들이 입사지원자들의 페이스북 등을 미리 방문하여 그곳에 올라와 있는 글과 사진들을 검토함으로써 지원자들의 평가에 반영하고 있어 입사지원자들에 대한 프라이버시 침해가 이슈화되기도 하였다. 미국 최대 취업정보회사인 캐리어빌더(Career Builder)가 2009년 6월에 인사담당자 2,600명을 대상으로 한 조사에 의하면, 인사담당자의 45%가 SNS에 나타난 취업 희망자의 성향조사를 실시하고 있는 것으로 나타났다. 우리나라의 경우 취업정보회사인 인크루트가 2010년 6월에 인사담당자 539명을 대상으로 실시한 조사에 의하면 19.5%가 입사지원서에 SNS 주소를 기재하도록 하고 직접 접속하여 확인한다고 응답하였다.[18)]

또한 2010년 5월에는 페이스북 이용자들이 친구들의 대화내용을 볼 수 있도록 하는 버그가 발견되어 페이스북의 내부 인스턴트 메시징 서비스가 일시적으로 중단되기도 하였다. 이 버그는 페이스북상에서 상대방의 프로필을 간략히 보는 프리뷰 마이 프로필(preview my profile) 기능을 조작해 이용자 간 대화내용을 볼 수 있도록 하는 것으로, 대기 중인 친구요청도 다른 사람이 볼 수 있도록 하는 것으로 알려졌다. 일시적으로 발생된 버그이지만 사적 대화가 쉽게 노출될 수 있다는 것을 보여준 사례이다.

위의 사례들을 정리해 보면, 주로 개인이 공개를 원하지 않는 정보가 무단으로 유출되거나, 공개된 사적인 정보가 공개를

18) 유지연, "SNS에 나타난 취업희망자의 성향조사와 프라이버시 이슈," 「방송통신정책」 제22권 12호, 정보통신정책연구원, 2010, 6면.

원하지 않는 제3자에게까지 공개되면서 뜻하지 않은 피해가 발생하고 있는 것으로 조사되었다.

2. 개인정보 유출

인터넷 이용자는 일반적으로 웹블로그나 인터넷카페에 있는 정보를 보기 위해서는 직접 해당 사이트를 방문을 해야 하지만, 페이스북과 같은 SNS는 방문을 하지 않아도 이용자의 정보가 자동으로 다른 이용자에게 전달되는 개방적 환경에서 정보교류가 이루어진다. 페이스북은 매우 사적인 정보들을 기록할 수 있도록 설계되어 있는 동시에 매우 개방적인 환경을 제공하고 있어서 정보의 공유와 보호라는 모순적인 관계가 공존하고 있다. 이러한 이유로 페이스북상의 개인들이 주고받는 대화가 사적 통신에 해당하는지는 명확하지 않다. 이용자가 페이스북에 접속하려면 ID와 비밀번호가 필요하므로 사적인 성격을 가진 제한된 커뮤니티에 해당될 수 있으나, 동시에 수많은 이용자가 개방적 환경에 노출되어 있는 점은 사적 통신의 보장이라는 측면을 약화시킬 수 있다. 페이스북과 같은 SNS 사이트는 이용자들의 자유로운 표현을 보장하고 이를 통해 다른 사람들과 소통할 수 있는 공간인 반면, 이용자들에게 주어진 이러한 표현의 자유와 소통의 공간은 자신의 의사와 관계없이 개인정보가 다른 사람들에 의해 무단으로 사용될 수 있는 역기능도 함께 가진다.

정보통신망법 제2조 제6호에서 '개인정보'를 정의하고 있는데, 즉 개인정보는 생존하는 개인에 관한 정보로서 성명·주민등록번호 등에 의하여 해당 개인을 알아볼 수 있는 부호·문자·음성·음향 및 영상 등의 정보(해당 정보만으로는 특정 개인을 알아볼 수 없는 경우에도 다른 정보와 용이하게 결합하여 알아볼 수 있는 것을 포함한다)를 말한다. 따라서 개인정보는 해당 정보만으로는 특정인을 알아 볼 수 없는 경우라도 이름, 전화번호, 메일주소 등 두 가지 이상의 정보가 결합하여 개인의 식별이 가능하다면 개인정보가 될 수 있다. 즉 개인정보는 '직접적으로' 개인을 식별할 수 없는 정보라도 다른 정보와 용이하게 결합하여 '간접적으로' 개인을 식별할 수 있는 정보를 포괄하는 것이다. 페이스북의 경우 개인의 신상정보와 웹경험, 사진, 대화 등 다양한 정보들을 게시할 수 있으므로 사사로운 정보라도 다른 정보와 결합하여 개인을 용이하게 식별할 수 있다.

SNS 사업자는 타인에게 노출되는 정보의 범위와 인적 범위를 이용자가 선택할 수 있도록 약관에 명시하여야 하며, 이용자의 동의하에 다른 인터넷서비스제공자에게 정보가 제공될 수 있다는 점 등도 고지하여야 한다. 정보보통신망법 제24조 제1항에서 정보통신서비스제공자는 해당 이용자의 동의가 있는 경우를 제외하고 개인정보를 제22조 제2항의 규정에 의한 고지의 범위 또는 정보통신서비스이용약관에 명시한 범위를 넘어 이용하거나 제3자에게 제공하여서는 아니 됨을 규정하고 있다.

2010년 12월 방송통신위원회는 페이스북의 서비스가 정보통신망법의 개인정보 보호 수준을 충족하지 못하고 있다고 판단하고 그 개선을 요구한 바 있다. 그러나 페이스북은 개인정보에 대한 통제권은 가입자들 스스로에게 있으며 가입자들은 이를 알고도 약관에 가입하였다는 이유를 들어 방송통신위원회의 요구를 거절하였다. 과거 페이스북은 특정 국가의 요구에 따라 서비스를 수정한 적은 없었다. 그러나 2011년 1월 페이스북은 한국 시장에서 개인정보보호를 강화하겠다고 발표함으로써 위원회의 요구를 수용하였다. 방송통신위원회가 페이스북에 대하여 정보통신망법 제46조의3[19]에 근거해 개인정보보호를 위한 서비스 개선 및 자료

---

19) 「정보통신망 이용촉진 및 정보보호 등에 관한 법률」 제46조의3(정보

제출을 요청한 바 있으며, 페이스북은 서비스 개선의 내용을 다

보호 안전진단) ① 다음 각 호의 어느 하나에 해당하는 자는 방송통신위원회가 안전진단을 수행할 수 있다고 인정한 자(이하 "안전진단 수행기관"이라 한다)로부터 자신의 정보통신망 또는 집적정보통신시설에 대하여 매년 정보보호지침에 따른 정보보호 안전진단을 받아야 한다. 이 경우 안전진단 수행기관은 15명 이상의 정보보호 기술인력을 보유하고 최근 3년 이내에 정보보호컨설팅을 수행한 실적이 있는 법인이어야 한다.

1. 「전기통신사업법」 제2조 제8호에 따른 전기통신사업자로서 전국적으로 정보통신망서비스를 제공하는 자(이하 "주요정보통신서비스 제공자" 한다)

2. 집적정보통신시설 사업자

3. 정보통신서비스 제공자로서 매출액, 이용자 수 등이 대통령령으로 정하는 기준에 해당하는 자

② 제1항에 따라 정보보호 안전진단을 받는 사업자는 관련 정보의 제공 및 시설·장소에의 출입 허용 등 안전진단 수행기관의 정보보호 안전진단 업무에 협력하고, 대통령령으로 정하는 바에 따라 정보보호 안전진단의 결과를 방송통신위원회에 제출하여야 한다.

③ 제1항에 따라 정보보호 안전진단을 받아야 하는 사업자가 「정보통신기반 보호법」 제9조에 따라 취약점의 분석·평가를 받거나 제47조에 따른 정보보호 관리체계의 인증을 받으면 그 분석·평가를 받거나 인증을 받은 해당 연도에는 제1항에 따른 정보보호 안전진단을 받은 것으로 본다.

④ 안전진단 수행기관은 제1항에 따른 정보보호 안전진단을 받은 사업자에게 안전진단의 결과에 따라 정보보호조치의 개선을 권고할 수 있다.

⑤ 안전진단 수행기관은 제4항에 따라 정보보호조치의 개선을 권고하였으면 그 권고내용 및 처리 결과를 방송통신위원회에 통보하여야 한다.

⑥ 방송통신위원회는 제2항에 따라 제출된 정보보호 안전진단의 결과와 제5항에 따른 통보내용에 따라 필요하면 정보보호 안전진단을 받은 사업자에게 정보보호조치에 관한 개선명령을 할 수 있다.

⑦ 제1항에 따른 정보보호 안전진단의 방법·절차·수수료, 안전진단 수행기관의 인정절차, 정보보호 기술인력의 자격기준, 정보보호컨설팅 수행실적, 그 밖에 필요한 사항은 대통령령으로 정한다.

⑧ 방송통신위원회는 제1항 제3호의 요건에 해당하는지를 확인하기 위하여 필요하면 관계 행정기관, 관련 자료 보유기관 또는 정보통신서비스 제공자에 대하여 필요한 자료의 제공 또는 사실의 확인을 요청할 수 있다.

음과 같이 제시하고 있다. 첫째, 페이스북 회원 가입시 개인정보의 수집 등에 관한 고지 및 동의 절차 마련, 둘째, 개인정보의 취급 위탁 발생시 고지 및 동의 절차 마련, 셋째, 개인정보의 제3자 제공시 이용목적, 보유 및 이용 기간 고지, 넷째, 영문으로만

연도별 페이스북 프라이버시 정책 변화[20)]

연 도	주요내용
2005	회원 가입시, 개인정보를 전혀 기재하지 않음.
2006	회원 가입시, 몇 가지 개인정보를 기재하도록 함. 단, 자신이 설정한 그룹의 이용자들끼리 공유(기본 설정)
2007	페이스북 이용자 그룹 중 적어도 하나의 그룹에는 의무적으로 개인정보를 공개하도록 함.
2009년 11월	개인정보 선택사항에 모두(everyone)에게 공개할 수 있도록 하는 설정추가, 일부 정보는 모두에게 공개하도록 기본 설정됨.
2009년 12월	이름, 사진, 친구목록, 성별, 거주지 등의 정보들의 의무공개. 이용자는 공개정보에 대한 검색 허용여부를 결정할 수 있음.
2010년 4월	이용자의 모두에게 공개된 일반정보(이름, 사진, 성별, 아이디, 페이스북 커넥션, 친구리스트 등)를 모든 채널에서 접속하여 얻을 수 있음.
2010년 5월	이용자는 콘텐츠 공개 대상을 '친구만', '친구의 친구까지', '완전 공개'등에서 하나를 선택할 수 있게 됨. 또한 기존에는 모든 개인정보가 공개되었으나 이번 정책 변화로 이용자 이름, 사진, 성별, 참여하고 있는 그룹만이 초기 프로필 공개 정보로 포함하도록 개인정보 공개 범위를 축소함.
2011년 1월	회원 가입시 개인정보의 수집 등에 관한 고지 및 동의 절차를 마련하고, 개인정보의 취급 위탁 발생시 고지 및 동의 절차를 마련하였으며, 개인정보의 제3자 제공시 이용목적, 보유 및 이용 기간을 고지함.

20) Kurt Opsahl의 Facebook's Eroding Privacy Policy: A Timeline(2010. 4. 28.)에서 제시하고 페이스북의 프라이버시 정책 연혁에 최근의 변화를 업데이트하였다. <https://www.eff.org/deeplinks/2010/04/facebook-timeline>.

제공됐던 개인정보 취급방침의 한국어 게시 및 개인정보 업무 처리부서 명시 등이다.[21)]

그러나 이하에서 상술하는 바와 같이, 페이스북의 개인정보 보호에 관한 이러한 정책변화에도 불구하고 친구찾기 기능으로 수집된 비회원의 이메일 주소 등의 개인정보가 포괄적으로 활용될 수 있는 점은 여전히 개인정보 침해의 우려가 높다. 비록 페이스북이 회원으로부터 친구찾기 기능에 대한 동의를 받았다고 하더라도 비회원의 모든 정보가 페이스북에 의해 수집·활용되고 있고, 또한 회원이 그러한 사실을 인식할 만큼 충분한 동의 절차가 마련되어 있는지에 대한 검토가 필요하다.

3. 아동의 회원가입과 정보유출

페이스북은 13세 미만 아동의 가입을 제한하고 있지만[22)] 실제로는 2011년 약 750만 명의 아동이 사용하고 있는 것으로 조사되었다.[23)] 그 중 500만 명은 10세 미만의 아동인 것으로 밝혀졌다. 페이스북은 회원가입시 생년월일을 입력하게 되어 있고 이를 통해 13세 미만의 가입을 제한하고 있다. 이는 미국 「아동의 온라인프라이버시 보호법」(Children's Online Privacy Protection Act: COPPA)에서 부모의 동의가 필요한 청소년의 연령을 13세로 규정하고 있기 때문이다. 그러나 실제로 페이스북을 사용하고 있는 아동들은 거짓정보를 이용해 가입하고 있다. 이로 인해 아동의

21) "페이스북 '개인정보보호 강화한다'," 디지털타임스, 2011. 1. 20. 자.

22) 페이스북 이용약관, 등록 및 계정 보안에서 13세 미만은 Facebook을 이용할 수 없도록 규정하고 있다.

23) CR Survey: 7.5 Million Facebook Users are Under the Age of 13, Violating the Site's Terms, Consumer Reports, 2011. 5. 10. <http://www.ConsumerReports.org>; "페이스북에 13세 미만 이용자 750만 명," 전자신문, 2011. 5. 12. 자.

SNS 사용이 잠재적으로 악성코드 감염, 성범죄 노출의 위험을 안고 있다. 페이스북에서의 청소년 보호 문제는 과거에도 수 차례 지적되었지만 근본적인 해결책을 찾지 못하고 있다. 현재 페이스북은 아동들이 거짓정보로 가입한 계정을 삭제하는 조치를 취하고 있는 정도이다.[24)]

이러한 문제는 국내에서도 유사하게 발생하고 있다. 인터넷 서비스가 청소년유해매체물인 경우 「정보통신망법」과 「청소년보호법」의 규정에 의하여 만 19세미만의 청소년의 이용을 금지하고 있으며, 이를 위해 주민등록번호와 실명확인을 통한 성인인증 제도를 시행해 왔다. 그럼에도 불구하고 그간 청소년들이 법정대리인의 성명과 주민등록번호를 악용하여 성인인증을 하는 경우가 있어 왔다. 정부는 최근 대규모 개인정보 유출사고가 발생하는 것을 방지하기 위하여 법령에서 이용자의 주민등록번호 수집·이용을 허용하는 경우 등을 제외하고는 주민등록번호의 무분별한 수집과 이용을 제한하는 것을 내용으로 정보통신망법을 개정하였다.[25)]

---

24) Id. 페이스북 CEO인 저커버그는 실제 수많은 아동들이 SNS를 사용하고 있는 현실을 들어 페이스북 가입 연령제한을 없앨 것을 제안하여 논란에 휩싸인 바 있다. Kids Under 13 are Already Allowed on Facebook, PCWORLD, 2011. 5. 21. <http://www.pcworld.com/article/228348/kids_under_13_are_already_allowed_on_facebook.html>.

25) 정보통신망 이용촉진 및 정보보호 등에 관한 법률(법률 제11322호, 2012. 2. 17, 시행 2012. 8. 18.) 제23조의2(주민등록번호의 사용 제한)
① 정보통신서비스 제공자는 다음 각 호의 어느 하나에 해당하는 경우를 제외하고는 이용자의 주민등록번호를 수집·이용할 수 없다.
1. 제23조의3에 따라 본인확인기관으로 지정받은 경우
2. 법령에서 이용자의 주민등록번호 수집·이용을 허용하는 경우
3. 영업상 목적을 위하여 이용자의 주민등록번호 수집·이용이 불가피한 정보통신서비스 제공자로서 방송통신위원회가 고시하는 경우
② 제1항 제2호 또는 제3호에 따라 주민등록번호를 수집·이용할 수 있는 경우에도 이용자의 주민등록번호를 사용하지 아니하고 본인을 확인하는 방법(이하 "대체수단"이라 한다)을 제공하여야 한다.

그런데 페이스북은 여타 인터넷서비스와 달리 회원가입시 성명, 이메일 주소, 생년월일(허위 작성 가능)만 입력하면 언제든지 서비스 이용이 가능하며, 주민등록번호를 이용한 성인인증을 제공하지 않고 있다. 이는 주민등록번호가 없고 인터넷서비스 거래에 있어서 사회보장번호(Social Security Number, SSN)를 요구하지 않는 미국의 거래 관행에 기인한 것으로 본다.[26] 비록 페이스북이 13세 미만의 미성년자의 회원가입을 금지하고 있지만 연령확인 및 부모동의 절차를 거치지 않고 있으므로 아동 개인정보의 악용은 물론 여타 인터넷 역기능이 발생될 소지가 높다.

정보통신망법 제31조 제1항에서 정보통신서비스제공자가 만 14세 미만의 아동으로부터 제22조(개인정보 수집시 고지·동의)의 규정에 의한 개인의 정보를 수집하거나 제24조 제1항의 규정에 의하여 이용 또는 제3자에게 제공하고자 하는 경우에는 그 법정대리인의 동의를 얻도록 규정하고 있다. 이 경우 정보통신서비스 제공자는 그 아동에게 법정대리인의 동의를 얻기 위하여 필요한 법정대리인의 성명 등 최소한의 정보를 요구할 수 있다. 인터넷 서비스 사업자가 수집한 부모의 연락처를 통해 부모에게 동의를 얻는 방법으로는 인터넷, 이메일, 전화, 팩스 등 하나의 매체나 복수의 매체를 통해 실질적으로 부모의 동의를 얻는 방법이 바람직하다.

그런데 만일 서비스의 종류에 따라서 국내 사업자가 이용약관에 페이스북과 같이 만 14세 미만 아동의 회원가입 자체를 금지하고 최소한의 가입정보만을 요구한다면 사업자는 미성년자의 연령확인 의무로부터 벗어나는 것인지 의문이다. 이렇게 되면, 페

26) 우리나라에서도 주민등록번호 대신 인터넷상에서 신분을 확인할 수 있는 식별번호로 "아이핀(i-PIN)"을 도입하였다. 그러나 지난 5년간 아이핀 이용률은 전체 인터넷 이용인구의 10% 정도에 지나지 않아 그 실효성이 문제되고 있다.

이스북의 사례에서 보듯이 아동의 사용이 제한되는 서비스의 이용을 오히려 방치하게 되는 문제점이 발생할 수 있다. 한편 정보통신망법 제44조의5에서 정보통신서비스의 유형별 일일 평균이용자수가 10만 명 이상이면서 전년도 말 기준 직전 3개월간의 일일 평균 이용자 수가 10만 명 이상인 정보통신서비스 제공자가 게시판을 운영할 경우 본인 확인을 위한 방법 및 절차를 마련해야 한다. 이 본인확인제도는 공공기관 및 일정규모 이상의 이용자를 가진 게시판에서 발생할 수 있는 명예훼손 등을 방지하기 위하여 도입되었다.

한편, 페이스북은 게임 등 다양한 유료서비스를 연계하여 제공하고 있는데, 법정대리인의 동의 없는 미성년자의 서비스 이용이 문제될 수 있다. 우리 민법 제5조 제1항에서 미성년자가 법률행위를 함에는 법정대리인의 동의를 얻도록 하고 있다. 따라서 법정대리인의 동의 없는 한 미성년자의 유료서비스 거래는 원칙적으로 취소가능하며 이미 납부한 요금도 환급받을 수 있다. 또한 인터넷서비스제공자는 미납요금 및 위약금 등을 청구할 수 없다. 다만, 서비스제공자는 법정대리인의 동의가 있었다는 사실을 입증함으로써 해당 법률행위의 유효함을 주장할 수 있다.[27]

그런데 미성년자가 사술로써 자신을 능력자로 믿게 하거나 법정대리인의 동의가 있는 것으로 믿게 한 경우에는 비록 미성년자의 행위라도 그 행위를 취소하지 못한다.[28] 민법의 이러한 규정은 미성년자의 사술행위로부터 거래의 상대방을 보호하기 위한 것이다. 일반적으로 기망행위에는 단순한 침묵도 경우에 따라 포

27) 대법원 1970. 2. 24, 선고 69다1568 판결.

28) 민법 제17조(무능력자의 사술) ① 무능력자가 사술로써 능력자로 믿게 한 때에는 그 행위를 취소하지 못한다.
② 미성년자나 한정치산자가 사술로써 법정대리인의 동의있는 것으로 믿게 한 때에도 전항과 같다.

함될 수 있으나 민법 제17조에서의 행위무능력자가 사술로써 능력자로 믿게 한 때에 있어서의 사술을 쓴 것이라고 함은 적극적으로 사기수단을 쓴 것을 말하는 것이고 단순히 자기가 능력자라 사언함은 사술을 쓴 것이라고 할 수 없다.[29] 따라서 미성년자가 위조된 신분증을 제시하여 자신을 성년자로 속이거나, 또는 위조된 법정대리인의 동의서를 제시하여 법정대리인의 동의가 없었음에도 불구하고 동의가 있는 것처럼 거짓말을 하여 계약을 체결한 경우가 이러한 예에 해당되며, 미성년자가 인터넷 상에서 법정대리인의 동의를 얻었는지 여부를 묻는 동의 아이콘을 클릭한 것만으로는 미성년자가 사술을 사용한 것이라고 보기 어렵다.[30]

Ⅳ. 분　석

1. 개인정보의 수집

페이스북과 같은 SNS 사업자는 「전기통신사업법」에 따른 전기통신사업자의 전기통신역무를 이용하여 정보를 제공하거나 정보의 제공을 매개하는 자에 해당하므로 「정보통신망법」 제2조 제3호상의 정보통신서비스 제공자이며 「정보통신망법」상의 개인정보보호에 관한 규정의 적용을 받는다.[31] 페이스북은 국내에 법인을 등록하였고 실질적인 서비스를 제공하고 있으므로 동법의 적

29) 대법원 1971. 12. 14. 선고 71다2045 판결.

30) 손승우, 콘텐츠 분쟁조정 법리연구 1부, 한국콘텐츠진흥원, 2010, 96면.

31) 「정보통신망 이용촉진 및 정보보호 등에 관한 법률」 제2조 3. "'정보통신서비스 제공자'란 「전기통신사업법」 제2조 제1항 제1호에 따른 전기통신사업자와 영리를 목적으로 전기통신사업자의 전기통신역무를 이용하여 정보를 제공하거나 정보의 제공을 매개하는 자를 말한다."

용을 받으므로 그 구체적인 기준을 준수하여야 할 것이다.

지난해 방송통신위원회가 문제삼은 것들 중 대표적인 것이 회원 가입시 개인정보의 수집 및 취급 위탁 등에 관한 고지 및 동의 절차가 미흡하다는 것이다. 정보통신망법 제22조 제1항에서 정보통신서비스 제공자는 이용자의 개인정보를 이용하려고 수집하는 경우에는 개인정보의 수집·이용 목적, 수집하는 개인정보의 항목, 개인정보의 보유·이용 기간의 모든 사항에 대하여 이용자에게 알리고 동의를 받도록 규정하고 있다. 또한 정보통신서비스 제공자와 그로부터 이용자의 개인정보를 제공받은 자는 제3자에게 이용자의 개인정보를 수집·보관·처리·이용·제공·관리·파기 등을 취급할 수 있도록 업무를 위탁하는 경우에 개인정보 취급위탁을 받은 자와 개인정보 취급위탁을 하는 업무의 내용에 대해 이용자에게 알리고 동의를 받아야 한다(동법 제25조).

페이스북은 위원회의 이러한 요구를 수용하기로 하였다. 그러나 페이스북의 "친구찾기" 기능은 여전히 개인정보 침해의 우려가 존재한다.[32] 페이스북이 "친구찾기" 기능을 이용하면 회원과 관련된 모든 사람(비회원 포함)의 이름과 이메일 주소가 다른 사람을 찾기 위해 페이스북에 전달되게 된다. 이 기능은 비회원을 포함하여 당사자들의 의지와는 무관하게 이메일 주소 및 이름 정보가 수집되고 또한 페이스북 가입에 초대되는 문제가 있다. 이와 관련해서, 2012년 3월 6일 독일 베를린 지방법원은 이러한 페이스북의 "친구찾기" 기능이 유럽 소비자보호법을 위반하였다고 판시하였다.[33] 즉 "친구찾기" 기능은 페이스북에 가입되지 않

---

32) James Grimmelmann, *Saving Facebook*, 94 Iowa L. Rev. 1137, n.379 (May 2009).

33) German Court Rules Some Facebook Terms On Content Usage Invalid, The Wall Street Journal, March 6, 2012. <http://online.wsj.com/article/BT-CO-20120306-712624.html>; German Court Rules Against Facebook In Privacy Case, Facebook, 2012. 3.

은 친구의 이메일 주소를 이용자가 제공하도록 유도하고 있으며, 또한 회원이 보유하고 있는 비회원의 정보가 이 기능을 통해 제공되고, 이후 비회원은 자신의 동의 없이 페이스북 가입에 초대받게 되는데, 이러한 행위는 위법한 것이라고 판시하였다.

또한 페이스북은 이용약관에서 개인정보 취급방침을 제공하고 있는데, 여기에 연락처 가져오기 기능을 통한 친구찾기 기능 이용시 관련 공유정보를 페이스북이 수신하도록 규정하고 있다.[34] 이 개인정보 취급방침에서는 "친구찾기" 기능 이용시 회원과 관련된 모든 사람의 이름과 이메일 주소가 페이스북에 전달된다는 사실이 명확하게 드러나 있지 않다. 비록 페이스북이 이와 관련된 사전 동의를 회원들로부터 받고 있으나 회원들이 그 내용을 충분히 인식할 수 있는 형식을 갖추고 있지 못하다. 지금으로선 독일 법원의 판결 이유가 구체적으로 드러나 있지 않지만 이러한 취지에서 신규 회원들에게 이메일주소 정보의 전송에 관한 사실을 사전에 충분히 고지하도록 판시한 것으로 본다. 이번 판결로 인하여 페이스북은 "친구찾기" 기능을 중지하거나 변경할 필요는 없지만 해당 약관의 변경과 비회원에 대한 사전 동의 절차의 마련이 불가피해 보인다.

2. 개인정보의 제3자 제공 등

최근 수집된 대량의 개인정보를 무단으로 제3자에게 판매하거나 유출하는 사건이 빈번히 발생되고 있다. 특히 회원가입시

<http://www.allfacebook.com/facebook-europe-3-2012-03>. 독일 법원은 또한 회원들이 올린 모든 게시물을 페이스북에서 자유롭게 사용해도 된다는 동의를 요구하는 것은 부적절하다고 판시하였다.

34) 페이스북의 데이터 사용 정책(한국어), "Facebook이 수신하는 정보와 사용 방법," 2011. 9. 23 버전. <http://www.facebook.com/about/privacy/your-info#inforeceived>

수집된 개인정보를 '개인정보를 제공받는 자'로 사전 고지되지 않은 텔레마케팅 사업자, 보험사 등에게 이용자 동의 없이 제공하거나 개인정보의 보유·이용기간이 경과되어 파기대상인 개인정보를 제3자에게 제공하는 심각한 사례가 증가하고 있다. 방송통신위원회는 페이스북이 개인정보의 제3자 제공시 이용목적, 보유 및 이용기간 등을 고지하지 않은 점을 지적하였다. 「정보통신망법」 제24조의2 제1항에서 정보통신서비스 제공자가 이용자의 개인정보를 제3자에게 제공하려면 개인정보를 제공받는 자, 개인정보를 제공받는 자의 개인정보 이용 목적, 제공하는 개인정보의 항목, 개인정보를 제공받는 자의 개인정보 보유 및 이용 기간의 모든 사항을 이용자에게 알리고 동의를 받도록 규정하고 있다. 또한 2011년 4월 5일 개정된 정보통신망법 제24조의2 제3항에서는 개인정보의 제3자 제공과 개인정보 취급위탁 동의를 개인정보 수집·이용 동의와 구분해 받도록 하고, 이에 동의하지 않는다는 이유로 이용자에게 서비스 제공을 거부할 수 없도록 규정하였다. 이는 서비스 제공에 반드시 필요치 않은 개인정보의 활용에 대하여 이용자가 선택할 수 있도록 개인정보 자기 통제권을 강화한 것이다.

이와 관련하여, 미국 연방거래위원회(Federal Trade Commission, FTC)는 2009년 페이스북의 과도한 개인정보 공유정책을 불공정하고 기만적인 행위로 규정하고 기소한 바 있다. 이에 2011년 11월 말 페이스북이 FTC의 문제제기를 받아들이고 개선안을 내놓기로 합의하였다. 그리고 향후 20년간 격년으로 독립된 프라이버시 감사를 받아야 하며, 위반사항이 적발되면 건당 하루에 16,000달러의 벌금에 처하게 된다.[35] FTC가 지적한 불공정행위 중에는 이용

35) Federal Trade Commission, Facebook Settles FTC Charges That It Deceived Consumers By Failing To Keep Privacy Promises, November 29, 2011. <http://ftc.gov/opa/2011/11/privacysettlement.shtm>

자의 정보를 외부의 애플리케이션 개발자와 공유한 것이 있으며, 또한 사용자가 계정을 삭제한 후에도 그 사용자의 사진과 동영상에 접근한 경우가 있었다. 그리고 페이스북은 회원의 개인정보를 동의나 주의사항 제공 없이 누구나 볼 수 있도록 하였다. FTC는 동의명령을 통해서 이용자가 프라이버시 설정을 변경하고자 할 경우 변경 전에 이용자로부터 명확한 확답의 동의(affirmative express consent)를 받도록 하였으며, 또한 개인정보를 광고주와 같은 제3자에게 공개하는 정도도 분명히 밝히도록 하였다.

한편, 방송통신위원회는 「정보통신망법」에서 의무화한 개인정보관리책임자의 지정 및 고지(동법 제27조),[36] 개인정보의 기술적·관리적 보호 조치의 준수(동법 제28조),[37] 개인 맞춤형 광고에서 활용되는 개인정보에 관한 내용(동법 제50조, 제50조의3 내지 제50조의8) 등에 대해서도 그 준수를 요구하였다. 페이스북은 위원

36) 「정보통신망 이용촉진 및 정보보호 등에 관한 법률」 제27조(개인정보 관리책임자의 지정) ① 정보통신서비스 제공자 등은 이용자의 개인정보를 보호하고 개인정보와 관련한 이용자의 고충을 처리하기 위하여 개인정보 관리책임자를 지정하여야 한다. 다만, 종업원 수, 이용자 수 등이 대통령령으로 정하는 기준에 해당하는 정보통신서비스 제공자 등의 경우에는 지정하지 아니할 수 있다.

37) 「정보통신망 이용촉진 및 정보보호 등에 관한 법률」 제28조(개인정보의 보호조치) ① 정보통신서비스 제공자 등이 개인정보를 취급할 때에는 개인정보의 분실·도난·누출·변조 또는 훼손을 방지하기 위하여 대통령령으로 정하는 기준에 따라 다음 각 호의 기술적·관리적 조치를 하여야 한다.

1. 개인정보를 안전하게 취급하기 위한 내부관리계획의 수립·시행
2. 개인정보에 대한 불법적인 접근을 차단하기 위한 침입차단시스템 등 접근 통제장치의 설치·운영
3. 접속기록의 위조·변조 방지를 위한 조치
4. 개인정보를 안전하게 저장·전송할 수 있는 암호화기술 등을 이용한 보안조치
5. 백신 소프트웨어의 설치·운영 등 컴퓨터바이러스에 의한 침해 방지 조치
6. 그 밖에 개인정보의 안전성 확보를 위하여 필요한 보호조치

회의 이러한 요구를 모두 수용하기로 하였다.

또한 페이스북에서 탈퇴하기로 선택한 사람들의 의사는 존중되어야 한다. 기존의 페이스북은 이용자가 자신의 계정을 삭제하는 것이 거의 불가능하였다. 대신에 이용자는 자신의 계정을 비활성화할 수 있을 뿐이었다. 이 경우 페이스북의 서버에 이용자의 정보가 그대로 남아 있어 무단으로 활용된 사례도 있었다. 최근 페이스북은 계정의 영구삭제 기능을 제공하고 있는데, 간단한 가입절차에 비해서 복잡하고 통상 1-3개월의 시간이 소요된다. 정보통신망법 제29조에서는 정보통신서비스 제공자는 개인정보의 수집·이용 목적이 달성된 경우 또는 이용자의 동의를 획득한 개인정보의 보유·이용기간이 종료된 경우 등에는 해당 개인정보를 지체 없이 파기하도록 하고 있다. 즉 이용자가 웹사이트의 회원을 탈퇴한 경우에는 개인정보의 수집 및 이용목적이 달성된 경우이므로 해당 개인정보를 지체 없이 파기하여야 한다.

3. 사생활 정보의 공개

정보는 법적으로 비밀로 된 것과 공개된 것을 뚜렷하게 구분하고 있다. 법원은 타인의 사생활 정보가 소수의 몇 사람에게만 알려지는 경우에는 프라이버시 문제가 발생하지 않는 것으로 보는 경향이 있는데, SNS와 관련하여 학계에서는 이러한 법원의 입장을 비판하고 있다. 페이스북의 예를 들면, 가까운 지인을 제외한 상대방에게 자신의 신상정보를 공개하지 않았지만 자신의 지인이 그 정보를 공개된 웹페이지에 올린 경우 그러한 정보를 공개한 사람이 문제된다. 즉, 페이스북에 게시된 개인 신상정보는 비밀은 아니지만 여전히 사생활 정보로서 성격을 가진다. 「정보통신망법」은 제44조 제1항에서 "이용자는 사생활 침해 또는 명예훼손 등 타인의 권리를 침해하는 정보를 정보통신망에 유통시켜서는 아니 된다"고 규정하고 있다. 또한 동조 제2항에서 "정보통신서비스 제공자는 자신이 운영·관리하는 정보통신망에 제1항에 따른 정보가 유통되지 아니하도록 노력하여야 한다"고 규정하고 있다.

한편, 이용자가 최초 프라이버시 설정을 어떻게 설정하였는지가 중요한 기준이 될 수 있다. 일정한 정보에 대해서만 특정 지인만이 공유할 수 있도록 한 정보를 타인이 광범위하게 유포하여 상대방에게 손해를 입힌 경우 유포자는 민법상 불법행위 책임[38] 또는 형사처벌을 받을 수 있다. 다만, 형사처벌과 관련해서 「정보통신망법」 제70조에서는 사람을 비방할 목적으로 공공연하게 사실을 또는 거짓의 사실을 정보통신망을 통하여 드러내어 다른 사람의 명예를 훼손하는 경우에 처벌하고 있다.[39] 따라서 페이스북을 포함한 SNS 사업자는 이용자들이 개인정보의 무분별한 공개 및 유포로 인하여 법적 분쟁에 휘말리지 않도록 다양한 방법을 통해 관련 사실을 충분히 설명하고 고지할 필요가 있다. 예를 들면, 이용자의 대화 내용 및 웹경험 등을 모든 사람들에게 공개하도록 설정할 경우에는 사생활 침해의 문제가 발생할 수 있음을 주의시킬 필요가 있다.

또한 앞서 공권력에 의한 페이스북 검색 사례와 관련해서도

---

38) 민법 제750조 불법행위 책임을 그리고 제751조 제1항에서 재산 이외의 손해의 배상을 규정("타인의 신체, 자유 또는 명예를 해하거나 기타 정신상고통을 가한 자는 재산이외의 손해에 대하여도 배상할 책임이 있다")하고 있다.

39) 「정보통신망 이용촉진 및 정보보호 등에 관한 법률」 제70조 ① 사람을 비방할 목적으로 정보통신망을 통하여 공공연하게 사실을 드러내어 다른 사람의 명예를 훼손한 자는 3년 이하의 징역이나 금고 또는 2천만원 이하의 벌금에 처한다.
② 사람을 비방할 목적으로 정보통신망을 통하여 공공연하게 거짓의 사실을 드러내어 다른 사람의 명예를 훼손한 자는 7년 이하의 징역, 10년 이하의 자격정지 또는 5천만원 이하의 벌금에 처한다.

이용자가 자신의 정보를 광범위하게 공개한 경우에는 부당한 수색 또는 압수를 당하지 않을 권리를 행사할 수 없을 것이다. 반대로 페이스북의 기술적 통제를 제한적으로 설정한 이용자의 경우에는 해당 권리를 행사할 수 있으며 페이스북을 검색하고자 하는 수사관은 수색영장을 법관으로부터 발급받아야 할 것이다.

4. 소셜광고

앞서 설명한 바와 같이, 페이스북은 2007년 말부터 "소셜광고(Social Ads)" 서비스를 제공하고 있는데, 이용자의 친구가 광고의 '좋아요(like)' 버튼을 누르면 친구의 이름과 이미지를 보여준다. 또한 이용자가 광고 이벤트에 참가하면 그것을 페이스북 친구와 그의 홈페이지 피드에 보여준다. 이와 같이 소셜광고는 이용자의 이름과 그의 선호도로서 광고 추천 효과를 가지며, 또한 광고 참여 여부를 페이스북 친구에게 공개하게 된다. 비록 페이스북이 정보공유의 대상범위를 정할 수 있는 기능을 제공하고 있지만 이용자가 좋아요(like) 버튼을 선택했을 때에는 페이스북 페이지에 나타나는 장소를 제한할 수 있는 수단이 존재하지 않는다. 또한 회원의 관심사와 좋아하는 쇼핑 정보는 광고주들에게 제공됨으로써 다양한 광고에 활용되고 있지만 어떤 방식으로 어떤 내역이 저장되어 있는지 알 길이 없다. 이러한 관심사와 물품에 대한 검색내역 및 선호도 등이 지인에게 공개되고 이것이 연이은 공개로 이어지고 또한 광고주에 의해 가공될 경우 필연적으로 프라이버시 문제가 발생될 수 있다. 최근 미국에서는 소셜광고와 관련하여 미성년자의 이름과 초상을 부모의 동의 없이 상업적 목적으로 노출한 것에 대하여 손해배상을 청구한 사건이 있었다.[40] 생각건대, 페이스북이 광고에 이용자의 이름과 초상을 활용하기 전에 반드시 이용자의 동의를 얻어야 할 것이다. 이 동의는 개별 이벤트별로 이용자에게 동의를 받아야 할 것이며, 일반적이고 포괄적인 동의로서는 개인정보 보호가 충분하지 못할 것으로 본다.

한편, 소셜광고나 타인의 페이스북 계정으로부터 타인의 초상을 무단으로 사용하는 것은 초상권 및 퍼블리시티권의 문제가 발생할 수 있다. 퍼블리시티권은 성명이나 초상 등을 상업적으로 이용할 수 있는 재산권을 말한다. 반면 초상권은 인격적 권리로서 자신의 신체적 특징에 관하여 촬영 등을 거절하거나 초상의 이용을 거절할 수 있는 권리이다.[41] 우리나라의 경우 퍼블리시티권에 관한 정확한 법률상의 규정이 없기 때문에 이를 인정할 것인지 여부를 두고 논란이 많지만, 대부분의 국가가 법령 또는 판례에 의하여 이를 인정하고 있듯이 국내에서도 다수의 판례들이 이를 인정하고 있는 추세이다.[42] 퍼블리시티권의 주체는 일반적

40) "페이스북 '소셜애드' 美서 집단소송 당해," 아이뉴스, 2011. 5. 4 자. <http://news.inews24.com/php/news_view.php?g_serial=570917&g_menu=020300&rrf=nv>.

41) 초상권은 사람이 자신의 초상에 대하여 갖는 인격적·재산적 이익, 즉 사람이 자기의 얼굴 기타 사회 통념상 특정인임을 식별할 수 있는 신체적 특징에 관하여 함부로 촬영되어 공표되지 아니하며, 광고 등에 영리적으로 이용되지 아니하는 법적 보장이라고 할 수 있다. 즉, 초상권은 첫째, 얼굴 기타 사회 통념상 특정인임을 알 수 있는 신체적 특징을 함부로 촬영 또는 작성되지 아니할 권리(촬영·작성 거절권), 둘째, 촬영된 사진 또는 작성된 초상이 함부로 공표·복제되지 아니할 권리(공표거절권), 셋째, 초상이 함부로 영리목적에 이용되지 아니할 권리(초상영리권)를 포함한다(서울지방법원 1997. 8. 7. 선고 97가합8022 판결). 이러한 초상권은 우리 헌법 제10조 제1문에 의하여 헌법적으로 보장되는 권리이다. 대법원 2006. 10. 13. 선고 2004다16280 판결.

42) 우리나라에서 퍼블리시티권의 개념을 처음으로 인정한 판결은 서울지법 1995. 6. 23. 선고 94카합9230 판결(이소휘 사건)이다. 이후 이 권리를 인정한 판례로서 서울고등법원 1998. 9. 29. 선고 98라35 판결, 서울고등법원 2000. 2. 2. 선고 99나26339 판결, 서울중앙지법 2006. 4. 19. 선고 2005가합80450 판결, 서울동부지방법원 2006. 12. 21. 선고 2006가합6780 판결, 서울중앙지법 2007. 11. 28. 선고 2007가합2393 판결 등이

으로 유명한 영화배우, 연예인, 스포츠선수 등에 대해 인정되어 왔지만 국내외 판례에서 일반인에 대해서도 퍼블리시티권을 인정하고 있다.[43] 따라서 페이스북의 광고 등에서 이용자의 초상 또는 성명이 동의 없이 상업적으로 활용되는 경우에는 해당 이용자는 퍼블리시티권을 행사할 수도 있을 것이다.

Ⅴ. 결 론

SNS는 인터넷의 자율성과 개방성이라는 특성을 대표적으로 보여주는 최근의 발전된 모델이다. SNS는 현존하는 어떤 미디어보다도 개방적이며, 최근 스마트폰 등 다양한 매체와 결합하면서 정보를 실시간으로 더욱 신속하게 제공할 수 있게 되었다. 그러나 SNS 산업의 대표적인 글로벌 사업자인 페이스북은 독특한 개방적 서비스 모델로 인하여 국내는 물론 해외 많은 국가에서 개인정보 침해와 관련된 논란에 휩싸여 왔다. 2010년 12월에 방송통신위원회는 페이스북에 대하여 정보통신망법상 개인정보 보호수준을 충족할 것을 요구한 바 있으며 페이스북은 이를 수용하여 개인정보 보호기준을 변경하였다.

그러나 이러한 개선에도 불구하고, 페이스북의 "친구찾기" 기능은 회원과 관련된 모든 사람(비회원 포함)의 이름과 이메일 주소가 다른 사람을 찾기 위해 페이스북에 전달되도록 유도된다는 점에서 여전히 문제되고 있다. 지난 3월 6일 독일 베를린 지방법원은 이러한 기능에 대해 비회원의 의지와는 관계없이 이메일 주

있다. 퍼블리시티권을 인정하는 근거로서 민법상 불법행위책임, 부당이득반환 등을 적용하고 있으며, 심지어 그 보호기간과 관련하여 저작권법을 유추 적용한 경우도 있다.

43) 서울동부지방법원 2004. 2. 12. 선고 2002가합3370 판결.

소 및 이름 정보가 수집되고, 또한 회원가입에 초대하도록 하는 것은 유럽 소비자보호법을 위반하는 것이라고 판시한 바 있다. 그리고 페이스북의 개인정보 취급방침에서는 이러한 기능에 대해 회원들이 충분히 인식할 수 있도록 명확하고 상세한 고지를 하지 않고 있다. 이러한 문제점은 국내에서도 동일하게 나타나고 있으므로 반드시 개선되어야 할 것이다.

또한 페이스북은 과거 회원탈퇴에도 불구하고 계정 삭제가 불가능하여 서버에 남아 있는 이용자의 정보를 무단으로 사용한 사례도 있었다. 비록 지금은 계정의 영구삭제 기능이 제공되고 있지만 그 절차가 복잡하고 시간이 많이 소요되는 문제점을 여전히 가지고 있다. 회원가입절차가 간단한 만큼 이용자의 탈퇴도 자유롭고 용이하게 될 수 있어야 하며, 회원탈퇴 이후에는 해당 개인정보가 지체 없이 파기될 수 있도록 하여야 할 것이다. 한편, 이용자의 동의 없는 개인정보의 제3자 제공은 대규모의 개인정보 침해를 야기하므로 반드시 이용목적, 보유 및 이용기간, 대상범위 등을 고지하여야 한다. 특히 최근 개정된 정보통신망법에 따르면 개인정보의 제3자 제공 동의와 회원가입시 개인정보 수집·이용 동의를 구분하여야 하고, 이에 동의하지 않는다는 이유로 이용자에게 서비스 제공을 거부할 수 없다. 따라서 페이스북은 이와 같은 자기정보 결정권을 강화하는 방향으로 정보보호 정책을 마련하여야 할 것이다.

끝으로, 소셜광고와 관련하여 이용자는 자신의 관심사와 좋아하는 쇼핑 정보의 공개대상을 제한할 수 있지만 좋아요(like) 버튼을 선택했을 때 페이스북 페이지상에 나타나는 사항을 통제할 수 없다. 또한 회원의 관심사와 활동내역이 광고주들에게 제공된 경우 어떻게 활용되고 있는지도 이용자는 알 수가 없다. 이러한 정보의 제공이 발생할 때마다 이용자의 동의를 구하는 절차가 필요하고 자신의 정보가 어떻게 활용되고 있는지도 알려줄 필요가 있다. 개인정보는 개방적인 인터넷 환경에서도 해당 개인에 의해 통제될 수 있어야 한다. 이와 같이 자신의 자기정보결정권이 충분히 보장될 때 이용자는 SNS의 개방적 서비스에 대하여 신뢰를 갖게 되고 보다 긍정적이고 생산적인 발전을 도모할 수 있을 것이다.

색인어

페이스북, 개인정보 보호, 정보통신망 이용촉진 및 정보보호 등에 관한 법률, 프라이버시, 소셜 네트워크 서비스

참 고 문 헌

1. 국내문헌

KT경제경영연구소, 페이스북의 오픈 그래프 전략을 통해 살펴본 웹의 진화방향, 2010.

김정남, "페이스북, 무엇이 대단한가?," 스타일조선 vol.58, 2011. 5. <http://style.chosun.com/site/data/html_dir/2011/05/02/2011050201458. html>

손승우, 콘텐츠 분쟁조정 법리연구 1부, 한국콘텐츠진흥원, 2010.

유지연, "SNS에 나타난 취업희망자의 성향조사와 프라이버시 이슈," 「방송통신정책」 제22권 12호, 정보통신정책연구원, 2010.

이원태 외 3인, 방통융합 환경에서 정보의 자유와 개인의 프라이버시 보호방안 연구, 정보통신정책연구원 보고서, 2010. 12.

페이스북의 데이터 사용 정책(한국어), "Facebook이 수신하는 정보와 사용 방법," 2011. 9. 23 버전. <http://www.facebook.com/about/privacy/your-info#inforeceived>

한국인터넷진흥원, "프랑스, 인터넷 소셜 네트워크 사이트에 올린 회사 비방을 이유로 한 해고," 「인터넷 법제 동향」 제32호, 2010.

"네티즌 82.8% SNS 이용 … 싸이월드 이용률 74.9% 1위," 서울신문, 2011. 4. 19. 자.

"당신이 트위터 때문에 해고될 수 있다면?," 프레시안, 2010. 7. 16. 자.

"모바일, 소셜 서비스 확대로 8조원 신시장 기대", 전자신문 ET VIEW, 2012. 2. 21. 자.

"페이스북 '소셜애드' 美서 집단소송 당해," 아이뉴스, 2011. 5. 4. 자. <http://news.inews24.com/php/news_view.php?g_serial=570917&g_menu=020300&rrf=nv>

"페이스북 '개인정보보호 강화한다'," 디지털타임스, 2011. 1. 20. 자.

"페이스북 개인정보보호 국내법 준수 당연하다," 전자신문, 2011. 1. 21. 자.

"페이스북, 이혼전문 변호사의 새 '밥줄'," 한겨레 뉴스, 2011. 5. 16. 자.

"페이스북에 13세 미만 이용자 750만명," 전자신문, 2011. 5. 12. 자.

"페이스북에 등돌리는 세계적 기업들 왜?," 전자신문, 2012. 3. 12. 자.

2. 외국문헌

Tabak, Alan J, Hundreds Register for New Facebook Website, Harvard Crimson, Feb. 9, 2004. <http://classic-web.archive.org/web/2005040321

5543/www.thecrimson.com/article.aspx?ref=357292>.

Peterson, Chris, Losing Face: An Environmental Analysis Of Privacy On FaceBook, 2010. 1.

CR Survey: 7.5 Million Facebook Users are Under the Age of 13, Violating the Site's Terms, Consumer Reports, 2011. 5. 10.<http://www.ConsumerReports.org>.

Daily Mail Online <http://www.dailymail.co.uk/home/index.html>

Facebook mobile audience jumps in 2011, 2012. 3. 7. <http://www.siliconvalley.com/mobile>

German Court Rules Against Facebook In Privacy Case, Facebook, 2012. 3. <http://www.allfacebook.com/facebook-europe-3-2012-03>

Kids Under 13 are Already Allowed on Facebook, PCWORLD, 2011. 5. 21.<http://www.pcworld.com/article/228348/kids_under_13_are_already_allowed_on_facebook.html>.

Opsahl, Kurt, Facebook's Eroding Privacy Policy: A Timeline, 2010. 4. 28. <https://www.eff.org/deeplinks/2010/04/facebook-timeline>.

Grimmelmann, James, Saving Facebook, 94 Iowa L. Rev. 1137 (May 2009).

The Wall Street Journal, German Court Rules Some Facebook Terms On Content Usage Invalid, March 6, 2012. <http://online.wsj.com/article/BT-CO-20120306-712624.html>.

Federal Trade Commission, Facebook Settles FTC Charges That It Deceived Consumers By Failing To Keep Privacy Promises, November 29, 2011. <http://ftc.gov/opa/2011/11/privacysettlement.shtm>.

개인정보의 활용범위에 관한 고찰*

전 경 근**

차 례

Ⅰ. 들어가는 말

최근 들어 개인정보보호법이 제정되어 시행되는 등 사회적으로 개인정보의 보호에 관한 관심이 매우 높아졌다. 예를 들어 소셜커머스업체인 쿠팡은 고객의 개인정보를 외부 노출로부터 보다 안전하게 보호하기 위해 상품을 주문하는 고객의 실제 전화번호 대신에 가상의 전화번호를 부여해 판매자와 택배사가 이용하도록 하는 '안심번호 서비스'를 제공한다고 한다.[1)] 이 서비스는 고객의

* 이 논문은 한국소비자법학회 제9회 학술대회에서 발표한 것을 수정, 보완한 것이며, 아주대학교 법학연구소에서 발간하는 아주법학 제6권 제1호(2012. 6)에 게재된 것과 동일한 논문입니다.
** 아주대학교 법학전문대학원 교수, 법학박사.

개인정보가 노출되는 것을 방지함으로써 전화번호가 배송 이외의 목적으로 사용되거나 스팸문자를 받게 되거나 보이스피싱의 대상이 되는 것을 차단하기 위한 것이다.

이와 같이 개인정보를 보호하고자 하는 갖가지 노력이 있는 것과는 달리 또 다른 방면에서는 흩어져 있던 정보를 통합하는 방법으로 개인의 인적 사항 이외에 거래정보 등 개인의 일상적인 행태정보를 취득한 후 이를 새로운 영업활동을 위한 기초로 삼으려는 사례도 있다. 예를 들어 지금까지 각자 수집해왔던 계열사의 포인트에 관한 정보를 한 곳에 집적함으로써 개인의 일상생활을 통하여 나타난 정보를 분석하여 그 개인의 취향 등을 알아낸 후 그에게 필요한 물품이나 서비스에 관한 광고를 제공하는 것이 가능하게 되었다.[2] 또한 빅데이터[3]의 분석이라는 새로운 기술을 통하여 개인의 일상에서 발생하는 막대한 양의 정보를 분석함으로써 기업의 영업활동에 필요한 개인정보를 얻고, 이를 통하여 점차 정보화되어 가는 소비자[4]에 대한 영업활동을 강화하는 것도 경제계의 중요한 이슈로 떠오르고 있다.[5]

---

1) 이 투데이 2012. 4. 26. <“고객 개인정보 노출 막자” … 쿠팡 ‘안심번호 서비스’ 도입>

2) SBS TV 2012. 2. 19.자 방송내용 <내 소비정보 줄줄 … 포인트 카드에 숨겨진 비밀>. 이러한 방법을 이용하여 소비자에게 맞추어진 광고를 OBA(Online Behavioral Advertising)이라고 한다.

3) 빅 데이터(Big Data)란 기존 데이터에 비해 너무 방대해 이전 방법이나 도구로 수집, 저장, 검색, 분석, 시각화 등이 어려운 정형 또는 비정형 데이터 세트를 의미한다. 한국정보화진흥원은 2012. 4. 26. 빅데이터 분석을 기반으로 사회변화·환경을 예측하여 범정부 차원의 스마트한국정운영 및 전략수립의 선제적 지원체계 구축을 위한 ‘빅데이터 국가전략 포럼’을 발족시켰다고 한다. 자세한 것은 한국정보화진흥원 2012. 4. 26.자 보도자료 참고.

4) 소비자들이 과거에는 판매하는 물품을 구매하는 소극적인 지위에 있었지만, 생산에 참여하는 프로슈머(Prosumer)의 단계를 거쳐, 전시회의 큐레이터처럼 기존 제품을 꾸미고 다양하게 활용하는 편집형 소비자인 큐레이슈머(Curasumer)로 진화하고 있다고 한다.

그렇지만 사업자의 무차별적인 개인정보 수집활동에 의하여 개인정보가 침해될 수 있다는 우려도 점차 높아지고 있으며, 이에 대비하기 위한 노력도 이루어지고 있다. 예를 들어 미국 연방거래위원회(FTC: Federal Trade Commission)는 2012년 3월 26일 온라인 거래에 있어 특정거래가 종료된 경우 해당 고객의 전자정보를 파기하고, 다른 마케팅 목적 등으로 활용을 금지하는 내용의 새로운 가이드라인을 발표했으며, 미국소매협회(NRF: National Retail Federation) 등 소매단체와 직접마케팅 업체들은 이들이 고객 정보의 저장기간 및 방법을 결정할 수 있어야 한다며 이에 반대입장을 보이고 있다고 한다.[6)]

이와 같이 개인정보는 보호의 대상이기는 하지만, 이를 활용해야 하는 기업의 입장에서는 가급적 정확하고 다양한 개인정보를 수집함으로써 영업활동의 효율성을 높일 수 있게 해 주는 제도적 장치를 요구하고 있다.

그렇다면 사업자는 영업활동을 위하여 개인정보를 어느 범위까지 활용될 수 있는 것일까라는 의문과 나아가 이른바 '행태정보'라고 불리는 개인의 일상적인 활동에서 발생하는 정보는 어느 범위까지 수집할 수 있고, 또 어떤 범위까지 활용할 수 있는 것일까라는 의문이 생겨난다.

필자가 이러한 의문을 제기하게 된 계기는 아주 소박한 것에서 비롯되었다. 예를 들어 인터넷을 이용하여 서점에서 책을 사는 경우, 서점은 책을 필자에게 배송하기 위하여 필자의 정보 중 주소와 연락처를 배송업체에 제공할 필요가 있다.[7)] 이 경우 배송

---

5) 조선비즈, 2012. 4. 22. <큐레이슈머 시대 … 기업이 생존할 유일한 길은 빅데이터 활용뿐>

6) 아이뉴스, 2012. 3. 29. <美 새 개인정보보호 시행 놓고 '파열음'>. FTC가 발표한 주요 내용을 요약한 "개인정보보호를 위한 권고문 보고서 발표"는 한국인터넷진흥원 홈페이지에서 다운받을 수 있으며, FTC가 발표한 자료의 원문은 FTC 홈페이지를 통하여 다운받을 수 있다.

업체가 여러 곳으로부터 의뢰받은 특정인에 대한 배송에 관한 정보를 집적한다면 필자가 평소에 어떤 사업자로부터 어떤 물품을 구입하는지에 관한 정보를 알 수 있게 되며, 이를 영업을 위하여 활용할 수 있게 될 것이다. 실제로 이와 같은 방법으로 개인의 행태정보를 집적한 후 이를 활용하여 수익을 얻는 방법으로 영업을 하는 경우가 있다.[8]

예를 들어 많은 회원을 가지고 있는 것으로 알려져 있는 OK Cashbag의 경우, 고객이 물품을 구매하면서 멤버십 카드를 제시하면 OK Cashbag은 고객에게 물품의 구매에 따른 포인트를 적립해 주는 대신에 언제, 어디서, 어떤 물품을 구입하였는지에 관한 정보를 수집할 수 있게 된다.[9] 또한 포인트를 적립하기 위한 쿠폰을 모아 제시하는 경우에도 마찬가지이다. 그리하여 OK Cashbag은 고객이 회원으로 가입하면서 제공한 개인정보와 함께 이렇게 수집한 정보를 이용하여 고객의 개인적인 구매욕구나 필요물품, 주요 활동범위 등에 관한 정보를 얻을 수 있게 된다.[10]

원래 보너스포인트는 사업자로부터 물품이나 서비스를 구매한 고객에 대하여 재구매를 유인하기 위하여 제공하는 것으로 생각되어 왔으며, 이러한 목적으로 제공된 보너스포인트에 대하여

---

7) 앞서 살펴본 쿠팡에 관한 기사는 이 단계에서 개인정보가 유출되는 것을 방지하겠다는 조치로 이해할 수 있을 것이다.

8) 조선일보 2012. 5. 9.자 '잡화체인이 알려준 딸의 임신'이라는 제목의 기사에 따르면, 딸의 구매물품에 관한 정보를 종합하여 임신한 사실을 확인한 잡화점이 딸에게 아기용품을 사라는 광고를 하였다고 하며, 이에 대하여 딸의 임신사실을 모른 아버지가 학생의 임신을 부추긴다는 취지로 항의를 했다고 한다.

9) 보너스포인트의 적립에 관하여는 전경근, "보너스포인트의 개념 및 법적 문제에 관한 연구," 57면 이하 참고.

10) 또한 판매자에 대해서는 고객이 어떤 물품을 선호하는가에 관한 정보를 제공함으로써 판매를 촉진하기 위한 영업전략을 수립할 수 있도록 도와줄 수 있다.

어떠한 법적 보호를 제공할 수 있는가가 지금까지 있어 왔던 논의의 중심이었다.[11] 그렇지만 개인정보의 보호가 중요해진 현재에 있어서는 보너스포인트를 활용하여 개인의 행태정보를 수집하고 이를 활용하는 것도 그에 못지않게 중요한 것이라고 하지 않을 수 없을 것이다.

그런데 이러한 방법으로 행태정보를 수집하는 것에 관하여는 현재 시행되고 있는 개인정보보호법이나 「정보통신망 이용촉진 및 정보보호 등에 관한 법률」에서도 명확하게 규정하고 있지 않다. 그렇다면 현행법하에서 사업자가 고객의 동의를 얻지 않고 수집하여 활용할 수 있는 행태정보의 범위는 어디까지인가를 살펴보는 것이 필요하다고 생각되어 본 연구를 시작하였다.

그렇지만 현재 새롭게 떠오르고 있는 빅데이터의 활용에 있어서의 개인정보의 보호와 같은 문제는 아직 구체적인 논의가 진행되고 있지 않기 때문에, 소비자로서의 개인을 위한 개인정보의 보호라는 문제에 초점을 맞춘다는 취지에서, 이 글에서는 고객과의 거래단계에서 수집된 행태정보를 포함한 개인정보를 어떠한 범위에서 활용할 수 있는지에 관한 부분에 한정하여 이후의 논의를 진행하고자 한다.

---

11) 보너스포인트는 1차적으로 고객과의 거래관계를 유지한다는 것을 목표로 하는 '상용고객에 대한 우대제도'를 실현하기 위한 방안으로 마련되었다고 볼 수 있을 것이다. 자세한 것은 고형석, "상용고객 우대제도와 소비자보호에 관한 연구," 법학 50권 1호(150호), 서울대학교 법학연구소, 2009, 379-417면 참고.

II. 현행법상 개인정보의 수집과 활용에 관한 규율

1. 개인정보보호법의 규정

개인정보의 중요성에 관한 인식이 확산되면서 2011. 3. 29. 법률 제10465호로 개인정보보호법이 제정되어 2011. 9. 30.부터 시행되고 있다. 개인정보보호법 제2조 제1호에 의하면, '개인정보'란 살아 있는 개인에 관한 정보로서 성명, 주민등록번호 및 영상 등을 통하여 개인을 알아볼 수 있는 정보와 해당 정보만으로는 특정 개인을 알아볼 수 없더라도 다른 정보와 쉽게 결합하여 알아볼 수 있는 것이라고 정의되어 있다.[12] 개인정보보호법에서는 이러한 개인정보의 수집, 처리, 관리, 폐기 등에 관한 사항에 대하여 규정하고 있지만, 적법한 절차를 거쳐 수집한 개인정보를 영업활동을 위하여 어떠한 범위에 활용할 수 있는가에 관하여는 개인정보의 수집 등에 관한 고객과의 계약을 통하여 고객의 동의를 구하도록 하고 있을 뿐, 구체적으로 어떤 범위에 활용할 수 있는지에 관하여는 규정하고 있지는 않다. 그러므로 이하에서는 논의를 진행하는 데 필요한 범위에서 개인정보의 수집과 활용에 관한 개인정보보호법과 「정보통신망 이용촉진 및 정보보호 등에 관한 법률」(이하 '정보통신망법'으로 줄여서 인용한다)의 내용을 간단하게 살펴보기로 한다.[13]

---

12) 정보통신망 이용촉진 및 정보보호 등에 관한 법률 제2조 제6호에서는 개인정보를 다음과 같이 정의하고 있다: '개인정보'란 생존하는 개인에 관한 정보로서 성명·주민등록번호 등에 의하여 특정한 개인을 알아볼 수 있는 부호·문자·음성·음향 및 영상 등의 정보(해당 정보만으로는 특정 개인을 알아볼 수 없어도 다른 정보와 쉽게 결합하여 알아볼 수 있는 경우에는 그 정보를 포함한다)를 말한다.

13) 정보통신망법에서도 개인정보보호법과 유사한 내용의 규정을 두고 있

먼저 개인정보보호법 제3조에서는 개인정보의 명확한 처리 목적에 필요한 범위에서 최소한의 개인정보만을 적법하고 정당하게 수집하여야 하며(제1항), 목적 외의 용도로 활용해서는 아니 된다고 규정한다(제2항).[14] 그리고 정보주체는 개인정보의 처리에 관한 동의 여부와 동의의 범위를 선택하고 결정할 권리를 가지며, 개인정보의 처리에 관한 정보를 제공받을 권리를 가진다(법 제4조 제1호 및 제2호). 이와 궤를 같이하여 법 제15조에서는 개인정보처리자는 정보주체의 동의를 받은 경우나 정보주체와의 계약의 체결 및 이행을 위하여 불가피하게 필요한 경우에는 개인정보를 수집할 수 있고, 그 수집 목적의 범위에서 이를 이용할 수 있다고 규정한다.[15] 나아가 개인정보처리자가 정보주체의 동의를 받기 위해서는 개인정보를 제공받는 자 및 개인정보 이용 목적과 제공하는 개인정보의 항목 그리고 개인정보를 제공받는 자의 개인정보 보유 및 이용기간을 알려야 하고, 동의를 거부할 권리가 있다는 사실 및 동의 거부에 따른 불이익이 있는 경우에는 그 불이익의 내용도 알려야 한다(법 제17조 제1항 및 제2항).[16]

는바, 이에 관하여는 필요한 경우에 한하여 비교하여 검토한다.

14) '처리'란 개인정보의 수집, 생성, 기록, 저장, 보유, 가공, 편집, 검색, 출력, 정정, 복구, 이용, 제공, 공개, 파기, 그 밖에 이와 유사한 행위를 말한다(법 제2조 제2호).

15) 정보통신망법 제22조 제1항에서도 유사한 내용을 규정하고 있으며, 제2항에서는 동의 없이 이용자의 개인정보를 수집할 수 있는 경우에 관하여 규정하고 있다. 그리고 개인정보보호법 제23조에서는 정보통신망법 제23조에서 규정하고 있는 바와 유사한 내용으로 민감정보에 대한 수집을 제한하고 있다.

16) 개인정보처리자가 개인정보를 제15조 제1항에 따른 범위를 초과하여 이용하거나 제17조 제1항에 따른 범위를 초과하여 제3자에게 제공하는 것은 원칙적으로 금지되며(법 제18조 제1항), 개인정보처리자로부터 개인정보를 제공받은 자는 정보주체로부터 별도의 동의를 받은 경우 등을 제외하고는 개인정보를 제공받는 목적 외의 용도로 이용하거나 이를 제3자에게 제공해서는 아니 된다(법 제19조). 개인정보의 제공으로 인한 피해구제 방법에 관하여는 문성제, "개인정보의 제3자 제공으로 인한

그리고 개인정보처리자가 정보주체의 동의를 받기 위해서는 각각의 동의사항을 구분하여 정보주체가 이를 명확하게 인지할 수 있도록 하여야 하고(법 제22조 제1항), 개인정보의 처리에 대하여 정보주체의 동의를 받을 때에는 정보주체와의 계약 체결 등을 위하여 정보주체의 동의 없이 처리할 수 있는 개인정보와 정보주체의 동의가 필요한 개인정보를 구분하도록 하고 있다(제2항). 나아가 정보주체에게 재화나 서비스를 홍보하거나 판매를 권유하기 위하여 개인정보의 처리에 대한 동의를 받으려는 때에는 정보주체가 이를 명확하게 인지할 수 있도록 알리고 동의를 받아야 한다(제3항).[17] 또한 영업양도의 경우에는 ① 개인정보를 이전하려는 사실, ② 개인정보를 이전받는 자의 성명, 주소, 전화번호 및 그 밖의 연락처, ③ 정보주체가 개인정보의 이전을 원하지 아니하는 경우 조치할 수 있는 방법 및 절차를 정보주체에게 미리 알리도록 하고 있다(법 제27조 제1항).

그 밖에 개인정보처리자로 하여금 개인정보처리방침을 수립하여 공개하도록 하고 있고, 개인정보처리방침의 내용과 개인정보처리자와 정보주체 간에 체결한 계약의 내용이 다른 경우에는 정보주체에게 유리한 것을 적용하도록 하고 있으며(법 제30조 제1항 및 제3항), 정보주체는 개인정보처리자가 이 법을 위반한 행위를 함으로써 손해를 입으면 개인정보처리자에게 손해배상을 청구할 수 있는데, 이 경우 개인정보처리자가 고의 또는 과실이 없음을 입증하지 못하면 손해배상책임을 면할 수 없도록 하고 있다(법 제39조 제1항).[18]

피해에 대한 사법적 구제," 성균관법학 제17권 제2호, 성균관대학교 비교법연구소, 2005, 참고.

17) 업무위탁에 따른 개인정보의 처리제한에 있어서, 위탁자는 재화 또는 서비스를 홍보하거나 판매를 권유하는 업무를 위탁하는 경우에는 대통령령으로 정하는 방법에 따라 위탁하는 업무의 내용과 수탁자를 정보주체에게 알려야 한다(법 제26조 제3항).

2. 개인정보 보호지침 등

개인정보보호법 제12조 제1항에서는 행정안전부장관으로 하여금 개인정보의 처리에 관한 기준, 개인정보 침해의 유형 및 예방조치에 관한 표준 개인정보 보호지침을 정하여 개인정보처리자에게 준수할 것을 권장할 수 있다고 정하고 있다.[19] 그렇지만 지침의 구체적인 내용에 있어서는 이 논문에서 살펴보고자 하는 법 제22조 제3항과 관련하여 아무런 규정을 두고 있지 않으므로 지침에 관한 자세한 설명은 생략하고, 실제로 정보통신망법에 근거하여 개인정보의 처리와 관련한 구체적인 내용을 담고 있는 개인정보 취급방침 중 OK Cashbag의 개인정보 취급방침(이하 '취급방침'으로 줄여서 인용한다)을 중심으로 그 구체적인 내용을 살펴본다.[20]

---

18) 다만 개인정보처리자가 이 법에 따른 의무를 준수하고 상당한 주의와 감독을 게을리하지 아니한 경우에는 개인정보의 분실·도난·유출·변조 또는 훼손으로 인한 손해배상책임을 감경받을 수 있도록 하고 있다(제2항). 정보통신망법 제32조에서는 입증책임의 전환을 규정하고 있지만, 책임을 감경하는 규정은 없다. 한편 개인정보 침해로 인한 소송을 규율하기 위한 개인정보 단체소송규칙(2011. 9. 28. 대법원규칙 제2358호)도 제정되어 2011. 9. 30.부터 시행되고 있다.

19) 이에 따라 행정안전부 예규 제45호로 '표준 개인정보 보호지침'이 제정되어 2011. 9. 30.부터 시행되고 있다. 한편 정보통신망법 제27조의2에서는 정보통신서비스 제공자들이 이용자의 개인정보를 취급하는 경우에는 개인정보 취급방침을 정하여 공개하도록 하고 있다. 특히 제2항 제6호에서는 "인터넷 접속정보파일 등 개인정보를 자동으로 수집하는 장치의 설치·운영 및 그 거부에 관한 사항"을 개인정보 취급방침에 담아 공개하도록 하고 있다.

20) 개인정보 보호방침을 약관으로 보아 약관의 규제에 관한 법률에 의하여 규제할 수 있는가에 관한 논의도 있는데, 이 견해에 따르면 개인정보취급방침은 하나의 사업지침으로서 사업자가 이를 공개하고 있다면 자기 구속적 행위에 불과하나, 소비자와의 관계에서 이에 동의를 받고 이를 계약의 내용으로 편입시킨다면 약관으로서 성질을 갖고 약관규제법의 적용대상이 될 수 있다고 한다. 자세한 것은 백경일/이병준, "개인

OK Cashbag의 취급방침 제1조에서는 필수항목으로 이름, 주민등록번호, 실명인증값, 회원 ID, 비밀번호, 주소(집/회사), 연락처(휴대전화번호, 집/회사 중 1개), 이메일 주소, 본인확인 문답, 생년월일 및 성별, OK Cashbag카드 정보 및 사용실적, OK Cashbag 서비스 이용과정에서 발생한 상품 또는 서비스 구매내역, 접속기록, 쿠키 등의 정보를 수집하는 것으로 되어 있다.[21)]

그리고 개인정보의 수집/이용목적으로 "서비스 일부에 광고를 게재할 경우, 정확한 개인정보를 바탕으로 각 서비스나 메뉴 등에 회원님 각자의 관심사와 일치하는 적절한 광고와 내용들을 전달해 드릴 것"이라고 하면서 다만 광고주는 회원의 개인정보를 볼 수 없다고 한다. 나아가 상품 또는 서비스의 홍보 및 판매권유 등을 위한 개인정보 수집에 동의하지 않은 경우에 OK Cashbag 제휴 가맹점 등 다양한 상품/서비스 안내 제공이 불가하다고 한다.[22)] 또한 회사는 쿠키(cookie)를 운용하고, 쿠키정보는 회원에게 유용하고 보다 편리한 맞춤 서비스를 제공하는 데 사용되며, 회원은 쿠키의 사용 여부에 대하여 선택할 수 있다고 한다.[23)]

정보 관련 약관·서식과 그 내용통제," 외법논집 제36권 제1호, 2012년. 참고로 OK Cashbag 회원 서비스 이용약관 제13조에서는 "SKM&C는 관련법령이 정하는 바에 따라서 회원의 개인정보를 보호하기 위하여 노력합니다. 회원의 개인정보보호에 관해서는 관련법령 및 SKM&C가 정하는 '개인정보 취급방침'에 정한 바에 의하며, 회원이 상시 확인할 수 있도록 캐쉬백서비스 홈페이지를 통해 공지하고 있습니다"라고 규정하고 있어, 백경일/이병준교수가 제시하는 서비스이용약관과 개인정보취급방침의 관계를 판단하기 위한 기준에 의하면, 위 개인정보 취급방침은 특별약관에 해당하는 것으로 볼 수 있을 것이다(백경일/이병준, 위의 논문, 205면 이하).

21) OK Cashbag 개인정보 취급방침 1. ①. 선택항목으로는 본인/배우자/자녀의 생년월일 및 성명, 결혼 여부, 결혼기념일, 자녀성별, 직업, 직장/학교명/부서명, 차량정보(차종, 연식, 유종)이 있으며, 선택항목을 기재하지 않더라고 회원 가입에는 지장이 없는 것으로 되어 있다.

22) OK Cashbag 개인정보 취급방침 2. ②.

23) OK Cashbag 개인정보 취급방침 6. ①에 의하면, 쿠키정보를 이용하

따라서 OK Cashbag의 경우 고객으로 하여금 개인정보를 제공하여 회원가입을 하게 한 후 개인의 행태정보를 수집할 수 있는 시스템을 가지고 있으며, 수집한 행태정보에 대해서 자체적으로 설정한 기준에 대하여 고객의 동의를 얻은 후 행태정보를 활용할 수 있도록 제도화하고 있다. 그렇지만 이러한 과정에게 개인정보를 남용하거나 개인정보에 대한 보호가 충분하지 않은 경우에는 일반적인 개인정보뿐만 아니라 행태정보도 침해될 수 있는 위험이 있다고 할 것이다.

3. 소 결

앞서 살펴본 바와 같이 개인정보보호법이나 정보통신망법에서는 개인정보의 보호에 관하여 규정하고 있을 뿐 행태정보에 관하여는 명확하게 규정하고 있지 않다.[24] 특히 필자가 논의의 대상으로 삼고 있는 거래와 관련한 행태정보는 개인정보를 바탕으로 하여 수집한 것이라는 점에서 개인정보를 포함한 행태정보를 보호할 수 있는 방안을 강구하는 것이 절대적으로 필요하다고 생각된다.[25] 그러므로 이하에서는 행태정보와 관련된 논의를 정리하고 행태정보의 보호에 대한 필자의 견해를 제시하고자 한다.

여 회원의 컴퓨터를 식별할 수는 있지만 회원 개개인을 식별하지는 않는다고 한다.

24) 필자의 발표에 대한 토론을 하였던 박영우 박사는 개인정보보호법이나 정보통신망법에서 규정하고 있는 개인정보에는 개인의 행태정보도 포함되는 것으로 보아야 한다고 주장하였다. 그렇지만 '개인을 식별할 수 있는 정보'를 개인정보라고 보는 개인정보보호법이나 정보통신망법의 규정을 문리해석하는 경우에는 개인의 식별과는 거리가 있는 행태정보를 개인정보의 범위에 포함시키기 어려운 경우도 있을 것이다.

25) 선거에 출마한 후보자의 비디오 대여기록을 이용하여 상대후보자의 도덕성을 공격하는 것은 전형적인 행태정보의 이행에 해당하는 것으로 볼 수 있을 것이다.

Ⅲ. 행태정보의 보호에 관한 문제

1. 행태정보를 이용한 광고의 기본원리

방송통신위원회가 마련한 「온라인 행태정보의 보호 및 이용에 관한 가이드라인(안)」에 따르면, '행태정보'란 이용자가 온라인에서 수행한 일련의 활동(웹페이지 방문, 검색, 열람, 구매기록 등)에 관한 정보를 의미한다고 정의된다. 여기에서는 이러한 행태정보를 어떻게 보호할 것인가에 관한 구체적인 논의에 앞서 행태정보가 어떻게 이용될 수 있는지를 간단하게 살펴보기로 한다.

[그림 1] 온라인 행태정보 기반 광고(OBA: Online Behavioral Advertising)의 기본원리[26)]

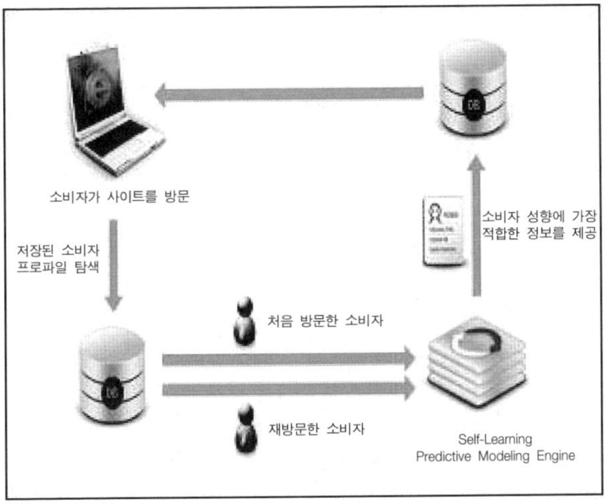

26) http://www.i-privacy.kr/jsp/user/visitor/private7_1.jsp [(사)한국개인정보보호협의회 홈페이지]에서 인용(방문일자 2012. 4. 29).

위의 그림에서는 온라인으로 수집한 행태정보에 기하여 어떠한 방식으로 광고가 이루어지는가를 보여주고 있다. 여기에서 말하는 온라인 행태정보 기반 광고(OBA)는 소비자의 온라인 행태를 분석해서 소비자에게 맞추어진 광고를 제공하는 행위를 말한다.[27)]

위와 같은 원리에 따르면 소비자가 사이트를 방문하는 경우 사업자는 DB에 저장된 소비자의 프로파일을 검색한다. 일반적인 경우에는 사이트에 회원으로 가입하면서 기본적인 개인정보를 제공하게 되므로 회원이 사이트를 가입하게 되면 사업자는 필수항목으로 지정된 기본적인 개인정보를 수집하여 활용할 수 있게 된다. 그리고 사이트를 방문한 소비자가 어떤 물건을 찾고 있는지 등의 정보를 저장하고 기존의 데이터와 비교함으로써 소비자에게 필요한 정보를 제공한다. 다음에 소비자가 다시 방문하게 되면 기존의 자료를 이용하여 소비자에게 더 정확한 정보를 제공할 수 있게 되고, 나아가 적극적으로 광고를 할 수 있는 단계에 이르게 될 것이다.[28)]

그렇다면 이러한 광고는 소비자의 개인정보에 대하여 어떠한 문제를 야기하게 되는가. 이에 관하여는 다음의 표에서 잘 설명하고 있다.

---

27) 나종연, "u환경에서의 개인정보 보호 및 활용방안: 온라인 행태정보 기반 광고," 온라인 행태정보의 보호 및 이용에 관한 가이드라인(안) 공청회 자료, 방송통신위원회/한국인터넷진흥원, 7면.

28) 온라인 쇼핑몰인 Interpark나 Auction에 접속하여 물건을 검색한 후 다시 그곳에 접속하게 되면 최근에 검색한 상품의 목록이 제공되는 것을 볼 수 있다.

[표 1] 광고유형 및 프라이버시 침해정도[29)]

구 분	개 념	프라이버시 침해 정도
① 사이트 정보를 이용한 맞춤형 광고 (Site Targeting)	이용자가 방문한 웹사이트 정보만을 이용한 광고	웹사이트에 종속된 형태이므로 프라이버시 침해 없음
② 문맥을 활용한 맞춤형 광고 (Contextual Targeting)	이용자가 방문한 웹사이트에서 검색하는 검색어에 따른 광고	검색단어 기반이므로 프라이버시 침해 가능성이 거의 없음
③ 이용자의 행태정보를 활용한 맞춤형 광고 (Behavioral Targeting)	이용자가 웹사이트에 방문하여 수행하는 행태 정보가 일정 기간 동안 수집·저장·축적·분석되고 이를 기반으로 이루어지는 광고	이용자에 대한 광고분석자료(Adprofile Data)가 구축된다는 점에서 프라이버시 침해 우려가 있음
④ 이용자 행태와 프로파일 정보를 결합·활용한 맞춤형 광고 (Profile Targeting)	③ + 이용자 회원정보를 직접 활용	③ 이외에 이용자 정보를 직접 이용하므로 프라이버시 침해 우려가 높음
⑤ ISP 기반 맞춤형 광고 (ISP Behavioral Targeting)	ISP, 웹사이트, 광고 네트워크 간의 제휴를 통해 ISP에서 수집된 이용자 인터넷 행태 정보를 활용하여 광고	인터넷서비스제공자(ISP)에 의한 인터넷 패킷 감청(Deep Packet Inspection) 우려
⑥ 이용자 관심기반형 맞춤형 광고	회원가입/비가입시 선택하도록 되어 있는 관심 사항에 기반한 광고	이용자 관심정보 활용이 가능하므로 프라이버시 침해 우려가 높음

이 가운데 본 논문에서 다루고 있는 상황은 "이용자 행태와

29) http://www.i-privacy.kr/jsp/user/visitor/private7_1.jsp [(사)한국개인정보보호협의회 홈페이지]에서 인용(방문일자 2012. 4. 29).

프로파일 정보를 결합・활용한 맞춤형 광고(Profile Targeting)" 내지 그 이하의 것들이며, 따라서 이용자의 개인정보가 침해될 가능성이 있다고 볼 수 있을 것이다.

2. 행태정보의 법적 성질과 이용 제한의 필요성

행태정보에 대하여 개인정보의 보호에 관한 규정을 적용하기 위해서는 행태정보가 개인정보와 어떤 관계에 있는지를 살펴볼 필요가 있다.

권영준 교수는 정보통신망법상의 개인정보와 비교할 때 행태정보가 가지는 특성에 관하여, "행태정보는 넓은 의미에서 개인정보에 포함될 수 있지만, 개인을 특정하는 정보가 아니라 개인의 행태에 관한 정보라고 이해한다면 정보통신망법상 개인정보에는 포함되지 않는다. 이러한 행태정보의 수집, 가공, 양도를 일반적으로 규율하는 법 제도는 아직 마련되어 있지 않다"고 설명하고 있다.30)

한편 정연덕 교수에 따르면, 클라우드 서비스에서 가장 문제가 될 수 있는 것은 개인정보 이외의 개인의 행태정보라고 볼 수 있는데, 왜냐하면 개인정보 자체에 대해서는 많은 법적인 보호가 있지만, 개인정보 이외의 행태정보를 수집, 가공, 양도하는 경우에는 정보통신망법이 적용되지 않기 때문이라고 한다. 그렇지만 맞춤형 광고의 경우에는 개인정보의 이용이 동의받은 목적범위 내의 이용에 해당 여부를 판단하기 위하여 맞춤형 광고에 대한 소비자의 거절 기회를 줬는지 그리고 개인정보의 보호를 위한 자율적 규제가 이루어지고 있는지 등을 고려하는 등 개인정보의 보

30) 권영준, 클라우드 컴퓨팅의 계약법적 문제, Law & Technology 제7권 제2호, 서울대학교 기술과법센터, 60면.

호 필요성과 그 활용의 필요성을 조화시키는 방안을 찾을 필요가 있다고 한다.[31)]

위에서 살펴본 바와 같이 아직까지 개인정보와 행태정보의 관계가 정확하게 어떠한 것인가를 알지는 못한다. 그렇지만 행태정보가 개인정보와는 다르며, 개인정보와 분리되어 존재하는 경우도 있고, 개인정보와 결합된 경우도 있는 것으로 보인다. 예를 들어 어떤 곳에서 어떤 제품이 잘 팔리는지에 관한 정보라면 개인정보와 분리되어 존재할 수 있을 것이며, 누가 어떤 제품을 자주 구매하는지에 관한 정보라면 개인정보와 결합되어 있다고 할 것이다. 이 논문에서 논의의 대상으로 삼고 있는 행태정보는 개인정보와 분리된 행태정보가 아니라 개인정보와 결합되어 사용될 수 있는 행태정보이며, 따라서 정연덕 교수의 견해와 같이 일정한 부분에서 이용을 제한할 수 있도록 하는 제도적 장치를 마련할 필요가 있을 것이다.

이러한 취지에서 정상조 교수도 "만일 사업자와 소비자 모두에게 이익이 될 수 있도록 맞춤형 광고를 가능하게 하는 범위 내에서 그리고 그러한 조건하에서 개인정보가 이용된다면, 소비자들이 개인정보의 이용에 동의하는 것은 극히 합리적인 선택일 것이다. 그러나 그러한 맞춤형 광고도 거절하고자 하는 소비자에 대해서는 거절의 기회가 주어져야 할 것이고, 개인정보의 목적 외 이용이나 남용 또는 제3자에 의한 도용 등으로 인해서 야기되는 피해를 방지할 수 있는 방안이 검토되어야 한다"고 주장하고 있다.[32)]

31) 정연덕, "클라우드 서비스와 개인정보보호의 문제점," 「정보법학」 제15권 제3호, 48면.

32) 정상조, "광고기술의 발전과 개인정보의 보호," 「저스티스」 통권 제106호, 한국법학원 2008년, 607면.

3. 해결방안

(1) 익명화 기술의 이용

클라우드 서비스에서 개인정보 외에 개인의 행태정보를 어떻게 보호해야 할 것인지에 관하여 정연덕 교수는, "개인정보가 아닌 개인의 행태정보도 개인정보와 마찬가지의 엄격한 개인의 자기정보통제권을 부여하기는 어려울 것이다. 실질적인 대안으로는 프라이버시를 배려한 개인 관련 정보를 익명화하여 개인을 특정하지 않는 상태에서 대량의 데이터를 수집, 분석하여 새로운 부가가치 정보를 추출하는 것을 가능하게 하는 익명화 기술을 개발하고 이러한 기술을 채용하도록 하는 것이 필요하다"고 주장하고 있다.[33] 이러한 결론은 일반적인 인터넷 사이트에서 고객의 거래행위로 인한 행태정보를 수집하고 활용하는 경우에도 동일하게 제시할 수 있을 것으로 생각된다. 다만 익명화기술을 이용하여 고객의 행태정보를 보호하도록 하는 것은 상품의 판매자에 대하여 고객의 행태정보를 제공하는 경우에만 적용될 수 있는 방안이다. 상품의 판매자가 고객에게 상품에 대한 정보를 제공하고자 하는 경우에는 고객의 개인정보와 결합된 행태정보를 활용하는 경우에만 가능하기 때문에 익명화기술을 이용한 행태정보의 보호는 논리적으로 불가능하다. 따라서 사업자가 고객의 행태정보를 수집하고 활용하기 위해서는 미리 고객의 동의를 받도록 하는 것만이 유일한 해결책이라고 할 수 있을 것이다.

(2) 행태정보의 활용에 대한 동의

OBA에 관한 사회심리적 반응을 조사한 연구결과에 따르면

---

33) 정연덕, "클라우드 서비스와 개인정보보호의 문제점,"「정보법학」제15권 제3호, 51면.

응답자의 대다수가 OBA에 앞서 사전에 고지해야 한다고 생각하고 있다(84.4%). 그리고 응답자의 대다수가 자신이 사전에 동의를 했을지라도 그에 대한 상세한 내용을 정확하게 파악할 자신이 없기 때문에 지속적이고 개별적인 사전동의를 받을 필요가 있다고 생각하고 있다(41.8%/42.6%).[34] 그렇지만 이에 더하여 대다수가 OBA를 사후에 거부/해지할 수 있는 기회나 장치를 요구하고 있다(87.6%). 다만 거래관계를 맺을 때마다 매번 거부해야 하는 것은 불편하다는 입장이다(63%). 그리고 Opt-in과 Opt-out에 대한 선호도의 비교에서는 응답자의 대다수가 Opt-out 방식보다는 Opt-in 방식을 선호하고 있다고 한다.[35] 그렇지만 이와는 달리 현행 정보통신망법은 물론 개인정보보호법안도 개인정보의 수집, 이용, 제공에 대해서 매우 엄격한 동의원칙을 채택하고 있다고 하면서, 동의원칙을 외관상으로는 소비자의 개인정보를 강력히 보호하는 것으로 보일 수 있지만 현실적으로는 그 반대의 역효과를 나타내는 경우가 많으므로 동의의 방식으로 Opt-out을 일반화하자는 주장도 있다.[36] 어느 주장이 더 합리적인 것인가에 관하여는 명확한 결론을 제시할 수 없지만, 필자의 생각으로는 인터넷의 사용에 익숙한 고객의 경우에는 Opt-in 방식이 더 유리하다고 할 수 있다.

---

34) 인터넷사이트에 회원으로 가입하는 경우 사이트에서 제시하는 회원약관에 동의를 해야 하는데, 실제로 회원약관의 내용을 읽고서 회원가입을 하는 경우가 거의 없다는 점을 고려하면 충분히 이해할 수 있는 연구결과라고 생각된다.

35) 부수현, "온라인 맞춤형광고의 사회심리적 영향 연구," 온라인 행태정보의 보호 및 이용에 관한 가이드라인(안) 공청회 자료, 방송통신위원회/한국인터넷진흥원, 42면.

36) 정찬모/이창범, "민간부분에서 개인정보 수집·이용시 정보주체의 동의원칙,"「정보화정책」 제16권 제4호, 2009, 123-125면.

(3) 그 밖의 방안들

한편 최근에 발표된 FTC의 자료에서는 이용자의 선택권 강화를 위하여 행태정보를 수집하는 사업자로 하여금 Do Not Track[37] 메커니즘과 같은 이용자가 정보수집 여부를 선택할 수 있는 시스템을 제공하도록 하고 있다고 한다.[38] 그리고 개인정보 취급방식의 투명성 증진을 위하여 개인정보 취급방침 고지시 명확, 간결, 표준화를 필요로 하며, 개인정보의 성격에 따른 차별적인 접근권을 보장하고, 중앙 집권적으로 관리할 수 있는 웹사이트(Centralized Website)를 만들어 데이터 브로커들의 리스트 및 개인정보 수집방법 등을 게재하는 방안을 마련하고자 한다.[39]

행태정보의 보호에 관한 위와 같은 연구결과와 세계적인 추세에 비추어 볼 때, 우리의 경우에도 개인정보보호법의 개정을 통해서라도 행태정보에 관해서도 보호할 수 있는 방안을 마련해야 할 것이며, 본 논문에서 전제하고 있는 바와 같이 행태정보를 수집하고 활용하는 것이 개인정보와 결합되어 있는 경우에 있어서는 더욱 정밀한 보호수단이 강구되어야 할 것이다.

Ⅳ. 결 론

매매와 같은 개인의 경제활동으로 인하여 제공되는 정보는 판매자들에게 매우 유익한 것이며, 판매자들은 이를 수집하기 위

37) Do Not Track : 소비자가 온라인 검색 및 브라우저 이용에 있어 광고 목적으로 이용되는 자신의 데이터 수집 허락 여부를 Opt-out 방식으로 선택할 수 있는 메커니즘.

38) FTC, 개인정보보호를 위한 권고문 보고서 발표, 한국인터넷진흥원 자료에서 인용.

39) FTC, 개인정보보호를 위한 권고문 보고서 발표, 한국인터넷진흥원 자료에서 인용.

하여 많은 노력을 기울여 왔다. 최근에 이르러서는 인터넷의 발달로 인하여 개인정보뿐만 아니라 개인의 행태정보를 수집하는 것도 더 쉽고 간편하게 되었다. 그렇지만 개인은 자신의 사생활의 많은 부분을 자신의 의지와는 상관없이 판매자들에게 노출하는 결과를 가져왔다.

이러한 결과는 개인에게 더 편리한 경제활동을 할 수 있도록 하는 장점을 가진 반면에 개인의 사생활을 포함한 개인정보가 개인의 의사와 무관하게 이용됨으로써 정신적인 측면에서의 피해를 유발하는 단점도 가지고 있다고 생각된다. 경제활동의 활성화를 위해서는 개인정보를 충분히 활용할 수 있는 제도적 장치가 마련될 필요가 있다는 점에 대해서는 누구도 부정하지 않을 것이다. 그렇지만 그로 인하여 침해될 위험에 노출되는 개인의 프라이버시를 보호할 수 있는 제도적 장치도 함께 갖추어야 할 것이다.[40)]

온라인과 오프라인을 통해 취합된 개인정보를 조합할 경우, 개인의 취향이나 상태를 파악하거나 예측하는 것이 가능하다. 그러나 특정 업체가 개인의 디지털 정보를 기업의 이익 극대화를 위해 활용하는 경우 그 활용범위에 관한 사회적 합의와 가이드라인이 필요하다고 생각된다. 또한 이용자의 동의하에 데이터가 취합되더라도 이의 2차 유통시 프라이버시 문제가 또 발생할 수 있다고 본다. 따라서 개인에 대한 식별이 불가능하게 한다거나 이용자의 동의를 요구하는 것, 그리고 취합한 데이터의 활용에 관한 내용을 이용자에게 공개할 필요가 있을 것이다.[41)]

---

40) 18대 국회에서 이혜훈 의원이 대표발의한 개인정보보호법안(2008. 8. 8. 의안번호 1800570) 第17조에서는 영리목적의 개인정보 이용 및 제공에 관하여 규정하고 있는바, 그 내용 중에는 마케팅 등 대행사업을 하거나 개인정보제공사업을 하는 경우에는 미리 개인정보위원회에 등록하도록 하는 등 개인정보를 영리목적으로 이용하기 위한 절차 등이 담겨져 있었다.

41) 유승화, "빅데이터 활용 가이드라인 필요," DT시론 2012. 5. 24.자 디

색인어

·개인정보, 행태정보, 보너스포인트, 맞춤형 광고, 프라이버시

지털타임즈에서 인용.

참 고 문 헌

1. 국내문헌

권영준, "클라우드 컴퓨팅의 계약법적 문제," Law & Technology 제7권 제2호, 서울대학교 기술과법센터, 2011.

김승현/진승헌, "사용자 동의 없는 개인정보 수집기술 동향," 정보통신산업진흥원, 2012.

김영삼/박주영/진승헌, "u-IT 환경에서의 개인화서비스를 위한 개인정보 보호방안 연구," 전자통신동향분석 제25권 제2호, 한국전자통신연구원, 2010년.

나종연, "u환경에서의 개인정보 보호 및 활용 방안: 온라인 행태정보 기반 광고," 온라인 행태정보의 보호 및 이용에 관한 가이드라인(안) 공청회 자료집, 2011년.

문성제, "개인정보의 제3자 제공으로 인한 피해에 대한 사법적 구제," 성균관법학 제17권 제2호, 성균관대학교 비교법연구소, 2005년.

배대헌, "개인정보 보호·이용에 관한 계약법적 방안 모색," 상사판례연구 제19집 제4권, 상사법학회, 2006년.

배대헌, "인터넷상 개인정보의 이용약관에 관한 고찰," 「정보화정책」 제10권 제1호. 2003년.

배대헌, "정보의 귀속·유통에 관한 민사법적 접근 — On-line상 개인정보의 보호를 중심으로—," 비교사법 제8권 제2호.

백경일/이병준, "개인정보 관련 약관·서식과 그 내용통제," 「외법논집」 제36권 제1호, 2012년.

부수현, "온라인 맞춤형광고의 사회심리적 영향 연구," 온라인 행태정보의 보호 및 이용에 관한 가이드라인(안) 공청회 자료집, 2011년.

정상조, "광고기술의 발전과 개인정보의 보호," 「저스티스」 통권 제106호, 한국법학원, 2008.

정연덕, "클라우드 서비스와 개인정보보호의 문제점," 「정보법학」 제15권 제3호, 정보법학회, 2012년 2월.

정찬모/이창범, "민간부문에서 개인정보 수집·이용 시 정보주체의 동의원칙," 정보화정책 제16권 제4호, 2009년.

최승재, "온라인 서비스 업체들의 행태적 마케팅과 소비자보호 — 미국의 소비자 개인정보의 보호 법제에 대한 논의를 중심으로—," 소비자문제연구 제35호, 한국소비자원, 2009년.

행정안전부, 표준 개인정보 보호지침, 2011년.

2. 외국문헌

FTC Report, Protecting Consumer Privacy in an Era of Rapid Change, Recommendations for Businesses and Policymakers, Federal Trade Commission, March 2012.

소비자의 잊혀질 권리*
—전자상거래에서의 개인정보 관점에서—

최 경 진**

차 례

Ⅰ. 머 리 말

현대사회에서 표현의 기회나 커뮤니케이션이 증가하면서 소비자가 생성, 보관, 관리하는 정보나 자신에 관한 정보의 유통도 증가하고 있다. 또한 컴퓨터와 네트워크의 발달과 확산에 따라 그러한 정보가 확산되는 속도도 빨라지고 범위도 넓어지게 되었다. 이처럼 널리 퍼지고 다양한 방식으로 활용되는 소비자에 관한 정보들은 우리의 사회나 경제 활동에 많은 이익을 가져다 주

---

* 이 글은 정보법학 제16권 제2호(2012)에 게재된 "잊혀질 권리—개인정보 관점에서"를 소비자관점에서 수정·보완한 것임을 밝힙니다.

** 가천대학교 법과대학 교수.

기도 하지만, 다른 한편으로는 소비자의 정신적 영역에 대한 피해의 확대 가능성도 배제할 수 없다. 때문에 이러한 소비자에 관한 정보의 이용을 어디까지 어떠한 절차와 방식에 따라 허용할 것인지에 대하여는 각 국가가 처한 상황이나 국민의 법의식에 따라 다양하게 규율되고 있다. 그런데 최근 개인이 자신에 관한 정보가 어디서 어떻게 활용되는지 알지 못한 채 유통됨으로써 뜻하지 않은 피해를 입게 됨에 따라 소위 '잊혀질 권리'[1]를 도입해야 한다는 논의가 생겨나고 있다. 특히 EU를 중심으로 잊혀질 권리를 법제화하려는 움직임은 우리에게도 적지 않은 시사점을 던져주고 있다. 문제는 잊혀질 권리가 아직 정립된 개념이 아니어서 관점에 따라 다양하게 이해되고 있으며, 해외 법제 현황에 대한 소개도 구체적으로 이루어지지 않고 피상적으로 '잊혀질 권리'라는 주제 자체에만 초점을 맞추어 논의되는 것이 주를 이루어서 잊혀질 권리의 실체를 명확히 파악하지 못하고 있다는 점이다. 이 때문에 잊혀질 권리라는 독자적인 권리 개념이 필요한지, 필요하다면 어떠한 내용으로 어디까지 인정할 것인지에 대하여도 명확한 판단이 어렵다. 이러한 문제의식을 바탕으로 하여 이하에서는 잊혀질 권리가 논란이 되는 분야를 살펴보고, 잊혀질 권리에 관한 개인정보 관점에서의 비교법적 소개 및 분석을 하고, 우리 법제 하에서 잊혀질 권리의 도입 여부 및 전자상거래에서의 합리적인 잊혀질 권리의 보장에 대한 제언을 하는 순서로 논의를

---

1) 최근 언론보도나 논문 등을 통하여 '잊혀질 권리'라는 말이 널리 사용되고 있다. 잊혀질 권리는 'right to be forgotten'이라는 영어표현을 번역한 것인데, 국어 맞춤법에 맞는 표현은 '잊히다'를 활용한 '잊힐 권리'이다. 그러나 실제 생활에서 '잊혀지다'라는 말이 어색함 없이 널리 사용되고 있으며, '잊혀질 권리'라는 용어가 오히려 널리 활용되고 있는 점을 고려하여, 이 글에서는 용어의 혼란을 줄이고자 종래의 용어법에 따라 '잊혀질 권리'라는 용어를 사용한다. 그러나 국어 맞춤법에 맞게 '잊힐 권리'라는 표현의 사용을 권한다.

진행하고자 한다.

II. 잊혀질 권리의 의의

1. 논의 필요성

잊혀질 권리를 새로운 독자적 권리로 자리매김하던 기존의 권리의 집합체를 단순히 칭하는 관념으로 사용하던 잊혀질 권리가 현대 정보화 사회에서 부각되는 이유는 현대 사회에서 개인에 관한 무수히 많은 정보들이 쉽게 처리되고 유통되며, 유통과정에서 일반의 접근이 비교적 용이하고, 다양한 매체를 통하여 지속적으로 유지되고, 여러 곳에 흩어져 있는 정보들이 집적되거나 포괄적으로 다루어질 수 있다는 점 때문에 정보주체에게 예측하지 못하는 과도한 피해가 발생할 가능성이 매우 높고, 그러한 피해가 특정 계층의 제한된 소수가 아니라 불특정 다수의 일반 개인에게까지 발생할 소지가 매우 크다는 점이다.[2] 이러한 위험성 때문에 개인에 관한 정보의 삭제를 허용함으로써 더 이상 개인을 추적하지 못하도록 하는 것이 개인의 권익 보호에 기여하게 된다는 것이다. 결과적으로 개인에 관한 정보의 삭제 청구를 위한 법적 수단으로서 잊혀질 권리를 인정하여야 한다는 목소리가 높아지고 있는 것이다.

---

2) 문재완, "잊혀질 권리의 입법 현황과 향후 과제," 한국정보법학회 세미나 자료집(2012. 3. 13.), 7-8면에서도 현대사회에서의 접근가능성, 지속가능성 및 포괄성을 개인정보보호의 필요성의 근거로 설명하고 있다.

2. 잊혀질 권리의 개념

올해 초 EU 집행위원회 부위원장인 비비안 레딩(Vivian Reding)이 EU 개인정보보호지침(안) 및 일반정보보호규정(안)을 발표하면서 잊혀질 권리라는 개념이 법률 용어로 본격 등장하기 전에도 스위스를 비롯한 여러 나라에서 잊혀질 권리라는 용어는 법적인 용어나 일반 용어로 번갈아 사용되어 왔다. 그러나 잊혀질 권리의 의미가 무엇인지에 대하여는 아직 모두가 일치하는 의미를 찾기는 어렵다.

실제에 있어서 잊혀질 권리는 사망한 자의 정보의 공개를 허용할 것인지의 문제에서 시작하여 사망한 자에 관한 정보를 적극적으로 어떻게 처리할 것인지의 논의(소위 '디지털 유산'의 문제), 현재 살아 있는 자에 관한 개인정보의 삭제를 청구할 수 있는지에 대한 논의(개인정보자기결정권의 문제), 언론에 게재된 개인에 관한 기사의 삭제를 청구할 수 있는가의 논의(기사삭제 요구권의 문제) 또는 인터넷 게시판에 게시된 타인의 글에 대한 삭제를 청구할 수 있는가의 논의(게시글 삭제 요구권의 문제) 등의 형태로 논란이 된다. 그런데 이러한 모든 논의를 잊혀질 권리라는 하나의 권리 유형으로 포섭하는 것이 가능한지 또는 바람직한지에 대하여는 아직 논의된 바 없다. 현시점에서 중요한 것은 독자적인 잊혀질 권리라는 개념과 내용을 인정할 것인가의 문제라기보다는 실질적으로 잊혀질 권리로서 문제되는 모든 사안에서 그러한 권리를 인정하는 것이 타당한가, 인정되어야 한다면 어떤 내용으로 어떤 절차에 의하여야 하는가의 문제에 대한 해답을 찾기 위한 노력이다. 그러한 논의의 결과 궁극적으로 모든 문제되는 경우에 독자적인 잊혀질 권리를 인정하는 것이 타당하다면 입법으로 '잊혀질 권리'를 법제화하면 될 것이다.

위에서와 같이 잊혀질 권리가 주로 문제되는 4가지 경우를 보면, 모두 개인의 혹은 개인에 관한 정보의 삭제 청구를 허용할 것인가의 문제로 요약할 수 있다. 이로부터 잊혀질 권리란 "개인에 관한 정보의 삭제를 청구할 권리"라고 일단 정의할 수 있다. 그런데 이렇게 일의적으로 정의내리더라도 잊혀질 권리의 법적 취급에 대하여는 간단히 다룰 수 없다. 우리의 법제만 보더라도 개인의 혹은 개인에 관한 정보의 삭제 청구에 대해서는 언론기사에 관한 것이나 인터넷 게시판에 게재된 것이나 그 적용법규가 상이하고, 지배원리가 정확하게 일치하지는 않기 때문에 하나의 평면에서 모든 유형의 잊혀질 권리 문제를 구체적으로 다루는 것은 용이하지 않다. 따라서 이 글에서는 지면의 한계를 고려하여, 잊혀질 권리 중에서도 개인정보에 관한 일반법적 관점을 중심으로 논의하고자 한다.

3. 잊혀질 권리의 법적 성질

잊혀질 권리를 개인정보보호의 측면에서 바라보면, 기존의 개인정보보호에 관한 법적 관점의 차이에 따라 잊혀질 권리도 다르게 파악될 수 있다. 미국의 경우에는 프라이버시(Privacy)[3)]에 기

3) 1834년 판결에서 처음 '혼자 있을 권리(right to be let alone)'라는 용어가 사용되었고[Wheaton v. Peters, 33 U.S. 591, 634 (1834)], 동일한 표현이 교과서에도 등장하였다[Thomas Cooley, LAW OF TORTS(2d ed. 1888)]. 이후 1890년 워렌(Samuel Warren)과 브랜다이스(Louis Brandeis)가 공동으로 발표한 논문인 "프라이버시권(The Right to Privacy)"에서부터 본격적으로 논의가 시작되었다. Samuel Warren & Louis Brandeis, *The Right to Privacy*, 4 Harv. L. Rev. 193 (1890). 이후 윌리엄 프로서 교수가 워렌과 브랜다이스 논문 이후 70년 동안 결정된 300여 건의 판결을 분석한 결과 프라이버시 침해의 공통점을 찾을 수 없다고 주장하면서, 그 대신 4가지 불법행위 유형을 정립하였다. 즉, (1) 타인의 사생활에 대한 비합리적인 침입(unreasonable intrusion upon the seclusion of another), (2) 타인의 성명이나 동일성의 사적 유용(appropriation of a person's name or likeness), (3) 사적 사실의 공개(publication of private

하여 개인정보의 보호가 이루어지고 있다. 미국이나 보통법 국가에서 프라이버시는 타인의 사적 영역에 대한 접근을 결정할 수 있는 배타적인 권리로 인식된다.[4] 미국에서의 프라이버시의 보호범위는 문제되는 정보가 사적인 영역으로 유지될 것이라는 개인의 합리적인 기대에 따라 좌우된다. 반면, 유럽의 대륙법계 하에서는 인격적 이익을 보호하기 위한 인격권을 바탕으로 하여 개인정보보호가 이루어진다.[5] 우리나라에서는 지난해에 「개인정보 보호법」이 제정·시행됨에 따라 개인정보에 대한 일반적인 보호가 이루어져서, 정보주체의 권리가 보장되고 있다. 동법 제1조에 의하면, 개인정보에 관한 권리는 "사생활의 비밀 등을 보호함으로써 국민의 권리와 이익을 증진하고, 나아가 개인의 존엄과 가치를 구현하기 위하여" 인정되는 것이다. 또한 동법 제정 전의 헌법재판소 결정[6]과 대법원 판결에서도 개인정보에 관한 권리의 내용과 법적 근거를 엿볼 수 있다. 즉, 헌법재판소는 개인정보자기결정권이라는 용어를 사용하면서 "개인정보자기결정권은 자신에 관한 정보가 언제 누구에게 어느 범위까지 알려지고 또 이용되도록 할 것인지를 그 정보주체가 스스로 결정할 수 있는 권리, 즉 정보주체가 개인정보의 공개와 이용에 관하여 스스로 결정할 권리"로 정의하였고, "개인정보자기결정권을 헌법상 기본권으로 승인하는 것은 현대의 정보통신기술의 발달에 내재된 위험성으로부터 개인정보를 보호함으로써 궁극적으로는 개인의 결정의 자유를 보호하고, 나아가 자유민주체제의 근간이 총체적으로 훼손될 가

---

facts), (4) 오인(publication that places a person in a false light) 등 4가지 유형이다. Restatement (Second) of Torts at §§652A-652I.

4) Ernest van den Haag, On Privacy, in Nomos XIII: Privacy 149, 150-51 (J. Roland Pennock & John W. Chapman eds., 1971).

5) Adrian Popovici, Personality Rights—A Civil Law Concept, 50 Loy. L. Rev. 349, 349-51 (2004)

6) 헌재 2005. 5. 26. 99헌마513, 2004헌마190(병합).

능성을 차단하기 위하여 필요한 최소한의 헌법적 보장장치라고 할 수 있다"고 하여 헌법상 독자적인 기본권으로 승인하였다. 이러한 독자적 기본권이 인정되는 근거로서 "헌법 제17조의 사생활의 비밀과 자유, 헌법 제10조 제1문의 인간의 존엄과 가치 및 행복추구권에 근거를 둔 일반적 인격권 또는 위 조문들과 동시에 우리 헌법의 자유민주적 기본질서 규정 또는 국민주권원리와 민주주의원리 등을 고려할 수 있으나, 개인정보자기결정권으로 보호하려는 내용을 위 각 기본권들 및 헌법원리들 중 일부에 완전히 포섭시키는 것은 불가능하다고 할 것이므로, 그 헌법적 근거를 굳이 어느 한두 개에 국한시키는 것은 바람직하지 않은 것으로 보이고, 오히려 개인정보자기결정권은 이들을 이념적 기초로 하는 독자적 기본권으로서 헌법에 명시되지 아니한 기본권이라고 보아야 할 것"이라고 판시하였다.

대법원도 개인정보에 관한 인격권 보호를 통하여 얻을 수 있는 이익과 표현행위에 의하여 얻을 수 있는 이익 사이의 비교형량을 통하여 최종적 위법성을 판단하여야 한다고 판시함으로써 개인정보에 대한 권리의 기초가 인격권에 있음을 밝히고 있다.[7)]

이상을 종합하여 볼 때, 잊혀질 권리를 개인정보보호의 연장선상에 있는 것으로 파악하는 한 그 헌법적 근거는 헌법 제10조 및 제17조의 인격권 및 사생활의 비밀과 자유에 있는 것으로 볼 수 있으며, 구체적인 법률로서는 「개인정보 보호법」에 그 근거를 두고 있다고 할 수 있다.

7) 대법원 2011. 9. 2. 2008다42430 전원합의체 판결.

Ⅲ. EU

1. 개인정보보호 관련 법제의 발전 과정

EU는 회원국 국민의 기본권과 자유를 보호하고 개인정보 처리와 관련한 프라이버시권을 보호하며 EU 국가간의 개인정보의 자유로운 유통을 촉진하기 위하여, 1995년 10월 24일 "개인 정보의 처리와 자유로운 유통에 관한 개인정보보호지침(Directive of the European Parliament of individuals with regard to the processing of personal data and on the free movement of such data, 95/46/EC)"을 채택하였다. 이 지침은 회원국에 대한 법률의 제·개정을 강제하고 있으며, 독립된 감독기구의 의무적 설치 및 자국민의 개인정보 보호와 관련하여 EU 수준으로 적절하게 개인정보를 보호하지 않는 국가에 대하여 개인정보의 이전을 금지하고 있다.

1997년 12월 15일의 "정보통신부문의 개인정보 처리와 프라이버시 보호에 관한 지침(Directive of the European Parliament and the Council Concerning the Processing of Personal Data and the Protection of Privacy in the Telecommunications Sector, 97/66/EC)"을 채택하여 ISDN (Integrated Services Digital Network)이나 공공디지털이동네트워크 (public digital mobile networks)를 통한 정보통신서비스도 적용범위에 포함시키고 있으며 개인정보의 처리와 관련한 기본적 인권과 자유, 특히 프라이버시권의 균등한 보호수준을 보장하고 EU에서의 데이터와 통신설비 및 서비스의 자유로운 이동이 보장되도록 각 회원국 규정들 간의 조화를 목적으로 하고 있다.

1999년 2월에는 "정보고속도로에서 신상정보의 수집 처리와 관련한 개인 정보 보호 지침[Recommendation No R (99) 5「Guidelines for the protection of indivisuals in connection with the collection and processing of personal data on information highways」]"을 채택하면서, 인터넷 이용자와 서비스 제공자의 권리와 의무를 규정하고, 특히 서비스 제공자의 의무로써 개인정보를 합법적이며 공정하게 이용하고 데이터의 통합성·기밀성·네트워크의 보안을 보장하며 개인정보의 은밀한 수집, 기록 또는 국가간 전송을 금지하는 것에 대한 책임을 인식하도록 권고하고 있다.

2002년 7월에는 "전자통신분야에서의 개인정보처리 및 프라이버시 보호와 관련된 유럽의회 및 유럽위원회 지침[Directive 2002/58/EC of the European Parliament and of the Council of 12 July 2002 concerning the processing of personal data and the protection of privacy in the electronic communications sector(Directive on privacy and electronic communications)]"[8]을 채택하여, 쿠키나 스파이웨어 등과 같은 개인정보의 침해위험을 야기하는 기술적 조치에 대한 규제도 인정하였다.

최근 2011년 7월 6일에 유럽의회가 "유럽연합에서의 개인정보보호에 관한 종합적 접근"을 의결하면서 잊혀질 권리의 입법 필요성을 강조하였다.[9] 이러한 잊혀질 권리의 구체적인 내용은 2012. 1. 25. EU 일반정보보호규정(안)[10] 및 개인정보보호지침(안)[11]

8) Official Journal L 201, 31/07/2002 P. 0037-0047.

9) European Parliament resolution of 6 July 2011 on a comprehensive approach on personal data protection in the European Union[2011/2025 (INI)] 16.

10) Proposal for a REGULATION OF THE EUROPEAN PARLIAMENT AND OF THE COUNCIL on the protection of individuals with regard to the processing of personal data and on the free movement of such data (General Data Protection Regulation).

11) Proposal for a DIRECTIVE OF THE EUROPEAN PARLIAMENT AND OF THE COUNCIL on the protection of individuals with regard to the processing of personal data by competent authorities for the purposes of prevention, investigation, detection or prosecution of criminal offences or the execution of criminal penalties, and the free movement of

을 발표하면서 드러나게 되었다. EU 차원의 개인정보보호를 위한 입법 노력은 1995년 EU가 개인정보보호지침을 제정한 이후 16년여 만이다. 더욱이 이번 발표에서 주목할 만 한 점은 지침의 전면개정에 머무르지 않고 EU 회원국의 국내에 직접 법적 효과가 발생하는 규정(regulation)도 함께 추진된다는 점이다. EU 법 체계하에서 규정은 EU 전체에 직접 적용되는 매우 강력한 규범이고, 규정이 발효되면 회원국의 국내법에 우선하여 적용된다. 따라서 회원국은 국내법을 EU 규정에 일치시키는 입법을 하거나 기존법을 개정하여야 한다. 다만, 개정안이 발효되려면 27개 회원국 정부 대표로 구성된 이사회와 유럽의회의 승인을 받아야 한다. 이번 입법안은 2014년 발효를 목표로 하고 있다.

2. EU의 잊혀질 권리에 관한 새로운 규정(안)의 내용

(1) 개선 방향 및 주요 내용

EU의 일반정보보호규정(안) 및 개인정보보호지침(안)의 주요 내용 및 개선방향은 다음과 같다.

EU의 일반정보보호규정(안) 및 개인정보보호지침(안)의 주요 개선 방향 및 내용은 다음과 같다. (1) EU 전체에 유효한 단일 규범을 정립하였다는 점이다. 또한 기업의 신고의무와 같이 불필요한 행정적 규제를 제거하기 위하여 노력했다. 이를 통하여 매년 23억 유로의 비용을 절약할 수 있게 된다. (2) 모든 정보보호 활동을 감독기관에 신고하도록 한 현재의 기업 의무 대신에 새로운 규정(안)은 개인정보를 처리하는 기업들에게 증진된 책임성을 규정하고 있다. 기존의 의무로 인하여 기업들에게 불필요한 서류작업과 매년 1억 3천만 유로의 비용을 발생시켰다. 이를 개선하

---

such data.

여, 예를 들면, 기업이나 기관은 심각한 개인정보 침해가 발생한 경우에 지체 없이(가능하다면 24시간 내에) 국내 감독기관에게 신고하여야 한다. (3) 기관은 그 기관의 주된 기반을 가지고 있는 EU 국가 내의 단일한 국내 정보보호 감독기관과만 업무를 수행하면 된다. (4) 마찬가지로 개인들도 그 국가 내에서 정보보호기관에게 도움을 요청하면 된다. 심지어는 그들의 정보가 EU 외부에 기반을 둔 기업에 의하여 처리되는 때에도 마찬가지이다. 동의가 정보처리를 위하여 요구되는 경우에는 추정보다는 명시적으로 이루어져야 한다. (5) 개인들은 그들 자신의 정보에 더 쉽게 접근할 수 있어야 하고, 서비스제공자들 사이에서 개인정보를 이전할 수 있도록 해야 한다. 이를 통하여 서비스 사이의 경쟁을 증진시킬 수 있을 것이다. (6) '잊혀질 권리'를 통하여 온라인상의 정보보호 위험을 더 잘 관리할 수 있도록 하고자 하였다. 개인정보를 보유할 합법적인 근거가 없는 한 개인은 그들의 정보를 삭제할 수 있다. (7) EU 규칙들은 EU 시장에서 활동 중이고 EU 시민들에게 그들의 서비스를 제공하는 기업에 의하여 해외에서 처리되는 개인정보에도 적용되어야 한다. (8) 독립적인 국내 개인정보 보호기관을 강화하여 역내에서 EU 규정을 강화할 수 있을 것이다. 특히, EU 정보보호규정을 위반한 회사에게 벌금을 과하도록 강화하였다. 예를 들면, 기업의 연간 총매출액의 2% 또는 1백만 유로까지 과징금을 부과할 수 있도록 하였다. (9) 새로운 지침(안)은 형사사건에서 경찰 및 사법 공조를 위하여 일반정보보호원칙 및 규칙을 적용할 것이다. 그 규칙은 정보의 국내 및 국가간 이동에도 적용된다.

(2) 일반정보보호규정(안)의 목적 및 적용대상

일반정보보호규정(안)은 개인정보의 처리와 관련된 개인의 보호와 개인정보의 자유로운 이동을 목적으로 한다(제1조). 또한 동

규정(안)은 자연인의 기본적 권리와 자유를 보호하고 특히, 개인정보의 보호를 위한 권리를 보호하고자 한다. EU 내의 개인정보의 자유로운 이동은 개인정보의 처리와 관련한 개인의 보호와 연계된 이유로 인하여 제한되거나 금지되지 말아야 한다. 제1조를 통해 볼 때 일반정보보호규정(안)은 개인정보보호만을 일방적으로 목적으로 하지는 않고 개인정보의 자유로운 유통을 조화롭게 보호하고자 한다는 점을 유의하여야 한다.

일반정보보호규정(안)이 적용되는 개인정보는 정보주체와 관련된 모든 정보(any information relating to a data subject)를 의미한다 [제4조(2)]. 즉, 식별 가능한 정보에만 한정하지 않고, 개인의 프라이버시를 보호하기 위한 모든 정보를 적용대상으로 한다.

(3) 잊혀질 권리에 관한 규정(안)의 내용

일반정보보호규정(안) 제17조에서 잊혀질 권리 및 삭제권을 규정하고 있다. 연혁적으로 동조는 1995년 개인정보보호지침상의 삭제권을 보다 강화하고 구체화한 규정이다. 동조에 따른 잊혀질 권리의 구체적 내용은 다음과 같다.

1) 잊혀질 권리의 기본내용

정보주체는 개인정보처리자[12)]를 상대로 그와 관련된 개인정보의 삭제권을 보유하여야 한다. 그리고 개인정보의 확산을 중지시킬 권리를 가진다. 특히, 아동인 정보주체의 개인정보에 대하여 그러한 권리가 보장되어야 한다. 다만, 이러한 잊혀질 권리가 인정되기 위한 요건은 다음의 4가지 중의 한 경우이어야 한다. 즉, (1) 수집되거나 처리되는 목적에 정보가 더 이상 부합하지 않는 경우, (2) 정보를 처리할 수 있는 법적 근거가 없으면서 제6조

12) 규정(안)에서는 “controller”로 규정되어 있어서 문언 그대로는 관리자, 통제자 등으로 번역할 수 있지만, 우리 법제와의 비교분석의 용이함을 위하여 개인정보처리자로 번역한다.

(1)(a)에 따라 이루어지는 처리에 대한 동의를 철회하거나 동의한 보관 기간이 만료된 경우, (3) 정보주체가 제19조에 따라 개인정보의 처리에 반대하는 경우, (4) 정보의 처리 방식이 다른 이유로 인해 본 규정의 조건을 충족하지 못하는 경우이다.

2) 개인정보 공개시의 책임

개인정보처리자가 개인정보를 공개한 경우에 개인정보처리자는 공개에 대하여 책임있는 개인정보와 관련하여 기술적 조치를 포함하여 그 개인정보를 처리하는 제3자에게 정보주체가 그들에게 그 개인정보의 링크, 사본을 삭제할 것을 요청한다는 점을 알리기 위한 모든 합리적인 조치를 취하여야 한다. 개인정보처리자가 제3자에게 개인정보의 공개를 허용하였다면, 그 개인정보처리자는 그 공개에 대하여 책임있는 것으로 보아야 한다.

3) 적용 예외

개인정보의 보유가 필요한 다음의 경우를 제외하고, 개인정보처리자는 개인정보를 지체 없이(without delay) 삭제하여야 한다.

즉, (1) 제80조에 따라 표현의 자유에 대한 권리를 행사하는 경우, (2) 제81조에 따라 공공 보건 부문에서 공익을 위한 경우, (3) 제83조에 따라 역사, 통계, 과학 연구 목적으로 필요한 경우, (4) 유럽연합 또는 개인정보처리자가 속한 회원국의 법률에 의해 개인정보를 보관해야 하는 법적 의무를 준수해야 하는 경우,[13)](5) 제4항에 따라 개인정보의 처리를 제한하여야 하는 경우에는 예외적으로 개인정보를 보유할 수 있다.

이러한 예외 중에서 특별히 논란이 되는 것은 잊혀질 권리가 표현의 자유와 부딪히는 경우에 어떻게 균형을 이룰 것인가이다. 이에 대하여 일반정보보호규정(안)은 표현의 자유를 보호하기 위

13) 이 경우에 회원국 법률은 공공의 이익을 위한 목적을 충족하고, 개인정보의 보호를 위한 권리를 존중하고, 추구하는 합법적 목적에 적합해야 한다.

한 예외를 설정하였다. 즉, 비평 목적이나 예술 또는 문학적 목적만을 위하여 개인정보가 처리되는 경우에는 잊혀질 권리보다 표현의 자유를 우선하여 보호하고 있다. 이에 따라 언론이나 보도와 같은 시사·비평 기능을 수행하기 위한 표현이나 예술이나 문학을 위한 표현의 경우에는 그 중에 개인정보가 포함된다고 하더라도 잊혀질 권리가 제한된다. 반면, 상업적 표현의 자유와 같이 상대적으로 보호의 가치가 낮은 표현의 자유에 대하여는 잊혀질 권리가 우선하여 적용된다. 이러한 표현의 자유에 대한 예외에도 불구하고 여전히 문제되는 것은 비평, 예술, 문학의 범주에 속하지 않는 표현에 대한 권리와 충돌하는 경우, 예를 들면, 비평, 예술, 문학적 가치가 없지만 저작권으로 보호되는 저작물에서 개인정보가 포함되어 있는 경우에 저작권 및 그에 따르는 표현의 자유와 잊혀질 권리가 충돌하는 경우에도 위 예외의 범주에 포함시키거나 유추적용할 수 있을 것인가이다. 법이 명시적으로 정하고 있지 않는 이상 확대하는 것은 어려워 보인다.

또한 보건 부문에서의 공익 외에 일반적 공익을 목적으로 개인정보를 처리하는 경우에도 잊혀질 권리를 제한할 수 있을 것인가가 문제된다. 이에 대하여는 각국의 사정과 국민의 법의식, 법체계 등 각국이 처한 환경에 따라 다양한 입장이 전개될 것이다. 독일의 Walter Sedlmayr 사건과 관련된 범죄자의 정보 삭제요청 사례에서 보여지는 것처럼 잊혀질 권리를 중시하는 입장을 취하면 일반적 공익보다 잊혀질 권리의 보호를 강조하여 일반적 공익의 예외를 인정할 수 없을 것이다. 일반정보보호규정(안)은 그러한 입장에 따른 것으로 보여진다.

이상과 같이 잊혀질 권리에 대한 예외와는 별도로 일반정보보호규정(안)의 적용이 배제되는 예외 사유가 존재한다. 즉, (1) 유럽연합 법률의 범위 외의 활동 과정 중의 개인정보의 처리, 특히 국가 안보와 관련된 활동 과정에서의 개인정보의 처리, (2) 유럽연합 기관, 기구, 관청 등에 의한 처리, (3) 유럽연합조약(Treaty on European Union) 제2장의 범위 내의 활동을 실행하는 과정에서의 회원국의 개인정보의 처리, (4) 개인적 또는 가정 내의 그 자신의 배타적 활동 과정에서 영리 목적이 아닌 자연인에 의한 개인정보의 처리, (5) 범죄 행위의 예방, 조사, 수사, 기소 또는 형사 처벌의 집행을 위한 주무기관에 의한 개인정보의 처리에 대하여는 일반정보보호규정(안)이 적용되지 않기 때문에 이에 대하여는 잊혀질 권리에 관한 규정도 적용되지 않는다.

4) **개인정보의 처리제한**

개인정보처리자는 다음에 해당하는 경우에는 개인정보의 삭제 대신 개인정보의 처리를 제한하여야 한다.

즉, (1) 정보의 정확성을 개인정보처리자가 검증할 수 있는 기간 중 정보주체가 정보의 정확성에 대해 이의를 제기하는 경우, (2) 개인정보처리자의 업무 수행 중 개인정보가 더 이상 필요하지는 않지만, 증명 목적으로 보관해야 하는 경우, (3) 정보 처리가 불법이면서 정보주체가 정보 삭제에 반대하며 사용 제한을 요청하는 경우, (4) 정보주체가 제18조 (2)에 따라 다른 자동화된 처리 시스템으로 개인정보의 전송을 요청하는 경우에는 개인정보의 처리를 제한하여야 한다.

이상의 경우에 예외적으로 보관이 인정됨에 더하여 증명의 목적, 정보주체의 동의, 다른 자연인이나 법인의 권리의 보호를 위하거나 공적 이익의 목적을 위하여만 처리될 수 있다.

개인정보의 처리가 제한된 경우에 개인정보처리자는 처리에 대한 제한을 취소하기 전에 저보주체에게 이를 알려야 한다.

개인정보의 삭제 및/또는 그 정보의 보관의 필요성에 대한 정기적 검토를 위하여 설정된 시간제한이 준수되도록 보장할 메커니즘을 구축하여야 한다.

삭제가 실행되는 경우에 개인정보처리자는 그 개인정보를 달리 처리하여서는 안 된다.

5) **위임입법권한**

집행위원회는 다음과 같은 목적을 위하여 제86조에 따라 위임된 법안을 채택할 수 있는 권한을 가진다.

즉, 집행위원회는 (1) 특정 부문을 위해 제1항을 적용하는 데 필요한 그리고 특정한 정보 처리 상황에 맞는 기준 및 요건, (2) 제2항에서 언급한 개인정보의 전달 서비스를 통한 개인정보의 복사 또는 복제, 이에 대한 링크 삭제 등을 위한 조건, (3) 제4항에서 언급한 개인정보의 처리를 제한하는 기준 및 조건을 구체화하기 위한 입법권한을 가진다.

Ⅳ. 미　국

최근 2012. 2. 오바마 대통령은 "네트워크세계에서의 소비자 정보프라이버시: 글로벌 디지털경제에서의 프라이버시 보호 및 혁신 촉진을 위한 기본구상"을 발표하면서, 소비자프라이버시권리장전(A Consumer Privacy Bill of Rights)을 제시하였다. 이는 개인정보와 관련한 개인의 권리 및 그에 대응하는 기업의 의무를 설정하고자 의도하고 있으며, 개인의 권리는 미국 국내외에서 인정되는 공정한 정보실행원칙을 기초로 한다. 이 권리장전의 적용대상은 개인정보의 상업적 이용이며, 개인정보란 특정 개인과 관련 있는 모든 정보를 의미한다.

이에 의하면 소비자에게 보장되는 권리 중에서 특히, 목적제한적 수집(focused collection)에 따라 기업은 개인정보를 폐기하지 말아야 할 의무가 없는 이상 개인정보가 더 이상 필요하지 않은 경우 확실히 폐기하거나 비식별 처리하여야 한다고 천명하였다.

아울러 백악관은 소비자 프라이버시 강화를 위하여 의회에 입법을 촉구하였는데, 관련 법안으로서 캘리포니아주 하원의원인 Jackie Speier가 2011. 2. 11. 발의한 온라인추적방지법안(Do Not Track Me Online Act of 2011, H.R. 654)과 2011. 4. 12. 캘리포니아주 상원의원들이 발의한 온라인 프라이버시권 보호 법안(Commercial Privacy Bill of Rights Act of 2011, S.799)이 있다. 온라인추적방지법안에 의하면, 타깃광고를 위하여 이용되는 온라인 추적으로부터 소비자가 옵트아웃할 수 있도록 규정하고 있다.

V. 일 본

일본의 「개인정보의 보호에 관한 법률」에 의하면, 정보주체에게 개인정보에 관한 일정한 권리가 명문으로 인정된다. 즉, (1) 이용목적의 통지 요구(제24조 제2항), (2) 보유개인정보의 공개 요구(제25조 제1항), (3) 보유개인정보의 정정 요구(제26조 제1항), (4) 보유개인정보의 이용정지 요구(제27조 제1항, 제2항)에 대한 권리가 인정된다. 이 중에서도 특히 잊혀질 권리와 관련된 것은 보유개인정보의 이용정지 요구권이다. 즉, 개인정보취급사업자는, 본인으로부터 해당 본인의 식별이 가능한 보유개인데이터가 본래의 합법적인 이용목적에 위반하여 취급되고 있다는 이유 또는 허위 기타 부정한 수단에 의하여 개인정보를 취득되었던 것이라는 이유에 의하여 해당 보유개인데이터의 이용의 정지 또는 消去(이하 "이용정지 등")를 요청받은 경우에, 그 요청에 이유가 있다는 점이 판명된 때에는 위반을 시정하기 위하여 필요한 한도 내에서 지체없이 당해 보유개인데이터의 이용정지 등을 행하여야 한다(제27조 제1항). 다만, 해당 보유개인데이터의 이용정지 등에 다액의 비용을 요하는 경우 기타 이용정지 등을 행하는 것이 곤란한 경우에 본인의 권리이익을 보호하기 위하여 필요한 대신할 만한 조치를 취한 때에는 예외이다(제27조 제1항 단서).

개인정보취급사업자는, 본인으로부터 해당 본인의 식별이 가능한 보유개인데이터가 제23조 제1항(제3자 제공의 제한)의 규정에 위반하여 제3자에게 제공되고 있다는 이유에 의하여 해당 보유개인데이터의 제3자 제공의 정지를 요청받은 경우에, 그 요청에 이유가 있다는 점이 판명된 때에는 지체 없이 해당 보유개인데이터의 제3자 제공을 정지하여야 한다(제27조 제2항). 다만, 해당 보유개인데이터의 제3자 제공의 정지에 다액의 비용을 요하는 경우 기타 제3자 제공을 정지하는 것이 곤란한 경우에 본인의 권리이익을 보호하기 위하여 필요한 대신할 만한 조치를 취한 때에는 예외이다(제27조 제2항 단서).

개인정보취급사업자는, 이용목적 위반이나 부정한 취득에 근거하여 요청된 보유개인데이터의 전부 혹은 일부에 대하여 이용정지 등을 행한 때 혹은 이용정지 등을 행하지 않는다는 취지의 결정을 한 때, 또는 제3자 제공 제한 규정 위반에 근거하여 요청된 보유개인데이터의 전부 혹은 일부에 대하여 제3자 제공을 정지한 때 혹은 제3자 제공을 정지하지 않는다는 취지의 결정을 한 때에는, 본인에 대하여 지체 없이 그 취지를 통지하여야 한다(제27조 제3항).

이러한 개인정보 이용정지 요구권은 일반적 적용예외사유에 해당하는 경우에는 그 적용이 배제된다. 즉, 동법 제50조에 의하면, 다음과 같은 개인정보취급사업자는 그 개인정보를 취급하는 목적의 전부 또는 일부가 각 해당 목적인 때에는 개인정보취급사업자의 의무에 관한 제4장의 규정을 적용하지 않는다.

방송기관, 신문사, 통신사 기타 보도기관(보도를 업으로 행하는 개인을 포함	보도 목적
저술을 업으로 행하는 자	저술 목적
대학 기타 학술연구를 목적으로 하는 기관 혹은 단체 또는 그에 소속된 자	학술연구 목적
종교단체	종교활동 (이에 부수하는 활동을 포함)
정치단체	정치활동 (이에 부수하는 활동을 포함)

Ⅵ. 국제기구

1. UN

UN은 1990년 12월 14일 총회 결의로 "컴퓨터화된 개인정보 파일의 규율 지침(Guidelines for the regulation of computerized personal data files, A/RES/45/95)"을 채택하였다. 동 지침은 정보주체 접근의 원칙(Principle of Interested-Person Access)을 천명하고 있는데, 이에 의하면 정보주체는 자신의 정보가 어떻게 처리되며 이용되는지에 관하여 알권리를 가지며, 잘못되거나 정확하지 않은 정보의 삭제권 등 여러 보호권리가 정보주체에게 부여되어야 한다. 이는 OECD의 8원칙 중 개인 참가의 원칙과 유사하다. 그러나 이후 개인정보에 대한 입법 노력은 진행되고 있지 않다.

2. OECD

OECD는 1980년 9월 국가간의 합법적이고 자유로운 정보유통 및 정보처리산업의 보호를 도모할 목적으로 "프라이버시 보호와 개인정보의 국제적 유통에 관한 지침(Guidelines Governing the Protection of Privacy & Transborder Flow of Personal Data)"을 이사회 권고 형식으로 채택하여 개인정보보호를 위한 8개 원칙을 제시하였다. 그리고 1998년 10월에는 "범세계 네트워크상의 개인정보 보호를 위한 각료선언(Ministerial Declaration on the Protection of Privacy on Global Networks)"을 채택하여, 1980년에 채택한 8개 원칙이 인터넷 환경에서도 적합하다는 점에 합의하였으며 각국이 네트워크 환경에서 효율적인 프라이버시 보호를 위한 조치를 취할 것을 촉구하였다. OECD 8원칙 중 개인 참가의 원칙(Indivisual Participation Principle)에 의하면, 개인은 자기에 관한 데이터의 소재를 확인할 권리를 가지며, 필요한 경우에는 자신에 관한 정보를 합리적인 기간 내에 합리적인 비용과 방법에 의해 알기 쉬운 형태로 통지받을 권리를 가진다. 이러한 권리가 거부되는 경우에 개인은 그 이유를 구하고 거부에 대하여 이의를 제기하거나 데이터의 폐기·정정·보완을 청구할 권리를 가진다. 이것은 프라이버시 보호를 위해 대단히 중요한 수단이며, 데이터에 대한 액세스권 행사의 절차는 간단해야 한다는 것이며, 이의 신청을 데이터의 관리자, 재판소, 행정기관 등에 대한 것으로 좁게 해석되지 말아야 한다. 이러한 OECD 8원칙이 채택된 이후 현재까지 새로운 지침의 채택이나 잊혀질 권리를 명문화하는 등의 논의는 진행되지 않고 있다.

Ⅶ. 우리 법제하의 잊혀질 권리

가장 최근에 제정된 개인정보보호법에는 EU의 잊혀질 권리에 대응하는 규정을 두고 있다.

1. 개인정보의 정정 · 삭제 요구권

자신의 개인정보를 열람한 정보주체는 개인정보처리자에게 그 개인정보의 정정 또는 삭제를 요구할 수 있다(제36조 제1항). 다만, 다른 법령에서 그 개인정보가 수집 대상으로 명시되어 있는 경우에는 그 삭제를 요구할 수 없다.[14] 개인정보처리자는 정보주체의 정정 또는 삭제 요구를 받았을 때에는 개인정보의 정정 또는 삭제에 관하여 다른 법령에 특별한 절차가 규정되어 있는 경우를 제외하고는 지체 없이 그 개인정보를 조사하여[15] 정보주체의 요구에 따라 정정 · 삭제 등 필요한 조치를 한 후 그 결과를 정보주체에게 알려야 한다.

개인정보를 삭제할 때에는 복구 또는 재생되지 않도록 조치하여야 한다.

2. 개인정보의 처리정지 요구권

정보주체는 개인정보처리자에 대하여 자신의 개인정보 처리의 정지를 요구할 수 있다(제37조 제1항). 이 경우 공공기관에 대하여는 등록 대상이 되는 개인정보파일 중 자신의 개인정보에 대한 처리의 정지를 요구할 수 있다. 이러한 요구를 받은 개인정보처리자는 지체 없이 정보주체의 요구에 따라 개인정보 처리의 전부를 정지하거나 일부를 정지하여야 한다. 다만, 개인정보처리자는 (1) 법률에 특별한 규정이 있거나 법령상 의무를 준수하기 위하여 불가피한 경우, (2) 다른 사람의 생명 · 신체를 해할 우려가

---

14) 이 경우에 개인정보처리자는 지체 없이 그 내용을 정보주체에게 알려야 한다.

15) 개인정보처리자는 조사를 할 때 필요하면 해당 정보주체에게 정정 · 삭제 요구사항의 확인에 필요한 증거자료를 제출하게 할 수 있다.

있거나 다른 사람의 재산과 그 밖의 이익을 부당하게 침해할 우려가 있는 경우, (3) 공공기관이 개인정보를 처리하지 아니하면 다른 법률에서 정하는 소관 업무를 수행할 수 없는 경우, (4) 개인정보를 처리하지 아니하면 정보주체와 약정한 서비스를 제공하지 못하는 등 계약의 이행이 곤란한 경우로서 정보주체가 그 계약의 해지 의사를 명확하게 밝히지 아니한 경우에는 정보주체의 처리정지 요구를 거절할 수 있다. 다만, 개인정보처리자는 처리정지 요구를 거절하였을 때에는 정보주체에게 지체 없이 그 사유를 알려야 한다.

개인정보처리자는 정보주체의 요구에 따라 처리가 정지된 개인정보에 대하여 지체 없이 해당 개인정보의 파기 등 필요한 조치를 하여야 한다.

3. 예 외

「개인정보 보호법」 제58조에 의하여 다음과 같은 개인정보에 대하여는 개인정보의 정정·삭제 요구권이나 개인정보 처리정지 요구권이 허용되지 않는다. 이러한 예외에 해당하는 개인정보로는 (1) 공공기관이 처리하는 개인정보 중 「통계법」에 따라 수집되는 개인정보, (2) 국가안전보장과 관련된 정보 분석을 목적으로 수집 또는 제공 요청되는 개인정보, (3) 공중위생 등 공공의 안전과 안녕을 위하여 긴급히 필요한 경우로서 일시적으로 처리되는 개인정보, (4) 언론, 종교단체, 정당이 각각 취재·보도, 선교, 선거 입후보자 추천 등 고유 목적을 달성하기 위하여 수집·이용하는 개인정보가 있다.

4. 외국법과의 비교

최근 EU가 보다 향상된 개인정보보호입법(안)을 제시하였지만, 우리의 개인정보보호법에 의하더라도 개인정보와 관련한 개인정보의 정정 또는 삭제 요구권이 명시적으로 인정되고 있으며, 그에 대한 특정 예외는 EU보다 좁아서 다른 법령에서 그 개인정보가 수집대상으로 명시된 경우에만 삭제요구가 받아들여지지 않는다.

[잊혀질 권리의 국가간 법제 비교]

	개인정보삭제 요구권	개인정보처리 제한	삭제요구에 대한 예외 인정
EU 일반정보보호 규정(안)	◎	○	○
UN 지침	△	×	·
OECD 8원칙	△	×	·
미국 권리장전	○	△	×
일본 개인정보 보호법	×	△(이용정지)	×
한국 개인정보 보호법	◎	○(처리정지)	○
한국 정보통신망법	△ (동의철회에 따른 파기)	×	×

반면, EU 규정(안)에 따르면, (1) 제80조에 따라 표현의 자유에 대한 권리를 행사하는 경우, (2) 제81조에 따라 공공 보건 부문에서 공익을 위한 경우, (3) 제83조에 따라 역사, 통계, 과학 연구 목적으로 필요한 경우, (4) 유럽연합 또는 개인정보처리자가 속한 회원국의 법률에 의해 개인정보를 보관해야 하는 법적 의무를 준수해야 하는 경우,[16] (5) 제4항에 따라 개인정보의 처리를

[EU와 우리나라의 삭제청구권에 대한 예외의 비교]

	EU 일반정보보호규정(안)	한국 개인정보보호법
잊혀질 권리 혹은 삭제청구권에 대한 특정 예외	- 표현의 자유(언론, 예술, 문학) - 공공보건 - 역사, 통계, 과학 연구 - 법률상 법적 의무 - 개인정보 처리제한의 경우	다른 법령에서 그 개인정보가 수집 대상으로 명시된 경우
일반적 적용 제외 (법의 적용범위)	- 유럽연합 법률의 범위 외의 활동 과정 중의 개인정보의 처리, 특히 국가 안보와 관련된 활동 과정에서의 개인정보의 처리 - 유럽연합 기관, 기구, 관청 등에 의한 처리 - 유럽연합조약(Treaty on European Union) 제2장의 범위 내의 활동을 실행하는 과정에서의 회원국의 개인정보의 처리 - 개인적 또는 가정 내의 그 자신의 배타적 활동 과정에서 영리 목적이 아닌 자연인에 의한 개인정보의 처리 - 범죄 행위의 예방, 조사, 수사, 기소 또는 형사처벌의 집행을 위한 주무기관에 의한 개인정보의 처리	- 공공기관이 처리하는 개인정보 중 「통계법」에 따라 수집되는 개인정보 - 국가안전보장과 관련된 정보 분석을 목적으로 수집 또는 제공 요청되는 개인정보 - 공중위생 등 공공의 안전과 안녕을 위하여 긴급히 필요한 경우로서 일시적으로 처리되는 개인정보 - 언론, 종교단체, 정당이 각각 취재·보도, 선교, 선거 입후보자 추천 등 고유 목적을 달성하기 위하여 수집·이용하는 개인정보

제한하여야 하는 경우에는 예외적으로 개인정보를 보유할 수 있어서 보다 넓은 예외가 인정된다. 그러나 이에 대응하여 우리 개인정보 보호법도 일반적 적용 예외규정에 의하여 (1) 공공기관이 처리하는 개인정보 중 「통계법」에 따라 수집되는 개인정보, (2) 국가안전보장과 관련된 정보 분석을 목적으로 수집 또는 제공 요청되는 개인정보, (3) 공중위생 등 공공의 안전과 안녕을 위하여 긴급히 필요한 경우로서 일시적으로 처리되는 개인정보, (4) 언론, 종교단체, 정당이 각각 취재·보도, 선교, 선거 입후보자 추천 등 고유 목적을 달성하기 위하여 수집·이용하는 개인정보에 대하여는 정보주체의 권리에 관한 규정이 적용되지 않기 때문에 결과적으로 언론, 종교단체, 정당의 개인정보의 수집·이용, 공공보건, 공공기관의 통계 목적으로 수집하는 개인정보, 국가안전보장을 위하여 수집 또는 제공 요청되는 개인정보에 대하여는 공통적으로 예외가 허용된다고 할 수 있다. 그럼에도 불구하고 특히 개인정보의 보호와 대응관계에 있는 표현의 자유와의 관계에서는 EU가 더 폭넓은 예외를 인정한다고 할 수 있다.

EU 규정(안)은 (1) 정보의 정확성을 개인정보처리자가 검증할 수 있는 기간 중 정보주체가 정보의 정확성에 대해 이의를 제기하는 경우, (2) 개인정보처리자의 업무 수행 중 개인정보가 더 이상 필요하지는 않지만, 증명 목적으로 보관해야 하는 경우, (3) 정보 처리가 불법이면서 정보주체가 정보 삭제에 반대하며 사용제한을 요청하는 경우, (4) 정보주체가 제18조 (2)에 따라 다른 자동화된 처리 시스템으로 개인정보의 전송을 요청하는 경우에는 개인정보를 삭제하는 대신 개인정보의 처리를 제한하도록 규정하고 있다. 한편, 우리의 개인정보보호법은 개인정보의 처리정지를

16) 이 경우에 회원국 법률은 공공의 이익을 위한 목적을 충족하고, 개인정보의 보호를 위한 권리를 존중하고, 추구하는 합법적 목적에 적합해야 한다.

요구할 수 있도록 규정하여, 정보주체의 요구에 따라 처리가 정지된 개인정보에 대하여 지체 없이 해당 개인정보의 파기 등 필요한 조치를 하도록 규정하였다. 이에 의하면 파기나 또는 이에 갈음하는 조치로서 EU가 규정한 처리제한조치를 포함하는 것으로 해석될 수 있다. 그런데 우리의 개인정보보호법은 처리정지 청구에 대하여 다시 폭넓은 예외사유를 규정함으로써 EU보다 정보주체의 처리정지 청구권은 그 인정범위가 제한적이다.

여기에서 주의할 점은 EU 규정(안)은 개인정보의 범위를 매우 넓게 설정함에 반하여, 우리는 개인정보의 범위를 살아 있는 개인에 관한 정보로서 성명, 주민등록번호 및 영상 등을 통하여 개인을 알아볼 수 있는 정보(해당 정보만으로는 특정 개인을 알아볼 수 없더라도 다른 정보와 쉽게 결합하여 알아볼 수 있는 것을 포함한다)로 규정하여 식별성 요건을 통하여 제한하고 있다는 점이다. 반면 EU 규정(안)은 개인정보보호 강화를 꾀하면서도 개인정보의 자유로운 이동의 안전한 보장을 균형 있게 규율하고자 하였는데, 우리의 개인정보보호법은 사생활의 비밀 등을 보호함으로써 국민의 권리와 이익을 증진하고 개인의 존엄과 가치를 구현하는 것을 목적으로 하여 개인정보의 보호에 초점이 맞춰져 있는 점에서 미묘한 차이가 발생한다.

이상을 살펴보면, 적용되는 개인정보의 범위는 우리 개인정보보호법이 다소 좁을지 모르지만, 개인정보의 삭제요구권이나 처리제한 요구권에 관한 규정을 보면, 우리의 법제도 이미 상당 부분 잊혀질 권리에 관한 규정을 두고 있다고 할 수 있다. 특히 개인정보의 삭제요구권의 경우에는 EU보다 상대적으로 좁은 예외를 설정함으로써 정보주체의 보호가 더욱 강조되는 면이 있다.

5. 소비자의 잊혀질 권리의 합리적 보장

이상에서 살펴본 「개인정보 보호법」 상의 소위 잊혀질 권리는 소비자에게도 동일하게 보장된다. 개인정보보호에 관한 기본적인 법률 차원에서만 접근하면 EU나 다른 외국보다도 더욱 강화된 보호체계를 가지고 있음을 알 수 있다. 한편 「전자상거래 등에서의 소비자보호에 관한 법률」 제6조에는 거래기록의 보존의무를 통신판매업자에게 부과하고 있다. 이는 전자상거래나 통신판매에서 소비자가 계약의 내용과 관련한 입증의 부담을 덜고 향후 분쟁의 발생 시에 그 판단근거로 삼기 위함이다. 이는 「개인정보 보호법」 제36조에 따른 법령의 예외에 해당한다. 「전자상거래 등에서의 소비자보호에 관한 법률」 제6조의 고유목적을 고려할 때 「개인정보 보호법」의 예외로서 소비자의 잊혀질 권리를 제한하는 것은 타당하다. 결국 소비자의 거래 상의 이익 보호를 위하여 사업자에게 기록보존의무를 부과하는 것과 조화를 꾀하면서도 개인정보 관점에서의 잊혀질 권리의 효과적 보장을 꾀할 필요가 있다. 이를 위해서 「개인정보 보호법」 제16조 제1항에 규정된 최소수집원칙을 수용하여, 「전자상거래 등에서의 소비자보호에 관한 법률」에 따른 기록보존의무의 이행을 위해서도 최소수집이 이루어지도록 수집하는 개인정보의 범위를 성명·주소 등 거래의 주체를 식별할 수 있는 최소한의 정보로 한정하는 것이 바람직하며, 현재 수집이 허용되고 있는 '주민등록번호'를 기록보존의무 대상에서 제외하는 것을 신중히 검토할 필요가 있다. 또한 「전자상거래 등에서의 소비자보호에 관한 법률」의 적용을 받는 사업자에게도 「개인정보 보호법」이 적용되겠지만, 사업자의 의무의 명확화를 꾀하고 기록보존의무와 소비자의 잊혀질 권리의 보장을 조화시킨다는 측면에서 「개인정보 보호법」 제4장에 따라 개인정보처리자에게 부과되는 각종 의무에 대응하여 전자상거래 및 통신판매에서의 사업자도 개인정보보호를 위한 안전성 확보조치를 할 의무가 있음을 「전자상거래 등에서의 소비자보호에 관한 법률」에도 명문으로 규정하고, 필요한 경우에는 전자상거래 및 통신판매 사업자에게 요구되는 구체적인 의무의 내용을 정하도록 근거를 마련할 필요가 있다.

Ⅷ. 맺 음 말

잊혀질 권리를 별도의 권리로서 인정하건 개인정보자기결정권에 포섭하여 논의하건 관계없이, 이들 권리가 헌법상 보장되는 기본권이라고 하더라도 헌법상 기본권에 인정되는 제한은 잊혀질 권리나 개인정보자기결정권에도 그대로 유효하다. 따라서 「개인정보 보호법」상의 잊혀질 권리 혹은 개인정보자기결정권과 관련된 규정의 해석에 있어서도 다른 권리와의 비교 형량을 통하여 그 보호범위를 설정하여야 할 것이다. 이에 관하여 비록 「개인정보 보호법」 제정 이전의 대법원 및 하급심 판결이지만, 동일한 취지에서 합리적인 기준을 제시한 것으로 아래 그 요지를 각각 소개한다.

대법원은 "정보주체의 동의 없이 개인정보를 공개함으로써 침해되는 인격적 법익과 정보주체의 동의 없이 자유롭게 개인정보를 공개하는 표현행위로서 보호받을 수 있는 법적 이익이 하나의 법률관계를 둘러싸고 충돌하는 경우에는, 개인이 공적인 존재인지 여부, 개인정보의 공공성 및 공익성, 개인정보 수집의 목적·절차·이용형태의 상당성, 개인정보 이용의 필요성, 개인정보 이용으로 인해 침해되는 이익의 성질 및 내용 등 여러 사정을 종합적으로 고려하여, 개인정보에 관한 인격권 보호에 의하여 얻을 수 있는 이익(비공개 이익)과 표현행위에 의하여 얻을 수 있는 이익(공개 이익)을 구체적으로 비교 형량하여, 어느 쪽 이익이 더욱 우월한 것으로 평가할 수 있는지에 따라 그 행위의 최종적인 위법성 여부를 판단하여야 한다"[17]고 판시하였다. 또한 서울중앙지방법원도 "국민의 '알 권리', 즉 정보에의 접근·수집·처리의 자유는 자유권적 성질과 청구권적 성질을 겸유하는 것으로서 자기정보통제권과 마찬가지로 헌법 제21조에 의하여 직접 보장되는 권리인바, 개인에 관한 정보라 하더라도 그 정보의 성질상 공공성·공익성이 인정되는 경우라면 예외적으로 알 권리의 대상에 포함될 수 있는 것이고, 이처럼 두 기본권의 충돌이 일어나는 경우 규범의 조화로운 해석을 위하여 알 권리가 인정되는 한도 내에서 개인의 자기정보통제권의 보호범위는 불가피하게 제한되는 것으로 해석하여야 한다. … '알 권리' 및 이를 기초로 한 표현의 자유 역시 헌법 제21조 제4항의 규정에 따라 타인의 명예나 권리 또는 공중도덕이나 사회윤리를 침해하여서는 안 되는 한계를 갖고 있으므로, 결국 어떠한 개인에 대한 정보가 국민의 알 권리의 대상이 되어 그에 대한 개인의 자기정보통제권이 제한되는지 여부는 해당 개인이 공적인 존재인지 여부, 개인정보의 공공성 및 공익성, 개인정보 수집의 목적·절차·이용형태의 객관성 및 공정성, 개인정보 이용의 필요성, 개인정보 이용으로 인해 침해되는 이익의 성질 및 내용 등의 제반 사정을 종합적으로 고려하여 두 기본권의 보호에 의하여 달성되는 가치를 비교형량하여 판단하여야 한다"[18]고 판시하였다.

개인정보는 인격적 이익의 발로로서 보호되어야 할 대상임에는 분명하지만, 현대 사회에서 그 경제적 가치를 무시할 수 없으며, 개인정보의 안전한 활용을 꾀하여 개인정보를 보호하고 나아

17) 대법원 2011. 9. 2. 2008다42430 전원합의체 판결.

18) 서울중앙지법 2007. 7. 6. 2006가합22413 판결.

가 개인의 인격적 가치를 보장하는 방향으로 입법과 법의 적용이 이루어져야 한다. 전자상거래 측면에서도 전자상거래의 안전성 및 신뢰성의 확보와 거래상의 소비자 이익의 보장이라는 이익과의 조화라는 측면이 고려되어야 한다. 아울러 우리 경제가 세계시장과 매우 긴밀한 관계를 맺고 있다는 점을 고려할 때 글로벌 스탠더드와도 가능하다면 부합하는 방향으로 나아가야 한다. 이러한 측면에서, 현행 개인정보보호법이 규정하고 있는 잊혀질 권리와 관련된 규정을 개인정보의 보호와 안전한 활용의 조화라는 측면에서 보다 정밀히 검토하여 지속적으로 개선해 나가야 할 것이다.

색인어

잊혀질 권리, 개인정보, 프라이버시, 인격권, 개인정보자기결정권, 사생활의비밀과자유, 개인정보보호법, 전자상거래, 소비자

참 고 문 헌

문재완, "잊혀질 권리의 입법 현황과 향후 과제," 한국정보법학회 세미나 자료집(2012. 3. 13).

최경진, "잊혀질 권리—개인정보 관점에서,"「정보법학」제16권 제2호, 2012.

Thomas Cooley, LAW OF TORTS(2d ed. 1888).

Samuel Warren & Louis Brandeis, The Right to Privacy, 4 Harv. L. Rev. 193 (1890).

Ernest van den Haag, On Privacy, in Nomos XIII: Privacy 149 (J. Roland Pennock & John W. Chapman eds., 1971).

Adrian Popovici, Personality Rights—A Civil Law Concept, 50 Loy. L. Rev. 349 (2004).

온라인서비스 개인정보 이용약관과 이용자 '동의' 문제

박 영 우*

차 례

Ⅰ. 온라인서비스 개인정보 이용 현황과 문제점

오늘날 우리는 고도로 정보화된 사회에 살고 있다. 정보화는 네트워크의 네트워크(Internet), 사물 인터넷(Internet of Things), 서비스 인터넷(Internet of Services)으로 계속하여 확대되고 있다. 이러한 상황에서 우리의 삶은 많은 부분을 전자정부, 인터넷교육, 인터넷뱅킹, 온라인쇼핑 등 각종 온라인서비스에 의존하고 있다.

이 온라인서비스는 전보, 유선전화 등 초기의 현대적 통신수단과 달리 메시지만을 전달하는 데 그치지 않고 개인에 관계있는

* 한국인터넷진흥원 수석연구위원, 법학박사.

각종 정보를 활용하여 해당 개인이 원하는 적확하고 경제적인 서비스를 신속하고 효과적으로 제공한다. 따라서 온라인서비스는 개인에 관계있는 정보, 즉 개인정보를 중요한 영업수단으로 사용하고 있다. 온라인서비스의 개인정보 이용은 특히 회원제 운영방식을 취하는 경우 그 수집정보의 범위와 활용이 매우 광범위하게 이루어지고 있다.

온라인서비스(on-line service)에 대해서는 「저작권법」(제2조 제30호),[1] 「음악산업진흥에 관한 법률」(제2조 제11호)[2]처럼 해당 법률의 규율 목적에 맞추어 제한적으로 정의하는 경우가 있으나,[3] 온라인서비스 전체를 포괄하여 정의하는 법률은 없다. 물론 「정보통신망 이용촉진 및 정보보호 등에 관한 법률」이 "정보통신서비스"를 "「전기통신사업법」 제2조 제6호에 따른 전기통신역무와 이를 이용하여 정보를 제공하거나 정보의 제공을 매개하는 것"으로 매우 포괄적으로 정의하고 있다. 그러나 이는 기존의 전기통신사업자의 정의에 '정보제공'과 '정보제공 매개'를 더한 것에 불과하여 오늘날 행해지는 각종 온라인서비스를 모두 포괄한다고 보기는 어렵다.

오히려 일반 국민의 용어 사용례에 따르면 온라인서비스란

1) 다른 사람들이 정보통신망(「정보통신망 이용촉진 및 정보보호 등에 관한 법률」 제2조 제1항 제1호의 정보통신망을 말한다. 이하 같다)을 통하여 저작물 등을 복제 또는 전송할 수 있도록 하는 서비스. 그러나 저작권법도 온라인서비스가 아닌 온라인서비스제공자의 정의를 규정하고 있다.

2) 「정보통신망 이용촉진 및 정보보호 등에 관한 법률」 제2조 제1항 제1호의 규정에 따른 정보통신망을 이용하여 음악파일·음악영상파일을 소비자의 이용에 제공하는 영업. 음악산업진흥에 관한 법률도 온라인음악서비스가 아닌 온라인음악서비스제공업의 정의를 규정하고 있다.

3) 이외에 온라인서비스를 규정하는 법률로는 다음을 들 수 있다: 도서관법(온라인 자료 제공자, 제2조 제10호), 전자상거래 등에서의 소비자보호에 관한 법률(통신판매, 통신판매중개, 제2조 제2호, 제4호)

"온라인 통신망상에서 제공하는 각종 서비스"를 말한다고 볼 수 있으며,[4] 이것이 온라인서비스 전체를 포괄하는 정의라고 할 수 있다. 여기에는 대표적인 온라인 통신망인 인터넷에의 접속 서비스, 포털, 쇼핑몰, 인터넷뱅킹, 인터넷교육, 온라인음악서비스 등 재화와 용역의 제공과 관련하여 온라인이 이용되는 모든 경우가 해당된다고 할 수 있다.

한편 온라인서비스의 개인정보 수집 등은 서비스의 종류에 따라 수집하는 개인정보의 내용이 달라지기는 하지만, 원칙적으로 서비스의 종류보다는 해당 서비스가 회원제 운영방식을 취하느냐 그렇지 않느냐에 따라 크게 달라진다. 즉 회원제 운영방식의 경우 회원가입시 필요한 개인정보를 대부분 수집하고 또 이 때 개인정보 수집 등에 대한 동의를 얻는다. 그러나 비회원제 운영방식을 취하는 경우 개별 거래시 필요한 개인정보를 수집하고 또 이 때 개인정보 수집 등에 대한 동의를 얻는다. 현재 우리나라 온라인서비스의 대부분이 회원제 운영방식을 취하고 있다.[5]

회원제 운영방식을 취하는 사이트의 경우 회원가입시 약관확인 절차를 이용하여 이용약관에 대한 동의(확인)와 함께 개인정보 취급방침 혹은 개인정보 수집이용 및 취급위탁 안내에 대한 동의(확인)를 처리하고 있다. 그리고 동의(확인)를 하지 않는 경우(개인정보 취급위탁에 대한 동의 포함)와 필수입력 항목(정보)을 입력하지 않는 경우 회원가입을 할 수 없도록 하고 있다.

그리고 비회원제 운영방식을 취하는 사이트의 경우 원칙적으

4) 온라인 통신망상에서 각종 서비스를 제공하는 사업자의 총칭. PC 통신 사업자가 대부분이었으나, 최근 인터넷 서비스가 급증하면서 인터넷 상에서 서비스를 제공하는 인터넷 접속 서비스 사업자(ISP)도 포함한 개념으로 해석되고 있다.

5) 우리나라의 경우 온라인서비스 도입초기에는 회원제와 비회원제가 양립하였으나 현재는 회원제가 대세이다. 그 이유로는 고객의 사전확보와 마케팅의 편리 등을 들 수 있다.

로 개별 거래시에 필요한 개인정보를 수집하고 또 이 때 개인정보 수집 등에 대한 동의를 얻는다. 그러나 최근 쿠키를 이용하여 사이트 방문자의 IP주소를 저장하고 이를 기본으로 구매 기타 이용 서비스를 저장하였다가 다시 방문할 경우 이들 정보와 기타 관심을 가질 만한 정보를 제공하는 경우가 많다.[6]

이상 온라인서비스에서의 개인정보 수집 등과 관련하여 제기되는 문제는 다음과 같다. 첫째, 회원가입을 이유로 지나치게 많은 정보를 수집한다. 둘째, 당장 서비스 이용과 무관한 정보를 미리 수집하면서 이에 대한 동의를 요구한다. 셋째, 제3자 제공과 관련하여 제3자를 특정하지 않거나 사업자가 임의로 추가할 수 있도록 하고 동의를 요구한다. 넷째, '동의한다'를 디폴트로 설정하고 있다. 다섯째, 이용약관에 대한 동의로써 개인정보 수집 등에 대한 동의를 대신한다.[7]

특히 그간 업체들이 개인정보 제3자 제공과 관련하여 가장 많이 활용해온 편법은 앞서 말한 고지와 동의에서 "동의"에 해당하는 부분을 최대한 왜곡하여 적용하는 것이었다. 이러한 편법의 예로서는 여러 제3자 업체들에게 고객정보를 제공하는 것을 "… 등 1080개 업체에게 제공"과 같은 방식으로 포괄적으로 동의를 받는 경우(포괄적 동의)가 있고, 개인정보의 제3자 제공에 대한 동의를 별도로 분리하지 않고 원래의 상품이나 서비스의 구매계약 내용에 포함시키는 경우(제3자 제공을 포함하는 계약), 온라인 계약에서 개인정보 제3자 제공조건에 동의하지 않을 경우 원래의 상품이나 서비스의 구매계약도 하지 못하게 함으로써 사실상 개인

---

6) 이와 관련하여서는 IP주소의 개인정보 여부와 쿠키 설정에 대한 규제 등 문제가 발생한다.

7) 한겨레 회원약관 제9조(개인정보의 이용) 제8항: 회원의 개인정보 이용에 대한 동의는 회원이 본 약관에 동의(2조 4항에 따른 동의로 보는 경우 포함)하는 것으로서 갈음합니다.

정보 제3자 제공을 강제하는 경우(제3자 제공 강제)들이 있다. 많지는 않지만 아직까지도 개인정보 제3자 제공에 대하여 본인 동의를 아예 받지 않고 고지만 하는 경우도 간혹 발견된다.[8)]

다른 한편 이용자가 스스로 정보를 제공하는 형태의 새로운 온라인서비스(P2P, 유튜브, 페이스북, 트위터 등)가 출현함에 따라 이용자가 스스로 자신에 관계있는 정보를 노출시키고 있다. 그리고 쿠키, DPI 등 개인에 관계있는 정보를 수집, 분석할 수 있는 기술의 발달에 따라 과거에는 특별히 중요하지 않은 정보들이 이용자의 특성을 파악하는 데 적극적으로 이용되고 있다. IP주소가 대표적인 것이다.

II. 온라인서비스의 개인정보 이용에 관한 법률

1. 온라인서비스에서의 개인정보보호 법률

온라인서비스에 대해서는 개별 법률 또는 관계 조항이 계속하여 제정되어 왔으며, 또 이들 법률 또는 조항은 개인정보 보호 규정을 두고 있는 경우가 보통이다. 그러나 정보통신서비스 외의 온라인서비스에 있어서는 관계법률에서 정보통신망법 규정을 따르는 것으로 하고 있는 경우가 다수이다(전자서명법,[9)] 전자거래 기

---

8) 전응휘, "개인정보보호의 현주소와 개선방안," 개인정보보호 대책과 제도개선을 위한 토론회 자료집, 한국소비자단체협의회, 2008. 5. 14, 8-9면.

9) 제24조 제2항: 제1항의 개인정보보호에 관하여는 「정보통신망 이용촉진 및 정보보호 등에 관한 법률」 제22조 내지 제32조, 제36조 제1항, 제54조, 제55조, 제62조, 제66조 및 제67조의 개인정보에 관한 규정을 준용한다. 이 경우 "정보통신서비스제공자"는 "공인인증기관"으로, "이용자"는 "가입자"로 본다.
그러나 개인정보 보호법 부칙 제6조 제9항으로 이 준용규정은 삭제되

본법,[10] 전자상거래 소비자보호법[11] 등). 따라서 온라인서비스에 대해서는 정보통신망법의 개인정보보호 규정이 중요한 의미를 갖는다고 할 수 있다. 그리고 직접 정보통신망법의 개인정보보호 규정을 준용한다고 하지 않더라도 해당 온라인서비스가 정보통신서비스에 해당되므로 정보통신망법의 개인정보보호 규정이 적용되는 경우가 있을 수 있다.[12]

한편 「개인정보 보호법」의 제정으로 정보통신망법은 특별법의 지위를 갖게 되었다.[13] 그럼에도 법률규정의 준용 또는 정보통신서비스제공자라는 포괄적 개념에 의해 온라인서비스와 관련하여서는 정보통신망법이 일반법의 성격을 계속하여 가질 것으로 보인다.

게 되었다. 따라서 공인 전자서명 인증기관의 개인정보보호와 관련하여서는 개인정보 보호법이 적용되게 된다.

10) 제12조 제2항: 전자거래사업자는 전자거래이용자의 개인정보를 수집·이용·제공 및 관리함에 있어서 「정보통신망 이용촉진 및 정보보호 등에 관한 법률」 등 관련 규정을 준수하여야 한다.

제31조의13 제2항: 제1항의 규정에 의한 개인정보의 보호에 관하여는 「정보통신망 이용촉진 및 정보보호 등에 관한 법률」 제22조 내지 제32조·제36조 제1항 및 제54조의 규정, 제62조·제66조 및 제67조의 규정 중 개인정보에 관한 규정을 준용한다. 이 경우 "정보통신서비스 제공자"는 "공인전자문서보관소"로, "정보통신 서비스제공자 등"은 "공인전자문서보관소"로, "정보통신서비스"는 "전자문서보관 등의 서비스"로, "정보통신서비스이용약관"은 "전자문서보관 등 업무준칙"으로, "행정안전부령"은 "지식경제부령"으로, "행정안전부장관"은 "지식경제부장관"으로 본다.

11) 제11조 제1항: 사업자는 전자상거래 또는 통신판매를 위하여 소비자에 관한 정보를 수집 또는 이용(제3자에게 제공하는 경우를 포함한다. 이하 같다)하고자 하는 경우에는 정보통신망 이용촉진 및 정보보호 등에 관한 법률 등 관련 규정에 따라 이를 공정하게 수집 또는 이용하여야 한다.

12) 예컨대 저작권법상 온라인서비스

13) 개인정보 보호법 제6조(다른 법률과의 관계): 개인정보 보호에 관하여는 「정보통신망 이용촉진 및 정보보호 등에 관한 법률」, 「신용정보의 이용 및 보호에 관한 법률」 등 다른 법률에 특별한 규정이 있는 경우를 제외하고는 이 법에서 정하는 바에 따른다.

2. 개인정보보호 관계법률의 동의규정

「개인정보 보호법」과 정보통신망법에서 이용자 또는 정보주체의 동의를 요하는 경우는 다음과 같다.

법 률 항 목	개인정보 보호법	정보통신망법
수집·이용	동의	동의
제3자 제공	동의 (공유 포함)	동의
목적외 이용·제3자 제공	동의	-
제공받은 자의 목적외 이용·제3자 제공	동의	-
민감정보,[14] 고유식별정보	다른 개인정보의 처리에 대한 동의와 별도로 동의	동의 (고유식별정보 제외)
취급위탁	공개	동의

3. 약관 동의 관계규정

한편 「약관의 규제에 관한 법률」은 약관의 동의에 대해 명시적으로 규정하고 있지 않다. 그러나 약관이 계약의 내용이 되기 위해서는 약관 작성자의 상대방이 이에 동의하는 것이 필요하다고 할 수 있다.

이 때 사업자가 해당 약관을 계약의 내용으로 주장하기 위해서는 첫째 계약을 체결할 때에는 고객에게 약관의 내용을 계약의 종류에 따라 일반적으로 예상되는 방법으로 분명하게 밝히고, 고객이 요구할 경우 그 약관의 사본을 고객에게 내주어 고객이 약

14) 사상, 신념, 노동조합, 정당의 가입탈퇴, 정치적 견해, 건강, 성생활 등에 관한 정보 그밖에 정보주체의 사생활을 현저히 침해할 우려가 있는 개인정보(대통령령).

관의 내용을 알 수 있게 하여야 한다(법 제3조 제2항).[15] 둘째 약관에 정하여져 있는 중요한 내용을 고객이 이해할 수 있도록 설명하여야 한다(법 제3조 제3항).[16]

Ⅲ. 온라인서비스 이용약관과 개인정보 취급방침

1. 서비스 이용약관과 개인정보취급방침의 분리

처음 온라인서비스가 등장하였을 당시(1990년대 초중반부터 2007년 7월 27일 시행 개정 정보통신망법 전까지)에는 개인정보 수집 등에 관한 사항이 서비스 이용약관에 포함되어 있었으나(서비스 이용약관의 포괄적 동의),[17] 2007년 7월 27일 시행 개정 정보통신망법으로 서비스 이용약관에서 분리하여 별도의 고지 및 동의가 이루어지게 되었다(수집 등의 포괄적 동의). 그러나 이 또한 수집, 제3자제공 등을 포괄적으로 동의하는 문제가 제기되어, 제정 「개

---

15) 다만, 다른 법률에 따라 행정관청의 인가를 받은 약관으로서 신속한 거래를 위하여 필요하다고 인정되어 대통령령으로 정하는 약관에 대하여는 그러하지 아니하다.

16) 다만, 계약의 성질상 설명하는 것이 현저하게 곤란한 경우에는 그러하지 아니하다.

17) 제16조(개인정보의 수집 및 취급) ③ 정보통신서비스제공자는 제2항의 규정에 의한 동의를 받고자 하는 경우에는 미리 다음 각호의 사항을 이용자에게 고지하거나 정보통신서비스 이용약관에 명시하여야 한다.
1. 개인정보 관리책임자의 소속·성명 및 전화번호 기타 연락처
2. 개인정보의 수집목적 및 이용목적
3. 개인정보를 제3자에게 제공하는 경우의 제공받는 자, 제공목적 및 제공할 정보의 내용
4. 제18조 제1항 및 제2항의 규정에 의한 이용자의 권리 및 그 행사방법
5. 기타 개인정보 보호를 위하여 필요한 사항으로서 대통령령이 정하는 사항

인정보 보호법」에서는 각 동의 사항마다 개별적으로 동의하는 것으로 변경하였다(수집 등의 개별적 동의).

한편 서비스 이용약관에서 분리된 개인정보 관련내용은 별도로 '개인정보 보호방침'으로 고지하고 이를 준수하도록 하였으며(2002년 정보통신부 고시 제2002-3호 개인정보보호지침 제8조부터 제10조까지),[18] 이후 '개인정보 취급방침'(2007년 7월 27일 시행 개정 정보통신망법), '개인정보 처리방침'('10년 개인정보 보호법)으로 이름을 바꾸고 법률에 그 근거를 마련하였다.

2. 개인정보 취급방침의 성격

원칙적으로 개인정보 취급방침 또는 개인정보 처리방침(Privacy Policy; Datenschutzerklärung)은 이용자 또는 정보주체의 동의를 얻거나 표준약관과 같이 사전에 주무관청의 인가를 받을 필요가 없다. 따라서 이는 사업자가 거래에 사용할 목적으로 미리 정하지만 약관으로 보기는 어렵다.

요컨대 개인정보 취급방침 또는 개인정보 처리방침은 사업자가 서비스 제공과 관련하여 이용자 또는 정보주체를 위하여 일정한 개인정보보호 기준을 준수하겠다는 약속으로 보아야 한다.[19] 그리고 수집정보, 권리구제 등 이용자 또는 정보주체가 알 필요가 있는 사항을 주된 내용으로 하고 있으므로 이를 공개하도록 하고 있는 것이다.

---

18) 이 지침의 성격은 강제성이 없는 권고적 성격의 지침이다(정보통신망 이용촉진 및 정보보호 등에 관한 법률 시행령 제3조 제1항 참조). 이 지침의 규정내용 대부분이 「정보통신망 이용촉진 및 정보보호 등에 관한 법률」 및 같은 법 시행령, 개인정보의 기술적·관리적 보호조치 기준 고시(방송통신위원회 고시 제2009-21호, 2009.8.7)에 반영됨에 따라 2011년 1일 5일로 폐지되었다(방송통신위원회 고시 제2011-3호).

19) 독일 문헌에서는 이를 자기채무부담행위(Selbstverpflichtung)로 본다.

새로 제정한 「개인정보 보호법」은 정보주체의 이익을 보호하기 위하여 개인정보 처리방침과 계약의 내용이 다른 경우 정보주체에게 유리한 것을 적용하는 것으로 규정한다(제30조 제3항). 이는 개인정보 처리방침을 약관으로 보는 근거가 될 수 없다. 개인정보 처리방침과 계약의 내용이 '다른' 경우에 한하여 적용될 뿐이기 때문이다.

그러나 예외적으로 이용자 또는 정보주체의 동의를 얻어야 하는 사항을 개인정보 취급방침 또는 개인정보 처리방침의 내용으로 규정하고 이 방침에 대한 동의를 구하거나[20] 서비스 이용약관 또는 개인정보 수집 등의 동의시에 세부사항을 개인정보 취급방침 또는 개인정보 처리방침에서 정하는 것으로 하는 경우가 있다. 이 경우에는 해당 거래에서 동 방침 또는 해당 사항은 약관으로 취급할 수 있다고 본다.

3. 서비스이용약관과 개인정보취급방침의 관계

서비스이용약관과 개인정보취급방침은 현행 법률상 별개로 존재하여야 한다. 그러나 양자의 관계는 경우에 따라 여러 가지 형태를 가질 수 있다.

첫째, 서비스이용약관이 개인정보취급방침의 내용을 그대로 규정한 경우이다. 이러한 경우는 개인정보취급방침의 성격이 특별히 문제되지 않는다.

둘째, 서비스이용약관이 개인정보 수집 등에 관한 구체적인 사항을 개인정보취급방침에 위임한 경우이다. 이 경우에는 개인정보취급방침이 특별약관의 성격을 갖는다고 볼 수 있다.

셋째, 서비스이용약관이 개인정보 수집 등에 관한 사항을 두

---

20) 독일 이베이.

지 않고 개인정보취급방침이 개인정보 수집 등에 관한 모든 내용을 규정하고 이 방침에 대한 동의를 얻는 경우이다. 이 경우에는 개인정보취급방침이 서비스이용약관과는 별개의 개인정보이용약관으로 볼 수 있다.

넷째, 서비스이용약관이 개인정보 수집 등에 관한 사항을 두지 않고 또 개인정보취급방침에 대한 동의를 얻지 않고 별도의 수집 등에 관한 고지 및 동의 절차를 두는 경우이다. 이 경우에는 개인정보취급방침은 일종의 자기채무부담행위에 해당한다고 볼 수 있다.

Ⅳ. 개인정보 수집 등의 동의와 서비스 이용약관의 동의

1. 개인정보 수집 등의 동의

새로 제정된 「개인정보 보호법」은 정보주체의 자기정보 결정권의 구체적인 내용을 규정하고 있다. 제4조가 그것이다. 동조는 정보주체는 자신의 개인정보 처리와 관련하여 "개인정보의 처리에 관한 동의 여부, 동의 범위 등을 선택하고 결정할 권리"를 갖는다고 규정한다(제2호). 따라서 동의권은 자기정보 결정권이라는 헌법적 권리(헌재, 대판)의 내용을 이루는 구체적 권리라고 할 수 있다.

정보주체의 개인정보 수집 등의 동의는 법률규정과 함께 개인정보 수집 등을 허용하는 법적 근거이다. 동의를 얻어야 하는 경우에 대해서는 앞의 Ⅱ. 2. 개인정보보호 관계법률의 동의규정에서 이미 살펴보았다.

북미주와 유럽에서는 개인정보 수집, 이용과 관련하여 1970년대 초부터 확립되어온 "개인정보의 공정이용원칙"(fair information practice principles)이라는 것이 있는데 그 내용 중에 개인정보의 수집과 이용을 규정하고 있는 가장 핵심적인 원칙이 바로 고지(Notice)와 동의(Consent)의 원칙이다. 이 원칙은 개인정보를 수집할 때 수집하는 쪽에서는 수집목적을 비롯해서 여러 가지 사항들을 명확하게 개인정보 주체에게 알려야 하며, 개인정보주체는 본인의 "자발적인 동의"에 의해서 이를 수락함으로써 개인정보 제공에 대한 계약이 성립한다는 것이다.[21)]

이 경우 무엇을 공지할 것이며, 동의를 어떻게 받아야 하느냐 하는 것에 대해서도 "개인정보의 공정이용원칙"이 확립되기까지 많은 논의가 있었다. 그러한 논의를 통해 이루어진 대체적인 합의는 공지의 내용은 경우에 따라 달라질 수 있으나 기본적으로는 소비자가 동의 여부에 대한 결정을 내리는 것과 관련되어 있는 것이므로 "분명하고"(conspicuous), "평이한 언어"(plain languages)로 기술되어야 한다는 것과 공지가 유효하려면 소비자가 공지를 통해서 제시된 거래조건에 대해서 수락할 것인지 거부할 것인지를 선택할 수 있는 기회가 부여되어야 한다는 것이다.[22)] 그런 의

21) 전응휘, 5-6면. 미국상무부가 소위 "정보고속도로"시대의 개인정보보호정책의 기본틀을 제시했던 "Privacy and the NII"(1995) 보고서에서는 공지와 동의 원칙이 근본적으로 개인정보수집자와 제공자간의 경쟁시장에서 최적수준의 개인정보보호에 도달할 것을 기대하는 "(자유)계약적 접근"(contractual approach)과는 달리 시장의 불완전성과 폐해를 고려한 "수정계약모델"(modified contractual model)로서 정부의 과도한 시장개입 없이 사업자와 소비자가 합의에 도달할 수 있도록 공지와 동의의 두가지 요건을 제시한 것이라고 설명한다.

22) 전응휘, 6면. U.S. Department of Commerce, October 1995, "Privacy and the NII: Safeguarding Telecommunication-Related Personal Information"—이 문서에서도 그러하지만 같은 맥락에서 공지/동의의 원칙에서 동의에 대한 논의는 적극적 동의(affirmative consent)냐 묵시적 동의(tacit consent)냐 하는 논의나 옵트인(Opt-in)이냐 옵트아웃(Opt-out)이냐 하는 논의로 전개되었다. 그러나 그 어떤 경우에도 우리나라에서 관행화되다시피한 소위 "동의 강제"와 같은 것을 동의의 맥락에서 논의한 적은 없었다. 영어에서 동의(consent)란 단어 자체가 "의사표현 주체의 자발적인

미에서 고지와 동의의 원칙은 다른 말로 인식(awareness)과 선택(choice)라는 용어로 대치되어 쓰이기도 한다.[23]

동의 획득방법과 관련하여 정보통신망법의 경우 2007년 7월 27일 시행 정보통신망법 시행령으로 동의획득방법을 구체적으로 규정하였다. 정보통신서비스제공자가 동의를 받을 때에는 일정한 사항을 이용자에게 알려야 한다.[24] 고지 또는 명시할 사항을 서비스 이용약관과는 별개의 '개인정보의 수집, 제공 및 활용에 관한 동의서'[25] 또는 '개인정보 취급방침'[26]에 포함시키는 것이 일반적이다.

또한 새로 제정된 「개인정보 보호법」은 각각의 동의 사항을 구분하여 정보주체가 이를 명확하게 인지할 수 있도록 알리고 각각 동의를 받도록 한다(제22조 제1항). 이외에 정보주체의 동의 없이 처리할 수 있는 개인정보와 정보주체의 동의가 필요한 개인정보를 구분하고(제22조 제2항), 재화나 서비스를 홍보하거나 판매를 권유하기 위하여 개인정보의 처리에 대한 동의를 규정한다(제22조 제3항).

수락"이라는 의미를 갖고 있어서 우리말에서처럼 "강제적 동의"라는 말 자체가 성립하지 않는다.

23) 전응휘, 6면. FTC, Fair Information Practice Principles, http://www.ftc.gov/reports/privacy3/fairinfo.shtm 참조, 여기에서 중요한 것은 공지는 소비자의 선택결정을 돕기 위한 정보 제공의 의미를 갖기 때문에 소비자가 충분히 제시된 거래조건의 내용을 이해하고 인지할 수 있도록 하는 것이 중요하다는 점이다. 따라서 엄밀히 말한다면 정보제공 당사자가 뭘 동의하는 것인지 정확히 알 수도 없는 내용을 형식적으로 공지했다고 해서 그것이 공지요건을 충족한 것으로 볼 수는 없는 것이다.

24) 개인정보 수집·이용 동의를 받을 때에는 다음 사항을 알려야 한다(제22조 제1항): 1. 개인정보의 수집·이용 목적
2. 수집하는 개인정보의 항목
3. 개인정보의 보유·이용 기간

25) OK캐쉬백 서비스 이용약관 제5조 제1항.

26) 이창범·이은선, "온라인 개인정보분쟁해결제도 발전방안 연구," 개인정보분쟁조정위원회, 2003. 12, 13면.

이 때 개인정보처리자가 동의를 받을 때에는 일정한 사항을 정보주체에게 알려야 한다.[27)]

한편 동의 시기와 관련하여서는 법률에 명시하고 있지 않으나 원칙적으로 수집 등이 있기 전에 이루어져야 하며 늦어도 수집 등과 동시에 이루어져야 한다.[28)] 따라서 수집 등이 있은 후에 동의가 이루어진 경우에는 위법이다. 다만, 사후 동의가 있은 때에는 경우에 따라 손해배상청구가 부인될 수 있다.

2. 약관의 동의

「약관의 규제에 관한 법률」은 약관이 계약의 내용으로 편입되기 위한 요건으로 명시·설명의무를 규정하고 있지만(제3조), 약관의 동의가 필요한지에 대해서는 명시적으로 규정하고 있지 않다. 그러나 약관은 그 자체로 구속력을 갖는 법규범이거나 또는 법규범적 성질을 갖지는 않으므로 약관이 계약의 내용이 되기 위하여는 약관 작성자의 상대방이 이에 동의하는 것이 필요하다고 할 수 있다.[29)]

이 때 사업자가 해당 약관을 계약의 내용으로 주장하기 위해서는 첫째, 계약을 체결할 때에는 고객에게 약관의 내용을 계약의 종류에 따라 일반적으로 예상되는 방법으로 분명하게 밝히고, 고객이 요구할 경우 그 약관의 사본을 고객에게 내주어 고객이

27) 개인정보 수집·이용 동의를 받을 때에는 다음 사항을 알려야 한다(제15조 제2항): 1. 개인정보의 수집·이용 목적
2. 수집하려는 개인정보의 항목
3. 개인정보의 보유 및 이용 기간
4. 동의를 거부할 권리가 있다는 사실 및 동의 거부에 따른 불이익이 있는 경우에는 그 불이익의 내용

28) 이창범·이은선, 12면.

29) 대법원 1998. 9. 8. 선고 97다53663 판결; 대법원 1990. 4. 27. 선고 89다카24070 판결; 대법원 1983. 12. 27. 선고 83다카893 판결.

약관의 내용을 알 수 있게 하여야 한다(법 제3조 제2항).[30] 둘째, 약관에 정하여져 있는 중요한 내용을 고객이 이해할 수 있도록 설명하여야 한다(법 제3조 제3항).[31]

3. 양자의 관계

개인정보 수집 등의 동의와 약관의 동의 모두 유사한 구성, 방식, 절차로 되어 있다. 따라서 하나의 동의 특히 약관의 동의로써 개인정보 수집 등의 동의를 갈음할 수 있다고 보기도 한다.

그러나 약관의 동의는 동의가 있음으로써 약관을 계약 내용으로 하는 합의가 이루어지는 데 반해, 개인정보 수집 등의 동의는 이용자 또는 정보주체가 기본권인 자기정보 결정권에 근거하여 자신의 정보를 처분(수집 · 이용 허락)하는 일방적 행위라는 점에 본질적인 차이가 있다.

또한 약관의 동의는 사업자가 제시한 약관이 계약 내용으로서 효력을 갖는다는 점에 대한 동의를 의미한다. 따라서 이와 같은 동의가 있다고 하여 약관내용에 대한 계약당사자간의 합의가 이루어진 것은 아니다.[32] 그리고 이 때 동의는 명시적일 필요가 없고 묵시적으로도 할 수 있다고 본다.[33] 한편 개인정보 수집 등의 동의는 그 동의방법이 구체적으로 명시되어 있는 데서 알 수 있듯이 묵시적인 동의는 인정되지 않는다고 볼 수 있다.[34]

---

30) 다만, 다른 법률에 따라 행정관청의 인가를 받은 약관으로서 신속한 거래를 위하여 필요하다고 인정되어 대통령령으로 정하는 약관에 대하여는 그러하지 아니하다.

31) 다만, 계약의 성질상 설명하는 것이 현저하게 곤란한 경우에는 그러하지 아니하다.

32) 이병준, "약관규제법의 민법편입," 「소비자법과 민법」, 한국소비자법학회 학술총서 1, 세창출판사, 2010. 11, 195면.

33) 이병준, 약관규제법의 민법편입, 195면.

34) 정보통신망 이용촉진 및 정보보호 등에 관한 법률 제26조의2 및 동

그리고 약관의 동의는 약관 조항 전체에 대해 포괄적으로 이루어진다. 그러나 개인정보 수집 등의 동의는 각각의 동의 사항을 구분하여 정보주체가 이를 명확하게 인지할 수 있도록 알리고 각각 동의를 받아야 한다(「개인정보 보호법」 제22조 제1항).

따라서 서비스 이용약관에 개인정보 수집 등에 관한 조항을 둔 경우 이용약관에 대한 동의가 있다 하여도 이를 그대로 개인정보 수집 등에 대해 동의한 것으로 인정할 수 없다.

V. 자기정보 결정권의 강화를 위한 동의 제도의 개선방안

1. 동의 시기

현재 개인정보 수집 등의 동의획득은 주로 회원제 운영방식을 취하고 있는 우리나라 서비스에서는 회원가입과 함께 이루어진다. 이 때 회원등록을 위한 기본정보 외에 다수의 추가정보를 필수적으로 기재하도록 한다.[35] 특히 회원가입시에 발생하지 않는 각종 정보의 수집이나 제3자 제공 등에 대한 동의를 한꺼번에 받는다.

이는 개별적으로 동의라는 행위를 통해서 이용자 또는 정보주체가 자기정보의 수집, 이용, 제공 등을 통제할 수 있는 기회를 박탈한다. 이로써 자기정보 결정권의 중요한 개별적 권리인 동의권이 유명무실하게 된다.

따라서 실제 동의를 요하는 행위가 일어나기 훨씬 전에 모든 동의 사항에 대해 한꺼번에 동의를 얻지 못하도록 동의 시기를

시행령 제12조.

35) 사이트에 따라서는 선택적 기재사항이라 하면서도 이를 기재하지 않으면 회원가입 절차가 진행되지 않는 경우가 많다.

실제 동의를 요하는 행위가 일어나는 시기에 맞추는 것이 필요하다. 이렇게 할 때 비로소 동의권은 자기정보 결정권의 중요한 수단으로 제 기능을 할 것이다.

2. 선택의 자유

현재 회원제 운영방식을 취하고 있는 우리나라 서비스의 경우 동종 외국 서비스와 비교하여도 매우 많은 개인정보를 필수적으로 수집하고 있다.[36] 이 문제를 해결하기 위해서는 현재와 같이 동의만 있으면 적법하다는 방식을 벗어나서 '필요최소한의 개인정보 수집' 등 개인정보보호 원칙에 따라 해당 정보가 서비스 이용을 위하여 필요한지를 살펴보는 것이 필요하다. 이렇게 하여야 개인정보 수집 등에 있어서 이용자 또는 정보주체의 선택의 자유가 주어질 수 있다.

3. 개인정보 이용약관의 구체화

개인정보 수집 등은 서비스 이용에 필수적이거나 부수하여 이루어지므로 해당 서비스의 법률관계와 분리될 수 없다. 그러나 개인정보는 별개의 독립한 보호대상으로 독자적인 법적 보호를 받는다. 따라서 개인정보 문제를 보다 명확히 이용자 또는 정보주체가 이해할 수 있고 또 판단 및 통제할 수 있도록 하기 위해서는 개인정보 이용과 관련한 약관의 존재를 쉽게 알 수 있고 또 그 내용이 이해하기 쉽도록 할 필요가 있다.

이를 위해서는 현재와 같이 서비스 이용약관, 개인정보 취급방침 그리고 개인정보 수집 등 안내와 같이 여러 가지 형태로 존

---

36) 아마존, 페이스북 등과 비교.

재하는 개인정보 이용약정을 '개인정보 이용약관'의 형식으로 통일시킬 필요가 있다. 그리고 주로 개인정보를 이용하는 서비스군의 경우 이를 표준화하는 방안도 검토할 필요가 있다.

온라인서비스와 관계있는 개인정보보호 법률규정은 그것이 대부분 강행규정이라는 점에서 약관 통제의 가능성은 매우 제한될 수밖에 없다. 약관 무효는 바로 강행규정 위반으로 해당 법률에 따른 행정법적 또는 형사법적 제재를 받게 되기 때문이다. 따라서 그 동안의 개인정보 보호는 사업자에 대한 행정적 규제와 처벌 강화 위주로 발전하여 왔으며, 이용자의 계약상 지위 강화는 소극적이었다.[37] 그러나 개인정보 관련 약관 심사는 개인정보 보호에 있어서 이용자의 계약상 지위 강화를 위한 중요한 수단이 될 수 있다고 본다.

색인어

개인정보, 개인정보보호, 개인정보취급방침, 약관, 동의

37) 배대헌, "인터넷상 개인정보의 이용약관에 관한 고찰," 「창작과 권리」 2003년 봄호(제30호), 2003. 3, 178면.

참 고 문 헌

배대헌, "인터넷상 개인정보의 이용약관에 관한 고찰," 「창작과 권리」 2003년 봄호(제30호), 2003. 3, 177-215면.

이병준, "약관규제법의 민법편입," 「소비자법과 민법」(한국소비자법학회 학술총서 1), 세창출판사, 2010. 11, 186-226면.

이창범 · 이은선, "온라인 개인정보 분쟁해결제도 발전방안 연구," 개인정보분쟁조정위원회, 2003. 12.

전응휘, "개인정보보호의 현주소와 개선방안," 개인정보보호 대책과 제도개선을 위한 토론회 자료집, 한국소비자단체협의회, 2008. 5. 14.

정보통신부 · 한국정보보호진흥원, 인터넷상의 개인정보보호를 위한 가이드북 — 인터넷상의 개인정보보호 가이드라인 해설, 개인정보보호 시리즈 2, 2005. 10.

제3편 | 소셜커머스와 소비자보호

- 한국과 미국의 소셜커머스 사업모델 비교와 법적 시사점
- 소셜커머스의 법적 구성
  —소셜커머스의 소비자계약법적 과제—
- 소셜커머스 및 쿠폰의 법적 성질에 관한 연구
- 소셜커머스에서의 법적 문제에 관한 연구

한국과 미국의 소셜커머스 사업모델 비교와 법적 시사점

김 건 식*

차 례

Ⅰ. 서 론

1990년대 컴퓨터기술과 정보통신망의 발달로 인해 인터넷을 이용한 전자상거래가 출현하여 상거래방식에 일대 혁신을 이루었고, 전자상거래시장은 전세계적으로 활발한 이용과 더불어 지속적인 성장을 이루고 있다.[1] 최근 이러한 전자상거래 기술을 기반으로 한 소셜커머스(Social-Commerce)라는 새로운 비즈니스 모델이 자주 언론에 등장하기 시작하면서 소셜커머스를 주창하는 많은

* 한국공정거래조정원 부연구위원, 법학박사(S.J.D).

1) Kim, Gun Sic, "The Need of ADR and ODR System on the E-Commere Dispute Resolution," HUFS Global Law Review, Volume 4, No.1 (2012), 95-97.

업체들이 늘어나고 있으며 그 시장 또한 가파르게 성장하고 있다. 그렇다면 과연 소셜커머스란 무엇인가? 소셜커머스라는 용어를 정의내림에 있어 사회과학적 담론으로 일반화하려는 시도는 상당히 어려운 작업일 것이다. 왜냐하면 소셜커머스는 과학기술의 발전과 더불어 계속 진화하고 있기 때문이다.

본고에서는 소셜커머스에 대한 논의에 있어 사업모델의 유래와 정의에 대해 소개하고 그 특징에 대해 알아보며, 사업모델의 유형을 분류해 보면서 그 실체에 접근해 보려 한다. 또한, 소셜커머스의 시초인 미국의 사업모델과 한국의 사업모델을 비교해 보며 향후 소셜커머스 시장을 전망해 보고자 한다. 특히 최근 스마트폰 기술의 발달과 보급의 확대로 인해 위치기반서비스와 소셜커머스의 연계 효과에 대해 고찰해보며, 마지막으로 최근 미국에서 논의되고 있는 온라인상의 개인정보 수집 관련 법적 논의와 시사점에 대해 검토해 본다.

II. 소셜커머스의 정의와 특징

1. 정 의

소셜커머스(Social-Commerce)라는 용어는 2005년 11월 야후(Yahoo)가 장바구니(Pick List) 공유서비스인 쇼퍼스피어(Shoposphere)를 제공하면서 장바구니·평점 등을 공유하는 서비스를 소셜커머스라 칭하며 시작되었다고 한다.[2] 즉, 소셜커머스는 소비자들이 전자상거래 등의 경험을 공유하는 서비스를 통칭하면서 시작된

2) 유재훈, "소셜커머스, 이제 소비자를 기업의 동반자로," LG Business Insight(2011. 2), http://www.lgeri.com/uploadFiles/ko/pdf/man/LGBI1132-31_20110215130017.pdf.

것으로, 이후 정보통신망과 컴퓨터 기술의 진화로 Facebook, Twitter와 같은 소셜네트워크 서비스(SNS)[3]의 성장과 더불어 소셜커머스의 의미는 점차 확대되었다.

소셜커머스의 정의를 소개함에 있어 많은 정책리포터나 경제분석지에서는 위키피디아(Wikipedia)의 정의를 인용하고 있다. 위키피디아에 따르면 소셜커머스는 "온라인상에서 재화와 용역의 거래를 위해 SNS 등을 통한 사용자 간의 의사소통과 교류, 상호 활동을 활용하는 전자상거래의 한 종류"라고 넓게 정의하고 있다.[4] 즉, 소셜커머스란 "전자상거래와 소셜네트워크서비스(SNS)가 결합한 형태로써, 전자상거래를 위해 SNS를 활용하는 사업모델을 뜻한다"고 할 것이다.[5] 다시 말해, 소셜커머스는 어떤 사업모델을 특정하여 지칭한다기보다는 정보통신기술을 바탕으로 사회적 활동과 상호 교류 및 공유 등을 활용한 전자상거래라고 볼 수 있는

3) 소셜네트워크서비스(SNS)는 사람들이 소통관계를 형성하고 콘텐츠를 공유할 수 있도록 하는 온라인 소통 인프라를 의미하며, 페이스북(Facebook), 트위터(Twitter), 카카오톡, 미투데이 등의 서비스가 대표적이다. 김학훈, "소셜커머스의 현황과 시사점," IT Spot Issue, 정보통신산업진흥원, (2011. 6).

4) "Social commerce is a subset of electronic commerce that involves using social media, online media that supports social interaction, and user contributions to assist in the online buying and selling of products and services." http://en.wikipedia.org/wiki/Social_commerce

5) 유재훈, 위의 글. 소셜커머스의 정의와 관련하여 다양한 견해가 있다. "SNS를 매개로 소비자들의 상거래 경험을 서로 공유하도록 플랫폼을 개방함으로써 소비자의 참여를 증가시킨 상거래의 형태"(정보통신산업진흥원), "제품이 아니라 사람에게 초점을 맞추는 E-Commerce 모델"(Jochen Krish), "소셜미디어를 통하여 소비자의 경험이 실시간으로 공유되면서 소비행위에 직간접적으로 영향을 미치게 되는 모든 것"(김철환), "온라인 상에서 판매자와 다수의 소비자가 동시에 1:多의 커뮤니케이션으로 확대되어 상호거래가 일어나는 것"(매조미디어). 김재현·노희진, "소셜커머스 시장현황 및 이슈," DIGIECO Issue & Trend, KT 경제경영연구소 (2011).

것이다.[6)] 외국의 학자들은 한 단계 업그레이드된 전자상거래 버전이라고 칭하기도 한다.[7)]

소셜커머스의 비즈니스 모델의 시초는 2008년 11월 미국에서 시작된 그루폰(Groupon)을 꼽고 있다.[8)] 그루폰은 2008년 10월 시카고의 자사 빌딩에 위치한 레스토랑의 가격을 50% 할인하여 제공하면서 서비스를 시작하여, 2011년 10월까지 44개국 500여개 도시에서 영업 중이다.[9)] 2011년도 수익은 30억달러 이상이고, 구글이 60억 달러에 인수를 제의했지만 거부하였다. 그루폰은 “Today Deal”을 통해 지역별로 하루에 단 하나의 서비스를 50% 이상의 파격적인 할인가격으로 판매하는 전략을 취하며, 이용자는 무조건 할인되는 가격에 구매할 수 있는 게 아니며 사전에 설정된 일정규모의 인원에 도달하여야만 최종 구매가 성립되는 시스템이다.

이렇듯 미국에서 시작된 소셜커머스의 비즈니스 모델은 오프라인 지역 매장을 온라인으로 끌어올려 홍보하는 지역적 기반사업이라는 점과 일정규모의 인원에 도달하여야만 최종 할인가격으로 구매가 성립되기에 SNS를 활용하여 소비자 스스로가 홍보하는 기본 구조를 취하고 있다. 이러한 소셜커머스의 비즈니스 모델을 기준으로 분석하여 보면 소셜커머스는 공동구매(상거래)와 광고, 소셜미디어, 지역적(위치기반 정보적) 요소가 포함된 것으로

---

6) 조대곤, “그루폰 쿠폰 만기일 관련 소비자 집단소송,” 방송통신분쟁 Issue Report, 방송통신위원회, No 23, (2011).

7) Hans Dieter Zimmermann, From Ecommerce to Ecommerce 2.0:The Changing Role of the Customer, Proceedings of the Liberec Informatics Forum, Klára Antlová, ed., Liberec, Czech Republic, Nov. 4-5 (2010), 171-179.

8) 류한석, “한국시장에도 소셜커머스가 몰려온다,” Dong-A Business Review (2011. 8), http://www.zdnet.co.kr/column/column_view.asp?artice_id=20100803081934&type=det

9) 유재훈, 위의 글.

해석할 수 있다.[10]

그러나 최근에는 급격한 정보·과학기술의 발달, 특히 스마트폰의 보급이 확장되면서 소셜커머스 비즈니스 모델의 다양한 진화가 이루어지고 있어 지금까지 소셜커머스 정의에 관한 담론에 변화가 발생할 수 있다. 즉, 실시간 위치기반 서비스 제공을 중심으로 소셜커머스가 진화하고 있는바, 이에 관해서는 소셜커머스의 전망에서 후술한다.[11]

2. 소비자

소셜커머스의 주요한 특징 중 하나는 '소비자의 주도적 역할'에 있다. 대부분의 소셜커머스 사업유형은 소비자가 우선 구매한 후 할인가격을 적용받기 위해 다양한 방법(SNS)으로 제품을 홍보하여 추가구매자를 모집하는 형태를 보인다. 즉, 소비자가 소셜네트워크를 이용하여 직접 정보를 생산, 유통시키며 제품 및 서비스판매에 중요한 영향을 미치는 것으로 소셜커머스의 핵심은 소비자에 있는 것이다. 전통적인 전자상거래에서 소비자의 역할은 전자상거래업자와 소비자의 일방적(one-way) 소통 구조였으나, 소셜커머스에서의 소비자는 전문적(expert)·컨설턴트적(consultant)·상품의 설계나 판매자역할(designer or even seller)까지도 겸하는 다양한 역할을 가진다.[12]

기존의 전자상거래와 SNS를 연계한 소셜커머스는 소비자의 구전효과의 중요성에 있다고 분석할 수 있는바, 이는 단순한 입소문이 아닌 소셜네트워크에 있는 지인들의 구전으로써 더욱 효

---

10) 류한석, 위의 글.

11) ROA Consulting, "실시간 위치기반 서비스 제공을 중심으로 진화하는 '소셜 쇼핑'의 향방," Convergence Research in Brief (2011. 8).

12) HansDieter Zimmermann, 위의 글.

과가 있다는 분석이 있다. 즉, 최근 Harris Interactive 보고서에 따르면 설문조사 응답자의 70%가 가족이나 친구들의 의견이 특정 브랜드를 선택하는 데 영향을 미친다고 하였으며, Econsultancy 보고서에서는 응답자의 90%가 지인들의 추천을 신뢰한다고 응답하였다.[13)]

SNS를 통한 소비자의 상거래 참여는 개인에 한정되는 것이 아니라 집단적으로 이루어지고, 스마트폰의 발달로 인해 상거래 경험의 집단적 공유는 실시간으로 이루어지게 된다. 이렇듯 소셜커머스의 핵심은 소비자들이 기존 상거래에 비해 많은 권한을 가지고 보다 적극적으로 참여하는 특성을 가진다 할 수 있을 것이다.

3. 지역성 및 서비스상품

전자상거래의 경우 공산품 판매가 대다수였으나, 소셜커머스는 지역거점의 off-line 서비스가 주상품인 특성을 지닌다. 소셜커머스 비즈니스의 시초 모델이자 세계 최대의 소셜커머스 업체인 그루폰(Groupon)은 지역서비스 상품을 중심으로 하고 있다. 공산품은 파격적인 할인가격으로 판매하는 데 한계를 가지나, 그루폰은 공산품이 아니라 지역의 서비스 상품을 파는데 이러한 서비스 상품들은 원가가 낮기 때문에 파격적인 할인이 가능하다.[14)]

한국의 소셜커머스 비즈니스에서는 음식점(카페), 공연전시, 뷰티서비스, 여행상품 등의 지역적 서비스가 주류를 이루고 있지만, 공산품의 집단구매비율 또한 30~40%를 차지하고 있기에 미국과는 조금 다른 사업양상을 보이고 있다.

---

13) 유재훈, 위의 글.
14) 류한석, 앞의 글.

4. 새로운 형태의 광고

소셜커머스에 참여하여 거래를 제공하는 서비스업체는 할인율과 수수료를 제외하면 이익이 거의 없게 되는 반면 강력한 광고 효과를 얻을 수 있다. 즉, 소셜커머스 참여 업체는 주로 지역 소매업체들로서 광고홍보 수단이 미비한바, 소매업체의 상품·서비스에 대한 정보가 소셜미디어를 통해 홍보되고 사용 후기 등을 통해 쿠폰판매 이후에도 상당기간 동안 광고효과를 누릴 수 있게 된다. 조사에 따르면 그루폰에 참여한 업체들은 대부분 광고효과에 만족을 보인다고 한다.

5. 소셜미디어의 활용

전자상거래는 판매자가 online의 특성을 활용하여 off-line 상점에 비해 비교적 저렴한 가격 경쟁력을 바탕으로 고객을 모으는 방식이지만, 소셜커머스는 일정규모의 인원에 도달할 경우 할인이 되기 때문에 소비자들이 소셜네트워크 서비스(SNS) 등의 소셜미디어를 적극 활용하여 홍보하게 된다.[15] 소셜미디어의 활용은 소셜커머스 사업자의 입장에서는 딜을 제공할 업체들을 상대로 영업하기가 용이한 측면이 있으며, 이용자들은 보다 좋은 거래를 공유하기 위해 SNS를 적극 활용하게 되는 요인이 있다.

6. 수익구조

미국의 그루폰은 지역소매업체로부터 약 50%의 수수료를 수

15) 이장혁, "소셜커머스, 스마트 프라이싱을 만나다," Dong-A Business Review, DBR 2011 No.77, 2011. 3.

수한다고 한다. 한국의 소셜커머스 업체들은 약 30~80%의 할인율이 적용된 아이템을 지역별로 등록하여 판매하고 약 20~30%의 수수료를 취한다고 한다.[16] 또한, 한국의 경우 소비자가 구매 뒤 쿠폰을 사용하지 않는 소위 낙전수입(6~12%)의 대부분을 소셜커머스 업체의 수익원으로 삼고 있다.[17]

지역 서비스업체의 경우 할인율과 수수료를 광고비로 편입시키게 되고, 대부분 홍보비 절감, 판매 증가, 높은 재구매율 등에 만족을 가지게 됨은 앞서 언급하였다.

III. 소셜커머스의 유형

소셜커머스의 유형에 대해 다양한 분류가 가능하나 크게 판매방식에 의한 분류와 소셜네트워크(SNS)를 어떻게 활용하는가에 따른 분류로 나누어 소개해 본다.

1. 플래시세일(Flash Sale)

플래시 세일은 온라인상에서 제한된 시간동안만 상품을 판매하는 프라이빗 쇼핑방식으로 이미 할인 이벤트를 진행하고 있는 기존 소셜커머스 사이트들과 달리 오로지 기존 회원의 초대에 의해서만 회원가입이 이루어지고 평균 2~4일의 판매 기간 동안 회원이 많이 모일수록 혜택이 점점 커지는 사업 방식이다. 플래시 세일의 주요 업체로는 Vente-Privee, Gilt, Privtelounge 등이 있다. 대표적으로 Vente-Privee는 상품 페이지마다 페이스북 등과 연동

---

16) 김재현·노희진, 앞의 글.
17) 김재현·노희진, 위의 글.

되는 버튼을 클릭하면 회원 계정으로 상품을 소개하는 링크가 연동되어 자동으로 상품정보를 배포할 수 있고, 초대받은 사람이 회원 가입 후 상품을 구매하면 10달러 정도를 포상으로 제공한다. Vente-Privee는 프랑스 독일 영국 등 유럽시장을 중심으로 매년 40% 이상 고속성장을 하며 2011년 15억 달러의 매출을 기록하고 있다.[18)]

2. 그룹 바이(Group Buy)

그룹 바이는 제한된 시간동안 정해진 인원이 모이면 특정상품을 할인된 쿠폰으로 판매하는 공동구매 방식이다. 지역기반 사업자를 오프라인에서 온라인으로 확대한 측면이 있으며, 지역거점중심으로 Groupon, Living Social, 티켓몬스터, 쿠팡, 위메이크프라이스 등이 대표적 업체이다.[19)]

3. 소셜 쇼핑(Social Shopping)

소셜 쇼핑은 단순히 상품을 할인 판매하는 것이 아니라 이용자들이 온라인상에서 찾아낸 좋은 상품 또는 판매자를 서로 공유하게 하는 형태로, 사이트 자체적으로는 상품을 판매하지 않지만 간접광고 형태로 수익을 창출한다. 예를 들어 소비자들이 패션트렌드에 관해 자신과 어울릴 만한 아이템 추천을 요구하면, 개별 소비자 혹은 사이트 광고주들이 아이템을 사이트 상에 올리는 구조이다. 대표적 업체로 월평균 수백만 명이 방문하고 있는 Plyvore의 사업방식을 살펴보면, 먼저 광고 대상이 되는 다양한

---

18) 김재현・노희진, 앞의 글.

19) 김윤화, “소셜커머스 시장현황과 정책이슈,” 방송통신정책 제23권 제11호, 방송통신정책연구원(2011. 6).

아이템을 사이트상에 노출시켜 놓고 이용자(소비자 스스로 또는 패션 전문가)들이 이 아이템을 활용하여 하나의 set를 구성하게 만드는 것이다. 그런 뒤 이를 SNS를 통해 많은 사람과 평가하고 공유하도록 시스템을 구성하여 구전마케팅을 펼치는 구조이다.[20]

4. 소셜 쇼핑 앱스(Social Shopping Apps)

소셜쇼핑앱스 사업 유형은 소비자가 스마트폰에 소셜커머스 업체가 제공하는 애플리케이션을 다운받아 오프라인 상점 방문 시 당해 소비자의 이용패턴, 상품구매 취향 등의 정보를 업체에 제공하고 그 대가로 일정한 포인트 또는 할인쿠폰을 받는 시스템이다. 2009년 미국에서 시작한 'Shopkick'이 대표적인 업체로 이용자는 Shopkick 애플리케이션을 통해 오프라인 상점에 출입한 기록, 계산내역, 추천 상품 scan 등 소비자의 정보를 제공하고, 업체는 이를 계량화하여 마케팅 정보로 활용하게 된다.[21]

5. 퍼처스 셰어링(Purchase Sharing)

퍼처스 셰어링 유형은 소셜쇼핑앱스 유형에서 한 단계 더 진보된 방식으로 소비자들의 신용카드 결제정보를 바탕으로 타깃 마케팅이 가능하도록 설계한 사업모델이다. 예를 들어, Swipely는 소비자가 자신이 사용하는 신용카드를 업체에 등록하여 그 신용카드를 사용한 상품 및 서비스 구매정보를 사업자에게 제공하고 사업자는 일정 포인트를 지급하는 방식이다. 또한, 업체에 등록한 소비자가 Swipely 업체에서 추천한 상품 및 서비스를 구매하는 경

20) 김윤화, 위의 글.
21) 김윤화, 위의 글.

우 또는 이를 SNS를 통해 지인들에게 추천하여 구매가 이루어진 경우 포인트 등 금전적 보상을 해준다. 즉, 할인쿠폰 판매보다 실제 구매한 고객에게 또는 추천을 통해 실제 구매가 이루어진 경우 혜택을 제공하는 서비스이다.[22)]

6. SNS 활용방법에 따른 유형분류

소셜커머스의 판매방식이나 사업 모델에 따른 분류 이외에 소셜네트워크(SNS)의 활용 정도에 따른 분류도 가능하다. 먼저 '소셜 연동형(링크형)'은 소셜커머스 사이트 내에 SNS로 이동할 수 있는 버튼 형식의 링크를 게재하여, 버튼을 클릭하면 상품정보를 SNS상의 지인들에게 알릴 수 있는 기능이 있는 것이다. '직접판매형'은 SNS 내에서 직접 제품이나 서비스를 판매하는 방식이다. '공동구매형'은 최소 구매수량이 달성되면 할인 혜택을 받을 수 있도록 하여 소비자들로 하여금 적극적으로 SNS를 활용하여 공동구매에 참여시키도록 하는 서비스이다. '오프라인 연동형'은 위치기반 서비스를 활용하여 오프라인 상점에서의 경험을 SNS를 통해 확산시키거나 정보를 제공하고 일정한 이익을 제공받는 서비스이다.[23)]

IV. 한국과 미국의 사업모델 비교

한국과 미국의 소셜커머스 사업모델을 비교해 볼 때 가장 큰 차이점은 미국의 경우 쇼핑 관련 지식을 공유하고, 위치기반 및

22) 김윤화, 위의 글.
23) 김학훈, 위의 글.

개인정보 제공을 바탕으로 하는 SNS를 활용한 다양한 사업 모델이 출시되어 활성화되고 있지만 한국은 반값할인 공동구매 유형에 편중되어 있다는 점이다.[24] 국내에 편중되어 있는 이러한 공동구매 유형은 소셜커머스의 특성 중 SNS의 활용도가 가장 낮은 유형의 사업모델로써 향후 소셜커머스 시장의 활성화를 위해서는 좀더 SNS를 활용하는 사업모델의 개발이 필요하다고 할 수 있다.[25]

또한 미국의 소셜커머스는 대부분 지역기반의 서비스제품을 판매하고 있으나, 한국의 경우 공산품판매가 30~40%를 차지한다는 점에서 전자상거래와 큰 차이점을 보이지 못하고 있으며 SNS를 더욱 활용하는 진정한 소셜커머스 사업 모델로의 진화가 필요하다고 할 수 있다.

수익구조면에서, 미국의 소셜커머스 업체들은 대부분 소매업체로부터 50%의 수수료를 받고 있으나, 한국의 사업자는 대략 20~30%의 수수료를 취하기에 6~12%에 이르는 낙전수입에 의존하는 경향이 있다.[26]

또한 소셜커머스 쿠폰의 환불과 관련하여 미국(Groupon)의 경우 만기일이 지난 경우에도 소비자가 지급한 금액은 전액 환불하도록 하고 있다. 그러나, 한국은 2011년 10월 공정거래위원회가 소비자분쟁해결기준에 소셜커머스 분쟁을 신설하여 쿠폰 구매 후 7일 이내에는 전액 환급하고, 구매 후 7일 이후에는 구입가의 90%에 해당하는 금액을 현금 지급·물품 또는 서비스 형태로 제공하도록 하였지만 만기일이 지난 경우에는 사업자와 이용자간 약관에 의거 환불이 불가능하였다. 이에 공정거래위원회는 최근 2012년 4월 국내 4대 소셜커머스 업체의 약관에 대해 만기일이

24) 김윤화, 위의 글, 김학훈 위의 글.
25) 김윤화, 위의 글.
26) 김학훈, 위의 글.

지난 경우에도 소비자 구매금액의 70%를 포인트 등으로 환급받아 6개월 이내에 사용할 수 있도록 시정조치 하였다.[27]

즉, 미국은 만기일이 지난 경우에도 소비자가 지급한 금액 전액이 환불 가능하지만, 한국은 지급 금액의 70%를 현금이 아닌 포인트 형태로 적립받게 된다는 점에서 소비자보호에 큰 차이가 있다.

V. 소셜커머스의 전망

1. 소셜커머스 시장의 확장과 시장재편

한국에 소셜커머스 사업이 본격적으로 시작된 2010년도에는 시장규모가 500억 원대였으나 2012년도는 2조 원대로 2년 사이 40배 이상 급성장할 것으로 예상하고 있다.[28] 국내 소셜커머스 업체 또한 2011년 기준 450여 개에 이르는 폭발적인 성장이 이루어지고 있다.[29]

2010년말 이후 대형 온라인쇼핑몰 업체들이 소셜커머스 시장에 진입하였고, 세계 최대 소셜커머스 업체인 미국의 그루폰도 2011년 4월 국내시장에 진출하였다. 또한 2011년 8월 국내 1위의 티켓몬스터가 미국 2위 업체인 리빙쇼셜에 매각되었고, 네이버·

27) 공정거래위원회, "공정위, 소비자분쟁해결기준 개정(안) 행정예고," 보도자료, (2011. 10. 6).

28) 다원데이 통계자료, http://daoneday.com (2012년 9월 방문).

29) KB 금융지주 경영연구소, "소셜커머스에 대한 이해," KB daily 지식 비타민, 12-28호, (2012. 3). 소셜커머스의 상품수는 2010년 10월 총 935개에서 2011년 3월 총 7,503개로 5개월 만에 8배 이상 공급시장이 확대되었으며, 소셜커머스를 통해 상품을 구매한 소비자 수도 2010년 10월 628천 명에서 2011년 3월 5개월 사이에 3,576천 명으로 6배 가까이 증가하였다.

다음 등 메이저 포털업체와 국내 최대의 SNS가입자를 보유하고 있는 카카오톡도 소셜커머스 진출을 준비하고 있는 등 국내 소셜커머스 시장은 폭발적인 성장과 더불어 본격적으로 소셜커머스 업체들이 재편되고 있는 중이다. 이러한 가운데 현재의 소셜커머스 시장은 상위 4개 업체, 티켓몬스터, 쿠팡, 위메이크프라이스, 그루폰 중심으로 쏠림현상이 가속되고 있다.

미국의 경우에도 구글과 페이스북이 기존 비즈니스 모델에서 확장하여 소셜커머스 시장에 진입하고 있다. 구글은 2010년 그루폰 인수가 무산된 후 독립적인 소셜커머스 서비스를 준비하여 2011년 5월 모바일 기반의 구글지갑(Google Wallet)을 발표하였다. 또한 구글은 2011년 6월 구글이 운영하는 지도 및 지역정보 서비스와 연계된 구글 오퍼스(Google Offers)를 제공하기 시작하였다.

페이스북은 2010년 11월 자체적인 소셜커머스 서비스(Deal)를 시작하였으나 2011년 8월 사업을 중단하였고, 2012년 2월부터 페이스북 페이지를 운영하는 사업자들이 무료로 쿠폰을 발행할 수 있도록 하는 페이스북 오퍼스(Facebook Offers) 서비스를 시작하였다. 또한 전자상거래 업체들이 페이스북에 직접 자사의 소셜커머스 애플리케이션을 탑재하는 E-Commerce 서비스는 지속적으로 운영하고 있다.

이렇듯 소셜커머스 시장은 한국과 미국 모두 경쟁력 있는 대형업체 중심으로 재편되는 양상을 보이고 있으며, 글로벌 기업의 참여와 M&A 등을 통한 사업자 재편 및 IT기술의 발달과 SNS 연계성 강화 등을 통해 시장의 진화와 성장은 지속될 것으로 전망된다.[30)]

30) KB 금융지주 경영연구소, 앞의 글.

2. 스마트폰을 이용한 위치기반 서비스로의 진화

미국의 시장조사 기관인 컴스코어(ComeScore)는 2012년 7월 미국의 1·2위 소셜커머스 업체인 그루폰과 리빙소셜 이용자들의 방문 경로를 조사한 결과, 스마트폰 등 모바일을 통한 방문 숫자가 데스크톱(PC)을 통한 방문 숫자를 추월하였다고 발표하였다. 이렇듯 소셜커머스가 스마트폰과 연계하여 빠르게 진화하는 이유는 지역 서비스를 주상품으로 하는 소셜커머스를 이용하기에는 실시간으로 지도와 정보검색이 가능한 모바일 환경이 더욱 용이하기 때문이다.[31] 물론 이러한 위치기반서비스를 탑재한 모바일 환경이 가능하게 된 것은 IT기술의 발달로 인해 전세계적으로 스마트폰이 널리 보급되고 있기 때문이다.

국내에서도 최근 다음커뮤니케이션과 NHN(네이버)은 지도서비스와 소셜커머스가 연계된 서비스를 선보이고 있다. 다음커뮤니케이션은 로드뷰·스토어뷰 등 지도서비스와 디지털뷰, 소셜커머스 정보 등을 결합한 로컬서비스에 힘을 쏟고 있으며, NHN 또한 '네이버 미' 등을 통해 지역정보와 소셜커머스 정보를 제공하여 사용자가 설정한 지역 주변의 소셜커머스 쿠폰과 맛집 등 지역상거래 정보 및 지역 날씨·지역 뉴스 등의 종합정보를 제공하고 있다.[32]

한국뿐만 아니라 미국에서도 스마트폰 사용자 증가와 다양한 애플리케이션 출시로 스마트폰을 통한 소비형태가 빠르게 증가하고 있으며, 소셜커머스 업체들은 스마트폰의 위치기반 서비스를 이용하여 고객에게 정보를 뿌리는 것이 아니라 고객의 직접적인 참여가 가능한 서비스를 개발하고 있다.

---

31) 이종현, "소셜커머스는 진화중," 조선비즈닷컴, (2012.10).
32) 전자신문, "네이버, 개인 맞춤형 소셜커머스 정보 제공," 2012. 10. 4.

VI. 법적 시사점

소셜커머스에 대한 법적 규제나 규제당국의 동향을 살펴보면 한국의 경우 쿠폰의 환불과 소비자보호와 관련하여 공정거래위원회에서 소비자분쟁해결기준 신설 및 주요 소셜커머스 업체들의 약관에 대한 시정조치 등으로 소비자보호에 개입하고 있음은 앞서 검토하였다.

미국의 경우 소셜커머스에 관한 규제나 입법에 대해 아직 주목할 만한 특별한 논의는 없고, 관련 기관에서 소셜커머스와 관련한 유권해석을 발표하고 있는 정도이다. 소비자 이익을 위한 비영리기관인 BBB(Better Business Bureau)는 소셜커머스 상품이나 서비스 업체에 관해 일반 소비자들의 평가나 비평을 포스팅하는 사이트(예, Pinterest)들의 광고에 대해서 미 연방거래위원회(FTC)의 「지지표명 및 비평에 관한 가이드라인」(Guides Concerning the Use of Endorsements and Testimonials in Advertising)[33]을 준수해야 한다는 발표[34]가 있었다. 또한 미 재무부가 그루폰 및 소셜리빙의 쿠폰이 선불카드(Gift Card)에 해당하고 이를 규율하는 법제(the federal Credit Card Accountability, Responsibility and Disclosure Act of 2009)에 구속되어, 각 주마다 법제가 상이하더라도 어느 주에서나 쿠폰 구입 후 5년 내에는 환불받을 수 있다는 유권해석이 있는 정도이다.[35]

---

33) FTC, "Guides Concerning the Use of Endorsements and Testimonials in Advertising" http://www.ftc.gov/os/2009/10/091005revisedendorsementguides. pdf.

34) Digital Media Law, "FTC Disclosures Must Accompany Consumer Testimonials on Pinterest," http://digital-media-law.com/2012/09/19/ftc-disclosures-must-accompany-consumer-testimonials-on-pinterest-2/.

35) Digital Media Law, "Gov't Provides Tips for Consumers regarding Gift Cards," http://digital-media-law.com/2011/10/10/govt-provides-tips-for-consumers-

최근 스마트폰의 위치기반서비스와 소셜커머스가 결합한 비즈니스 모델이 등장하면서 개인정보 보호문제가 제기되고 있다. 앞서 소개한 소셜커머스 유형 중 Shopkick과 같은 서비스는 스마트폰을 통해 고객의 개인정보와 구매기록을 수집하여 이를 계량화하는 대가로 정보제공 소비자에게 일정 사이버머니를 제공하는 형태인바, Shopkick 업체에서도 가장 중요한 것은 '소비자 개인별 구매패턴이나 구매습관에 대한 정보'라고 공개적으로 언급하고 있다.[36] 이러한 서비스는 이용자의 동의하에 개인정보를 상업적으로 이용하게 되므로 큰 문제가 되지 않을 수 있지만, 동의에 따른 정보이용의 한계 및 이용정도에 대해서는 심도 깊은 논의가 필요하다 할 것이다.

미국을 포함한 유럽국가의 많은 사람들이 개인정보에 대한 염려(Privacy Concerns)로 인해 소셜커머스를 통한 구매를 주저하게 된다는 연구결과가 최근 발표되었다.[37] 미국의 경우 대부분의 소셜커머스 업체들은 이용자의 소셜커머스 정보를 수집·저장하기 위해 'Cookies'나 'web beacons' 같은 프로그램을 사용한다. 즉, 이용자가 소셜커머스 업체를 방문하거나 회원 가입을 하는 경우, 자동으로 개인컴퓨터나 스마트폰에 위와 같은 프로그램이 설치되어[이용자가 방문한 웹 주소(URL)을 인식하는 방법으로] 어떠한 상품에 관심이 있고 어떤 업체를 방문하였는지 자동으로 그 정보를 수집·저장하게 된다. 이 프로그램은 일단 자동으로 설치되고 소

---

regarding-gift-cards/.

36) 이선미, "해외 소셜 커머스 최신 동향 및 비즈니스 모델 분석," KT 경제경영연구소 (2010. 1).

37) 미국과 영국의 성인을 대상으로 한 설문조사에서 응답자의 80%가 Facebook을 통한 소셜커머스 이용에 있어 개인정보에 관한 불안을 드러내었다. BizReport, "Privacy concerns hinder Facebook commerce," (2011. 6. 8). http://www.bizreport.com/2011/07/privacy-concerns-hinder-facebook-commerce.html.

비자가 원할 경우(Opt-out) 더 이상 정보를 수집하지 않게 된다.[38)]

이러한 온라인상의 개인정보 수집과 관련하여 2012년 8월, 미국의 연방거래위원회(FTC)가 Google의 개인정보수집 관련 $2,250만 달러의 벌금을 부과한 사례를 주시할 필요가 있다.[39)] 사건의 발단은 2011년 미 상원의 독점금지 소위원회의 Herb Kohl 의원과 Mike Lee 의원이 "Google과 관련한 경쟁법 쟁점사안에 대해 FTC가 조사에 나서야 한다"는 공개서한을 밝히면서 시작되었다.[40)] 두 위원이 지적한 세 가지 쟁점사안은 ① 구글이 온라인 광고시장에서 지배력을 남용한 혐의, ② 구글의 여행검색·예약분야에서 기업결합에 따른 독점력 강화문제 그리고 ③ Google의 검색·광고·이메일·스마트폰의 OS(Android) 등을 통한 엄청난 개인정보 수집과 소비자 구매정보 DB에 의한 심각한 개인정보 침해 가능성 및 그로 인한 추가적인 시장지배력 확보 가능성이다.

세 번째 쟁점과 관련하여 Google은 Safari 프로그램(Macs, iPhones and iPads) 이용자들에게 자동정보 수집·저장 프로그램(Tracking Cookie)을 사용하지 않는다고 공지하였으나, 이들 컴퓨터 및 스마트폰에 추적 가능한 특정 광고 쿠키 파일을 설치하였다. 이에 FTC는 2012년 8월 구글에 대해 'Safair 이용자들에 대한 개인정보 보호정책의 허위 표시'를 이유로 $2,250만 달러의 벌금을 부과하고, 이용자 컴퓨터에서 쿠키 파일을 통해 개인정보가 추적되는 모든 Tracking Cookie의 사용금지를 명하였다. 아울러 FTC는 향후 SNS를 포함한 온라인상의 개인정보 관련 법 위반행위에 대

---

38) Groupon 및 Living Social 홈페이지의 Privacy Policy 참조

39) FTC Press Release, "Google Will Pay $22.5 Million to Settle FTC Charges it Misrepresented Privacy Assurances to Users of Apple's Safari Internet Browser," http://www.ftc.gov/opa/2012/08/google.shtm.

40) Los Angeles Times, "Sens. Herb Kohl and Mike Lee call for Google antitrust probe," http://latimesblogs.latimes.com/technology/2011/12/sens-herb-kohl-and-mike-lee-call-for-google-antitrust-probe.html.

해 주시하고 있으며, 법 위반행위가 있을 경우 적극적으로 개입할 수 있음을 시사하였다.[41]

소셜커머스 사업자 입장에서는 소비자의 정보는 곧 수익으로 연결되기에 어떠한 방식으로든 소비자 정보를 수집하려 할 것이다. 더구나 IT기술의 발달과 스마트폰의 연계로 인해 소셜커머스 사업자는 보다 쉽게 소비자의 고급 정보를 수집·저장할 수 있게 되었다. 물론 사업자는 이러한 서비스를 제공함에 앞서 이용자의 동의를 받겠지만(동의 없는 개인정보 수집은 법 위반행위가 될 것이다) 소비자 입장에서는 본인의 정보가 어느 정도로, 어떻게 활용되는지 알아낸다는 것은 불가능에 가까울 것이다. 오히려 정보제공 동의의 대가로 본인의 위치정보와 생활패턴이 연계된 맞춤형 서비스의 편리성에 익숙해질 수 있을 것이다. 지속적으로 진화하고 있는 소셜커머스 사업에서 향후 이용자 정보 수집의 한계와 활용범위의 문제는 법적으로 주요한 이슈가 될 것이고, 이에 대한 더욱 깊은 논의가 필요할 것이다.

VII. 결 론

소셜커머스(Social Commerce)는 전자상거래와 소셜네트워크서비스(SNS)가 결합된 사업모델이라 할 수 있으나, 지속적인 IT기술의 발달과 스마트폰의 보급으로 사업모델이 진화·발전하고 있어 대표적인 어떤 사업모델을 특정하기에는 어려움이 있다. 다만, 소셜커머스에는 공동구매(상거래)·광고·소셜미디어·위치기반 정보적 요소가 포함된 상거래로써, 기존 상거래에 비해 소비자의 권한이 확대되고 적극적인 참여가 요구되는 특성을 보인다 할 것이다.

41) FTC Press Release, 위의 기사.

소셜커머스라는 새로운 시장의 출현으로 수많은 업체들이 시장에 진입하여 이에 대한 홍보와 시장 선점을 위해 상당한 마케팅 비용을 소모하였으나, 한국과 미국 공통으로 점차 경쟁력 있는 대형 사업자·포털서비스 사업자·SNS 사업자 중심으로 재편되는 추세를 보이고 있다. 또한 전세계적인 스마트폰의 보급 확대로 이용자 소비정보 및 실시간 위치기반 서비스를 활용한 소비자 맞춤형 소셜커머스로의 진화가 예상된다.

소셜커머스 업체들은 이러한 진보된 서비스를 제공하기 위해 소비자의 동의를 얻어 정보를 수집·활용할 것이나, 소비자가 동의한 경우라 하더라도 정보 수집의 범위와 그 이용의 한계 및 침해 정도 등에 관하여 향후 심도 깊은 논의가 필요할 것이다. 최근 미국에서는 Google의 개인정보보호 위반에 대해 이슈가 되고 있는바, 미국의 연방거래위원회(FTC)는 SNS 및 소셜커머스를 포함한 온라인상의 개인정보보호에 대해 시장 상황을 예의 주시하고 있음을 알 수 있었다. 미국의 논의를 볼 때, 한국의 공정거래위원회도 소셜커머스 관련 쿠폰 환불 등에 관한 소비자 보호에서 한 걸음 더 나아가 소비자 개인정보보호 분야에 대해서도 관심을 가져야 할 것이고, 소비자 정보보호에 관한 학계의 활발한 논의를 기대해 본다.

색인어

소셜커머스(Social Commerce), 소셜커머스 사업모델, 소셜네트워크 서비스(SNS), 위치기반서비스, 개인정보보호

참 고 문 헌

1. 문 헌

김윤화, “소셜커머스 시장현황과 정책이슈,” 방송통신정책 제23권 제11호, 방송통신정책연구원(2011. 6).

김재현 · 노희진, “소셜커머스 시장현황 및 이슈,” DIGIECO Issue & Trend, KT 경제경영연구소(2011).

김학훈, “소셜커머스의 현황과 시사점,” IT Spot Issue, 정보통신산업진흥원, (2011. 6).

류한석, “한국시장에도 소셜커머스가 몰려온다,” Dong-A Business Review, (2011. 8).

ROA Consulting, “실시간 위치기반 서비스 제공을 중심으로 진화하는 ‘소셜쇼핑’의 향방,” Convergence Research in Brief (2011. 8).

유재훈, “소셜커머스, 이제 소비자를 기업의 동반자로,” LG Business Insight (2011. 2).

이선미, “해외 소셜 커머스 최신 동향 및 비즈니스 모델 분석,” KT 경제경영연구소(2010. 1).

이장혁, “소셜커머스, 스마트 프라이싱을 만나다,” Dong-A Business Review, DBR 2011 No.77, 2011. 3.

조대곤, “그루폰 쿠폰 만기일 관련 소비자 집단소송,” 방송통신분쟁 Issue Report, 방송통신위원회, No.23, 2011.

KB 금융지주 경영연구소, “소셜커머스에 대한 이해,” KB daily 지식비타민, 12-28호, (2012. 3).

Kim, Gun Sic, “The Need of ADR and ODR System on the E-Commerc Dispute Resolution,” HUFS Global Law Review, Volume 4, Nov.1 (2012).

Zimmermann, Hans Dieter, “From Ecommerce to Ecommerce 2.0: The Changing Role of the Customer,” Proceedings of the Liberec Informatics Forum, Klára Antlová, ed., Liberec, Czech Republic, Nov. 4-5 (2010).

2. 신문기사 및 보도자료

공정거래위원회, “공정위, 소비자분쟁해결기준 개정(안) 행정예고,” 보도자료, 2011. 10. 6.

아이뉴스, “도넘은 마케팅전쟁 서로 눈치만,” 2011. 6. 12.

이데일리, "소셜커머스, 수익 없이 판만 커진다," 2011. 6. 16.
이종현, "소셜커머스는 진화중," 조선비즈닷컴, 2012. 10.
전자신문, "네이버, 개인 맞춤형 소셜 커머스 정보 제공," (2012. 10. 4)
BizReport, "Privacy concerns hinder Facebook commerce," (2011. 6. 8) http://www.bizreport.com.
Digital Media Law, "FTC Disclosures Must Accompany Consumer Testimonials on Pinterest," http://digital-media-law.com/2012/09/19.
Digital Media Law, "Gov't Provides Tips for Consumers regarding Gift Cards," http://digital-media-law.com/2011/10/10.
FTC Press Release, "Google Will Pay $22.5 Million to Settle FTC Charges it Misrepresented Privacy Assurances to Users of Apple's Safari Internet Browser," http://www.ftc.gov/opa/2012/08.
Los Angeles Times, "Sens. Herb Kohl and Mike Lee call for Google antitrust probe," http://latimesblogs.latimes.com/technology/2011/12.

소셜커머스의 법적 구성*
— 소셜커머스의 소비자계약법적 과제 —

서 희 석**

차 례

Ⅰ. 서 론

(1) 2010년 5월 티켓몬스터의 등장으로 출발한 우리나라에서의 (공동구매형) 소셜커머스(Social Commerce) 시장은 2011년 한 해 동안 1조 원의 거래금액 돌파가 예상되는 등 짧은 시간 안에 폭발적으로 성장하였다.[1] 2011년에 인터넷에서 가장 많이 검색된

* 본고는 법학연구(부산대학교 법학연구소) 제53권 제1호(2012. 2), 173-198면에 게재된 논문("소셜커머스의 소비자계약법적 과제—소셜커머스의 법적 구성에 관한 고찰을 통하여—")에 수정가필한 것이다.

** 부산대학교 법학전문대학원 부교수.

1) 디지털타임즈 2011. 12. 11자 기사("[2011 소셜커머스 결산] 그루폰 등 3사, 대형몰 제치고 '톱10'") 참조(http://www.dt.co.kr/contents.html?article_no

사이트로 소셜커머스 사업자가 기록된 것[2]도 우연이 아니다. 반면에 2012년 초에 서울시가 조사한 인터넷쇼핑몰의 소비자만족도에서는 종합몰, 오픈마켓, 구매대행, 화장품, 서적 등 12개 분야 가운데 소셜커머스의 소비자만족도가 가장 낮은 것으로 조사되어,[3] 소비자보호의 측면에서는 많은 문제가 있는 것으로 지적되고 있다.

그렇다면 소비자법적인 측면에서 소셜커머스에는 구체적으로 어떤 문제가 있을까? 한국소비자원은 지난 2010년 3건에 불과하던 소셜커머스 관련 피해 신고가 2011년 10월까지 633건으로 211배나 증가했다고 밝혔는데,[4] 피해유형별로는 폐업, 계약내용 불이행, 유효기간 경과로 인한 환불 거부가 상위 3가지 피해유형이라고 한다. 여기서 폐업이란 소비자가 소셜커머스 사업자(이하 "SC사업자"로 표현한다)에게 재화나 용역(이하 "상품"으로 통칭한다)의 급부에 대한 대가로 선불입금하였으나 해당 SC사업자가 폐업하거나 부도처리되어 상품의 공급을 받을 수 없는 경우를 말하며, 계약내용 불이행이란 상품에 하자가 있거나 불완전한 경우(채무불이행)를 의미한다. 유효기간 경과로 인한 환불 거부란 소비자가 판매자로부터 상품의 공급을 받을 수 있는 기간이 경과하여 SC사업자가 환불을 거부하는 경우를 의미한다.[5]

=20111212020114327270003).

2) 조선일보 2011.12.12자 기사("2011년의 검색어는 '소셜커머스'") 참조(1위가 쿠팡, 2위가 티켓몬스터) (http://news.chosun.com/site/data/html_dir/2011/12/12/ 2011121202408.html).

3) 한겨레 2012.1.13자 기사("소셜커머스 소비자 만족도 '꼴찌'") 참조(http://www.hani.co.kr/arti/economy/ economy_general/514643.html).

4) 스포츠조선 2012.1.4자 기사("소비자 울리는 '소셜커머스'?") 참조(http://sports.chosun.com/news/ntype.htm?id=201201050100028320002488&servicedate=20120104).

5) 이들 피해유형의 私法 내지 계약법상 의미에 대하여는 본문에서 개별적으로 검토될 것이다.

이와 같은 경우에 SC사업자를 규제하기 위한 법률로는 우선 전자상거래소비자보호법(이하 "전소법"으로 약칭하는 경우가 있다)이 존재하는데, SC사업자가 '통신판매업자'에 해당할 경우에는 동법에 의한 행정상, 사법상의 규제가 가능하게 된다. 문제는 SC사업자를 통신판매업자가 아니라 동법상 '통신판매중개자'로 해석할 수도 있다는 점이다. SC사업자는 상품의 판매자와 소비자간의 계약체결을 알선 내지 중개하는 자에 불과하다고 해석할 여지가 있기 때문이다. SC사업자를 통신판매중개자로 해석할 경우에는 원칙적으로 동법에 의한 규제의 대상에서 제외되는 문제가 있다.

(2) 이 문제와 관련하여 보건복지부는 지난 2011년 4월 22일, 소셜커머스를 통한 의료서비스 할인판매행위가 의료법에 위반되는지 여부에 관한 서울시의 질의에 대하여, "특정 인터넷 사이트(소셜커머스)상에서 회원들을 대상으로 할인된 의료 쿠폰·시술권 등의 공동판매를 통해 특정 의료기관을 이용하도록 소개·알선·유인하는 행위는 의료기관과 환자 사이에서 치료위임계약의 성립을 중개하거나 편의를 도모하는 행위에 해당되어 의료법 제27조 제3항[6]을 위배하는 것"이라는 유권해석을 내렸다.[7] 요컨대 이른바 공동구매형 소셜커머스를 통한 의료기관 서비스의 50% 할인판매가 의료법에서 금지하는 의료기관 또는 의료인에 대한 "소개·알선·유인행위"에 해당한다고 판단한 것이다. 전소법상 '통신판매중개'란 "통신판매를 알선하는 행위"로 정의되어 있기 때문에(동법 제2조 제4호 참조), 보건복지부의 위 해석을 전소

---

6) 의료법 제27조 제3항 "누구든지 「국민건강보험법」이나 「의료급여법」에 따른 본인부담금을 면제하거나 할인하는 행위, 금품 등을 제공하거나 불특정 다수인에게 교통편의를 제공하는 행위 등 영리를 목적으로 환자를 의료기관이나 의료인에게 소개·알선·유인하는 행위 및 이를 사주하는 행위를 하여서는 아니 된다."

7) 네이버뉴스 참조(http://news.naver.com/main/read.nhn?mode=LSD&mid=sec&sid1=102&oid=003&aid=0003793583).

법에 입각하여 판단할 경우, 소셜커머스를 통한 의료서비스의 할인판매행위는 전소법상 '통신판매중개'에, SC사업자는 '통신판매중개자'에 해당한다고 보게 될 것이다.[8] 이러한 해석은 2011년 5월 26일 대한의사협회의 보건복지부에 대한 같은 질의에서도 그대로 유지되었다.[9]

한편 공정거래위원회는 2011년 5월 9일 배포된 보도자료에서 소셜커머스업체(SC사업자)를 전소법상 '통신판매업자'로 해석하는 것을 전제로, 청약철회의 의무, 피해보상보험계약 등에 가입할 의무 등에 위반한 사업자에 대하여 시정조치를 내렸음을 밝혔다.[10] 소셜커머스업체를 통신판매업자로 해석한 것은 소셜커머스업계의 주장인 통신판매중개자설에 대하여 정면에서 반박한 것이며, 아울러 보건복지부의 유권해석(전소법에 입각한 재해석)과도 상충하는 것이다.

---

8) 대법원 2004. 10. 27. 선고 2004도5724 판결은 "의료법 제27조 제3항의 '소개 · 알선'이라고 함은 환자와 특정 의료기관 또는 의료인 사이에서 치료위임계약의 성립을 중개하거나 편의를 도모하는 행위를 말하고, '유인'이라 함은 기망 또는 유혹을 수단으로 환자로 하여금 특정 의료기관 또는 의료인과 치료위임계약을 체결하도록 유도하는 행위를 말하며, '이를 사주하는 행위'라고 함은 타인으로 하여금 영리를 목적으로 환자를 특정 의료기관 또는 의료인에게 소개 · 알선 · 유인할 것을 결의하도록 유혹하는 행위를 말하고, 위 조항은 의료인 또는 의료기관 개설자가 아닌 자의 환자 유인행위 등을 금지함은 물론 의료인 또는 의료기관 개설자의 환자 유인행위나 그 사주행위까지도 금지하는 취지"라고 판시하고 있다. 이러한 判旨에 의하면 의료법은 의료인 또는 의료기관 개설자의 환자 유인행위나 그 사주행위까지도 금지하는 것이므로, 의료법의 취지가 반드시 전소법상의 통신판매중개(자)의 개념에 부합하는 것은 아니라고 할 것이다. 다만 본고는 전소법에 입각하여 소셜커머스를 통한 의료서비스 할인판매행위의 의미를 해석해본 것에 불과하다.

9) 네이버뉴스 참조(http://medipana.com/news/news_viewer.asp?NewsNum=68454&MainKind=A&NewsKind=5&vCount=12&vKind=1).

10) 공정거래위원회 2011. 5. 9일자 보도자료, "청약철회 등 소비자보호의무 소셜커머스도 예외 아니다".

이와 같은 해석의 차이를 어떻게 설명하여야 할 것인가? 물론 의료법의 경우 의료행위에 있어서의 국민의 건강과 생명보호라는 정책적인 요소가 강하다는 점에서 의료법의 적용대상이 되는 행위를 전소법에 입각하여 판단할 수는 없다고도 할 수 있으나, 적어도 소셜커머스라는 동일한 거래행위를 전소법에 입각하여 판단할 경우라면 그 거래행위의 법적 성격이 달라질 수는 없다고 해야 할 것이다.

(3) 본고의 목적은 이와 같은 문제의식을 배경으로 하여 소셜커머스의 유형[11] 중에서 가장 일반적이고 많이 이용되는 이른바 '공동구매형 소셜커머스'를 대상으로 그 법적 구성을 분석한 후 이를 통하여 소비자계약법적 과제를 도출하는 데 있다. 여기서 '소비자계약법'이란 소비자계약을 규율하는 법규나 법리의 총체로서,[12] 실체법규로서 소비자계약법이 존재할 경우 그것은 소비자와 사업자간의 계약관계를 규율하기 위한 법이므로 일종의 私法이다. 소셜커머스의 법적 구성을 통하여 소비자계약법적 과제를 도출하는 데 본고의 목적이 있으므로 행정규제적 관점에서의 소비자보호의 문제는 본고의 관심사가 아니다.

이하에서는 먼저 소셜커머스가 기존의 거래유형과 어떠한 점에서 구별되는지 그 특징을 명확히 한 후(Ⅱ), 소셜커머스의 법률관계(법적 구성)를 몇 가지 유형으로 나누어 분석한다(Ⅲ). 이어서 SC사업자를 통신판매중개자로 볼 것인가, 통신판매업자로 볼 것인가의 문제(SC사업자의 법적 지위)에 대하여 검토한 후 사견을 제시한다(Ⅳ). 논의의 순서로서 소셜커머스의 법적 구성에 이어서

---

11) 이에 대해서는 송오식, "소셜커머스의 법률관계 —공동구매형 소셜커머스에서 소비자보호를 중심으로—," 「재산법연구」 28권 제2호(2011. 8) 205면 이하를 참조.

12) 졸고, "소비자법 민법전편입의 이론적 근거와 방향성 —실질적 사적자치론 · 소비자계약론의 관점에서—," 「재산법연구」 제27권 제2호(2010. 10), 274면

SC사업자의 법적 지위의 문제를 검토하는 것은, 후자는 전자와 밀접하게 관련되어 있거나 이를 논리적 전제로 하기 때문이다. 이러한 고찰을 통하여 소셜커머스의 소비자계약법적 과제가 자연스럽게 도출되어 나올 것이다(Ⅴ).

Ⅱ. 소셜커머스의 특징

오병철 교수는 소셜커머스의 특징으로, ① 공동구매 형식, ② 소셜 네트워크를 활용한 개방성, ③ 소비자, 상품제공자, 소셜커머스 사업자 모두에게 이익을 주는 구조, ④ 재화보다는 용역이나 이용권의 거래가 많다는 점, ⑤ 상품발굴과 선정 및 판매에서의 소셜커머스 사업자의 개입 등 5가지를 들고 있다.[13] 이러한 특징은 소셜커머스의 존재론적 현상(現狀)을 분석한 것으로 본고에서도 타당한 것이나, 본고는 소셜커머스의 법적 구성을 제시하는데 필요한 한도에서 필자 나름의 시각에 따라 다음의 세 가지를 소셜커머스의 특징으로 적시하고 이를 분석하기로 한다.

1. 핵심적 특징으로서의 50% 할인율

소셜커머스를 다른 통신판매 내지 전자상거래 유형과 구별하게 하는 결정적인 특징은 50% 할인율에 있다.[14] 그것은 3당사자의 이해관계가 이 50% 할인율에서 일치하기 때문에, 이것이 소

13) 오병철, "소셜커머스에서의 전자상거래의 청약철회권," 법학연구(연세대) 제21권 제3호(2011. 9), 260-261면.

14) 항상 50% 할인율인 것은 아니고 그 전후에서 할인율이 결정되는 경우도 흔히 있으나, 여기서는 흔히 소셜커머스가 반값 할인 또는 50% 할인율을 마케팅 포인트로 하고 있는 점에 착안하여 이를 50% 할인율이라는 표현으로 통칭한 것이다.

셜커머스를 이해하기 위한 키워드가 될 수 있다고 생각하기 때문이다.

소셜커머스에서 3당사자는 소비자, SC사업자, 재화의 판매자 또는 용역의 제공자[이하 단지 (상품의) "판매자"라고 약칭한다]를 말하는데, 이들에게 50% 할인율이 어떠한 의미가 있는지를 검토하면 다음과 같다. 우선 소비자에게 있어 50% 할인(반값 할인) 구매의 메리트는 무엇보다 크다. (판매자의 채무이행에 문제가 없다면) 같은 상품을 반값에 구매할 수 있는 것인 만큼 소비자의 만족이 큰 것은 당연한 것이다. 소셜커머스가 짧은 시간 안에 급성장을 해온 가장 큰 요인은 반값 할인에 대한 소비자들의 '폭발적 반응'에서 찾아야 할 것이다.

다음으로 SC사업자에게 있어서 50% 할인율은 소셜커머스 사업을 수행하는 주체의 입장에서는 비즈니스모델의 핵심이다. SC사업자는 판매자에게 단기간(보통 3개월~6개월)에 판매자가 원하는 일정량의 판매를 보장하고, 소비자로부터 현금 또는 신용카드 구매 등을 통하여 단기간에 확보한 판매대금의 일정부분을 수수료로 수취한다. 소비자는 정해진 이용기간을 넘기는 경우도 있는데, 그 수입(소위 낙전수입)은 SC사업자가 취득하거나 SC사업자와 판매자가 합의하여 정한다.

한편 판매자는 SC사업자를 통하여 판매촉진전략을 세울 수 있다. 예컨대 소셜커머스를 이용함으로써 판매부진을 만회할 수 있고, 홍보 및 광고의 효과도 노릴 수 있다. 소셜커머스를 대 고객 감사서비스와 같은 목적으로 활용하는 것도 얼마든지 가능하다. 그러나 판매자에게 있어서 무엇보다 큰 메리트는 ―정상가의 50%로 할인하여 판매하는 것이기는 하나― 일정판매량의 판매대금을 일시에 확보할 수 있다는 점이다. 이것은 현금유동성을 필요로 하는 판매자에게 특히 매력적인 요인이다. 그러나 항상 이러한 판매전략이 유효할 수는 없다. 정상가의 50%로 판매한다는 것은 정상적인 수익구조하에서는 보통은 판매자의 수입감소를 동반할 수 있기 때문이다. 따라서 이러한 전략은 보통은 한정된 수량에 한하여 일시적으로 활용될 뿐이다.[15)]

이와 같이 이해한다면 소셜커머스에 있어서 핵심은 50% 할인율에 있으며, 이를 전제로 한 거래가 정상적으로 기능할 경우 소셜커머스는 3당사자 모두에게 이익 내지 기쁨을 줄 수 있는 비즈니스모델이 된다.

2. 소비자의 권리행사기간의 제한 및 자유로운 급부청구

두 번째 특징은 소비자의 판매자에 대한 권리행사기간에 제한이 있으며, 아울러 소비자에 의해 급부제공시기가 결정된다는 점이다. 즉 소비자는 판매자가 정한 기간(보통 3개월~6개월) 동안에만 판매자로부터 급부를 제공받을 수 있으며, 그 기간 안에서는 소비자가 원하는 시기에 급부제공을 청구할 수 있다. 권리행사기간의 법적 성질에 대하여는 논란이 있을 수 있으나,[16)] 권리행사 또는 의무이행의 기간이 당사자간에 합의되었다는 점에서 '(합의에 의한) 권리행사기간' 내지는 제척기간으로 이해된다.[17)] 따라서 이 기간을 도과하면 소비자는 그 권리를 더 이상 행사할 수 없는 것으로 해석할 것이다. 한편 권리행사기간 안에 소비자는 자신이 원하는 시기에 급부를 청구할 수 있으므로 판매자의 채무

---

15) 50% 할인판매가 상시적인 것이라면 전체 유통질서를 해할 수도 있다는 점에서 바람직스럽지 않다는 점에도 주의하여야 할 것이다.

16) 이를 소멸시효로 해석하여 소비자의 권리(채권)는 민상법상의 소멸시효 기간까지 소멸하지 않는다는 견해가 있을 수 있다. 이 견해에 의하면 소비자의 권리는 통신판매에 의하여 발생한 것이므로 상사시효가 적용되어 5년의 소멸시효에 걸린다고 해석하게 될 것이다.

17) 일상생활에서 권리행사 또는 의무이행의 기간이 합의에 의해 결정되는 경우는 얼마든지 있다.

는 (그 권리행사기간 안에서는) 일종의 '기한 없는 채무'라 할 것이다(민법 제387조 제2항). 따라서 판매자가 소비자로부터 급부제공의 청구를 받았다면 그 시점에 이행기가 도래하고 지체책임을 지는 것으로 해석할 것이다.

이것은 전통적인 통신판매에서의 상품공급방식과는 구별되는 특징이다. 즉, 통신판매업자는 원칙적으로 소비자가 청약을 한 날부터 7일 이내에(선불식 통신판매에서는 대금지급시점부터 3영업일 이내에) 상품 공급을 위하여 필요한 조치를 하여야 하며(전소법 제15조 제1항), 다만 예외적으로 소비자와 통신판매업자 간에 별도의 약정으로 상품의 공급시기를 결정할 수 있기 때문이다(전소법 15조1항 단서). 물론 소셜커머스를 소비자와 통신판매업자간의 약정으로 상품의 공급시기를 달리 정한 경우(전소법 제15조 제1항 단서)라 해석할 여지도 있으나, 그렇다 하더라도 공급시기의 최종적인 결정은 소비자의 자유로운 선택에 맡겨져 있다는 점에서 다른 통신판매와는 구별된다. 요컨대 소셜커머스의 상품공급방식의 특징은 '권리행사기간 내에서의 자유로운 급부청구'라 정리할 수 있다.

이와 같은 상품공급방식의 특징은 소셜커머스를 여타의 통신판매와 구별하게 하는 것이므로, 설사 소셜커머스를 통신판매의 일종으로 해석한다 하더라도 그 규율에 있어 전소법을 바로 적용하는 데에는 무리가 있다고 보아야 할 것이다. 따라서 예컨대 철회기간의 결정에 있어서 계약서 교부일보다 상품공급이 늦어진 경우에 그 공급일로부터 7일로 해석하는 것(전소법 제17조 제1항 제1호 단서 참조)은 소셜커머스의 위와 같은 특징을 간과한 해석이 될 것이다.[18)]

18) 다만, 후술하는 바와 같이 SC사업자가 일종의 이용권을 판매하는 것으로 법률구성할 경우에는, SC사업자의 판매대상은 일종의 채권(일정한 시설을 이용하거나 용역의 제공을 받을 수 있는 권리. 전소법 제2조 제

3. 급부 제공자와 대금 수령자의 분리 = 계약의 체결주체와 이행주체의 분리

전통적인 매매계약에서는 급부의 제공자와 대금의 수령자가 일치하는 것이 보통이다. 다시 말하면 매도인과 매수인 사이에 매매계약이 체결되면 매수인은 매도인이나 그 이행보조자로부터 상품을 공급받으며, 매도인은 매수인으로부터 대금을 지급받는다. 이것은 통신판매에 있어서도 다를 바가 없다. 즉, 소비자와 통신판매업자 사이에 통신판매계약이 체결되면 소비자는 통신판매업자로부터 상품을 공급받으며 통신판매업자는 소비자로부터 대금을 지급받는다(신용카드에 의한 대금지급은 별론으로 한다).

[그림 1] 소셜커머스의 법률관계

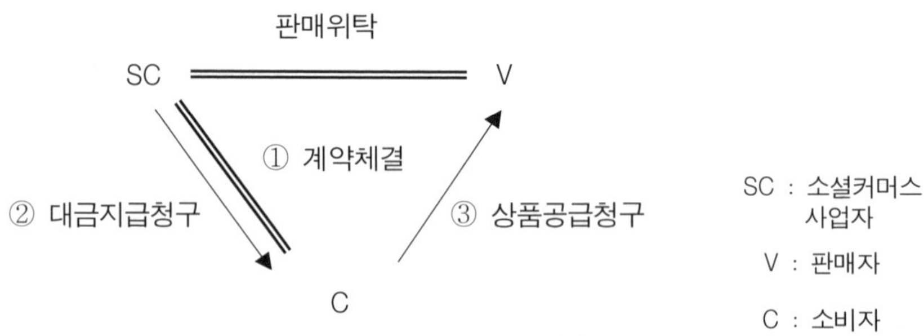

이에 반하여 소셜커머스에서는 하나의 상품판매계약에서 급부를 제공(상품을 공급)하는 자와 대금을 수령하는 자가 분리된다. 즉, SC사업자와 소비자 간에 상품공급에 관한 계약이 체결되면

2호)에 해당할 것이므로, 당해 채권이 양도된 시점부터 철회기간을 기산하여야 할 것이다.

(①, 또는 계약체결과 동시에), 소비자는 SC사업자에게 대금을 지급하고(②), 급부제공은 판매자에게 청구하여 그로부터 상품을 공급받는다(③). 이것은 전통적으로는 SC사업자의 역할과 판매자의 역할이 하나의 주체에 귀속되어 거래가 이루어지던 것이 양자가 분리되면서 나타난 현상이다. 그런데 이와 같은 급부의 분리현상을 초래한 계약의 체결은 SC사업자와 소비자 간에 이루어지므로 급부의 분리현상은 계약의 체결주체(SC사업자)와 이행주체(판매자)가 분리되는 현상이라고 설명할 수 있다.

그렇다면 SC사업자와 판매자 간의 관계는 어떻게 설명할 수 있겠는가? 이 두 당사자 간에는 판매자의 상품판매의 위탁과 대금수령의 방법에 관한 합의가 이미 전제된 상태이다. 따라서 예컨대 SC사업자가 판매자의 상품에 관하여 소비자와 판매계약을 체결한 후 대금을 지급받으면 자신의 보수를 매매대금의 일부로써 수취한 후 그 나머지를 판매자에게 이전시켜야 한다. 이로써 비로소 상품판매에 대한 대가가 판매자에게 환수되고 상품판매라는 하나의 거래 싸이클이 완성된다.

그런데 소셜커머스를 위와 같이 분석하여 이해할 경우에도 그 법적 구성을 어떻게 할 것인가에 대하여는 다양한 이론적인 시도들이 가능하다. 예컨대, 판매자와 SC사업자 간의 상품판매의 위탁에 중점을 둔다면 소셜커머스는 상법상 위탁매매로 구성할 수 있게 된다(상법 제101조). 반면에 SC사업자와 소비자간의 계약체결에 중점을 둔다면 SC사업자는 소비자에 대하여 이용권 내지 구매권이나 소위 할인쿠폰(판매자의 상품을 이용하거나 구매할 수 있는 권리)을 판매하는 것(권리의 매매)으로 구성할 수 있게 될 것이다(민법 제563조). 반면에 이와 같이 기존의 계약이론에 따라 설명하려는 시도에 대하여 소셜커머스를 하나의 상품판매를 둘러싼 급부의 분리현상 그 자체에 중점을 둘 경우, 이것은 기존의 계약유형으로는 설명할 수 없는 새로운 계약 내지 거래유형으로 위치지어지게 된다. 이러한 시각에 의할 경우 궁극적으로는 입법에 의한 규율이 필요하게 될 것이다. 이것은 마치 금융리스계약이 3당사자를 전제로 하는 계약유형으로 거래계에 등장하여 상법에 그 규율이 도입된 것(상법 제168조의2 이하)[19]과 같은 이치이다.

이하에서는 소셜커머스의 법적 구성에 관한 다양한 시도들을 정리하고 사견을 제시해 보고자 한다.

Ⅲ. 소셜커머스의 법적 구성

1. 중개형 구성

1) 소셜커머스에서 중심이 되는 급부는 판매자의 소비자에 대한 급부(상품의 제공)라는 점에 착안하여 소비자와 판매자 간의 판매계약의 체결을 SC사업자가 중개하는 것으로 소셜커머스를 이해하는 구성이다. 따라서 판매계약은 어디까지나 판매자와 소비

---

19) 금융리스이용자가 선정한 기계, 시설 등의 금융리스물건을 제3자(공급자)로부터 취득하거나 대여받아 금융리스이용자에게 이용하게 하는 것을 영업으로 하는 자를 금융리스업자라 하고(상법 제168조의2), 금융리스이용자와 금융리스업자 간에 체결하는 계약을 금융리스계약이라 한다. 금융리스계약에서 금융리스업자는 금융리스이용자가 금융리스계약에서 정한 시기에 금융리스계약에 적합한 금융리스물건을 수령할 수 있도록 하여야 하며(상법 제168조의3 제1항), 금융리스이용자는 금융리스물건을 수령함과 동시에 금융리스료를 지급하여야 한다(동 제2항). 한편 금융리스물건의 공급자는 공급계약에서 정한 시기에 그 물건을 금융리스이용자에게 인도하여야 하며(제168조의4 제1항), <u>금융리스물건이 공급계약에서 정한 시기와 내용에 따라 공급되지 아니한 경우 금융리스이용자는 공급자에게 직접 손해배상을 청구하거나 공급계약의 내용에 적합한 금융리스물건의 인도를 청구할 수 있다(동2항)</u>. 금융리스업자는 금융리스이용자가 제2항의 권리를 행사하는 데 필요한 협력을 하여야 한다(동 제3항).

자 간의 계약이며 SC사업자는 두 당사자의 계약체결을 알선하고 중개하는 역할을 할 뿐이다. 전술한 바와 같이 보건복지부의 유권해석(전소법에 입각한 재해석) 및 소셜커머스 업계의 주장은 이와 같은 생각에 기초해 있다.

2) 소셜커머스를 이와 같이 이론구성할 경우에는 그것은 전소법상 통신판매중개에 해당하게 된다. 동법상 통신판매중개는 다음과 같이 정의된다. 즉, 통신판매중개란 "사이버몰의 이용을 허락하거나 기타 총리령이 정하는 방법(자신의 명의로 통신판매를 위한 광고수단을 제공하거나 그러한 광고수단에 자신의 이름을 표시하여 통신판매에 관한 정보의 제공이나 청약의 접수 등 통신판매의 일부를 수행하는 것)에 의하여 거래당사자 간의 통신판매를 알선하는 행위를 말한다"(법 제2조 제4호, 시행규칙 제3조). 이러한 정의에 의할 경우 예컨대 SC사업자가 광고수단을 통하여 판매자의 정보를 제공하고 청약을 접수하였으나, 그 이후의 과정(계약체결을 위한 승낙의 발송 등)이 판매자에 의하여 이루어진다면 소셜커머스는 통신판매중개에 해당하는 것으로 해석하게 될 것이다.

3) 중개형 구성에 대하여는 현재 실무에서 나타나는 SC사업자의 계약에서의 주도적 역할(계약체결+대금의 수령)을 고려할 때 이를 과연 '중개'로 이해할 수 있을 것인지가 문제된다.

2. 위탁매매형 구성

1) 상법상 "자기명의로써 타인의 계산으로 물건 또는 유가증권의 매매를 영업으로 하는 자를 위탁매매인"이라 하고(제101조), 이러한 매매를 업으로 하는 경우를 위탁매매업이라 한다. 소셜커머스에서 특히 재화의 판매를 이러한 위탁매매로 이해하는 견해가 있다.[20] 즉 소셜커머스 업체는 자기의 명의로 타인의 계산으로 타인 소유의 재화를 판매해주고 수수료를 얻는 형태를 취하고

있어서, 상법 제101조의 위탁매매업의 개념정의에 정확히 부합한다고 한다. 특히 상법 제101조의 경우 위탁매매업은 물건 또는 유가증권의 매매에만 한정하여 적용되기 때문에 유형의 재화의 판매의 경우에는 이 정의에 아주 정확히 맞아떨어진다고 한다. 또한 상법 제102조에서 위탁매매인은 위탁자를 위한 매매로 인하여 상대방에 대하여 직접 권리를 취득하고 의무를 부담한다고 규정하고 있으므로 이를 고려하면 소셜커머스는 전소법상 통신판매에 해당한다고 보는 것이 마땅하다고 한다.

2) 위탁매매형 구성은 판매자와 SC사업자의 관계를 가장 잘 설명해주는 이론구성인 반면에 이론적 난점도 존재한다. 즉, 위탁매매업의 정의에서 우선 "자기의 명의로" 한다 함은 자기가 직접 법률행위의 당사자가 되고 그 법률행위로부터 발생하는 법률효과의 주체가 되는 것을 말한다.[21] 상법에 의하면 위탁매매인은 위탁자를 위한 매매로 인하여 상대방에 대하여 직접 권리를 취득하고 의무를 부담한다(제102조). 따라서 예컨대 위탁매매에서 목적물의 매도를 위탁하는 매도위탁의 경우, 위탁매매인은 매매목적물을 인도받아(상법 제103조, 제108조 참조) 이를 상대방에게 매도하고 상대방에게서 받은 대금을 위탁자에게 이전하여야 할 의무를 부담한다.[22] 그렇다면 소셜커머스에서 SC사업자는 직접 법률행위의 당사자가 되고 그 법률행위로부터 발생하는 법률효과의 주체가 되는가? 다시 말하면 SC사업자는 판매자를 위한 매매로 인하여 소비자에 대하여 직접 권리를 취득하고 의무를 부담하는가?

3) 생각건대 SC사업자는 판매자의 위탁을 받아 소비자와 판매계약을 체결하고 그에 대하여 직접 대금지급을 청구할 수 있다는 점(또한 수령한 대금을 판매자에게 이전한다는 점)에서는 소셜커머

20) 오병철, 전게논문, 277-278면.

21) 정경영, 상법학강의[개정판], 박영사(2009), 207면.

22) 정경영, 전게서, 206면.

스는 위탁매매로서의 성격을 가진다고 할 수 있으나, 재화의 공급을 위하여 매매목적물이 SC사업자에게 인도(점유이전)되는 것이 아닐 뿐만 아니라[23] 재화공급의 채무를 SC사업자가 직접 부담하는 것이 아니라는 점[24]에서 위와 같은 위탁매매의 법률관계에 부합한다고 할 수 없다. 따라서 소셜커머스를 위탁매매로 법률구성하는 것에는 일정한 한계가 있으며, 위탁매매 구성을 전제로 하여 SC사업자를 통신판매업자로 포함시키는 해석에도 찬성할 수는 없게 된다.

3. 권리매매형 구성

1) SC사업자가 소비자에게 판매하는 것은 동산이나 용역의 구입권, 이용권이라고 구성하는 견해가 있다.[25] 즉, 민법은 제568조에서 매매의 목적을 권리로 명시하고 있을 뿐만 아니라 매매의 효과로서 매도인에게 재산권이전의무를 부과하고 있는 점을 감안하면, 소셜커머스 사업자가 판매하는 동산구입권이나 용역구입권, 이용권의 판매를 매매로 이론구성하는 데 별 어려움이 없을 것이라고 한다. 따라서 SC사업자는 권리의 하자가 있는 경우에 민법 제580조 이하의 하자담보책임이 아니라 제570조 이하의 추탈담보책임을 부담하는 것으로 보아야 한다고 한다.

2) 이와 같이 SC사업자의 매매계약의 대상을 구입권이나 이용권 등 권리로 이해하는 구성에는 경청의 가치가 있다고 본다. 법률관계를 간명하게 이해할 수 있는 이론구성일 뿐만 아니라 전

23) 동지, 송오식, 전게논문, 209면.

24) 판매자를 SC사업자의 이행보조자로 본다면 재화공급의 채무를 SC사업자가 직접 부담한다고 이론구성할 수 있게 되나, 거래의 실질에 부합하지 않는다.

25) 송오식, 전게논문, 210면.

소법상 SC사업자를 통신판매업자로 해석할 수 있는 단초를 제공해 주기 때문이다. 즉, 동법상 통신판매의 정의는 "우편·전기통신 그 밖에 총리령이 정하는 방법에 따라 재화 또는 용역(일정한 시설을 이용하거나 용역의 제공을 받을 수 있는 권리를 포함한다. 이하 같다)의 판매에 관한 정보를 제공하고 소비자의 청약에 의하여 재화 또는 용역을 판매하는 것으로서, 방문판매 등에 관한 법률 제2조 제3호의 규정에 의한 전화권유판매를 제외"하는 것으로 정의된다(제2조 제2호). 그런데 SC사업자에 의한 매매의 대상인 구입권이나 이용권 등의 권리가 바로 "일정한 시설을 이용하거나 용역의 제공을 받을 수 있는 권리"라고 이해할 수 있기 때문에, 소셜커머스는 이용권 등의 권리의 판매정보를 제공하고 소비자의 청약에 의해 그 권리를 판매하는 것으로서 통신판매에 해당한다고 볼 수 있게 된다.

문제는 이와 같은 이해의 전제조건으로 과연 SC사업자에게 소비자에게 판매할 이용권 등의 권리가 성립 내지 존재하는가의 여부이다. 왜냐하면 전술한 소셜커머스의 특징(급부 제공자와 대금 수령자의 분리)에 의하면 소비자가 판매자에게 상품의 제공을 청구할 수 있는 권리는 SC사업자와의 계약체결에 의하여 발생하는 것이기 때문에, 도대체 판매의 대상인 권리가 (SC사업자에게) 존재한다고 볼 수 없지 않겠느냐는 의문이 들기 때문이다. 이에 대하여는 우선 권리가 유가증권, 상품권 등에 화체되어 판매되는 것이라는 이해가 있을 수 있다. 그러나 SC사업자가 전전유통되는 유가증권이나 상품권을 발행하는 것이 아닌 한 이러한 해석은 타당하지 않다. 그렇다면 유가증권이나 상품권과 같이 전전유통을 전제로 하지 않고 권리를 객체화 내지 상품화하여 이를 매매의 대상으로 하는 것이 가능할 것인가 하는 점이 문제된다. 생각건대 판매자가 자신의 상품(재화 또는 용역)을 이용할 수 있는 권리 또는 상품제공을 청구할 수 있는 권리를 객체화하여 하나의 상품으로 개념구성하고, 그 판매를 SC사업자에게 의뢰하여 SC사업자가 의뢰받은 권리를 판매하는 것으로 이해한다면 SC사업자가 판매할 권리는 사전에 성립 내지 존재하는 것으로 해석할 여지가 있게 된다. 예컨대 호텔 이용권이나 스키장 이용권, 특정 재화를 할인된 값에 구매할 수 있는 권리 등을 사전에 객체화 내지 상품화하여 이를 판매의 대상으로 (제한된 범위에서) 유통시키는 것과 같다.

이와 같이 권리가 증권에 화체되어 전전유통하는 것이 아니더라도 판매대상으로 상품화하는 것이 가능하다고 본다면, SC사업자가 판매하는 것은 판매자가 의뢰한 이용권 등의 권리라고 이해할 수 있게 된다. 그렇다면 권리의 매매계약의 체결에 의하여 권리의 매도인인 SC사업자는 권리 매매대금의 지급청구권을, 권리의 매수인인 소비자는 이용권 등 당해 권리의 인도청구권을 갖게 된다(민법 제568조). 그리고 매수인인 소비자가 대금을 지급하면 매매계약의 대상이었던 이용권 등의 권리가 소비자에게 이전된다.

소셜커머스를 이와 같이 권리매매로 구성하게 될 경우에는 전소법상 철회기간의 기산점을 산정하기에 유리한 이점이 있다. 즉, 소비자는 원칙적으로 통신판매업자의 판매의 대상인 '권리'가 공급(이전)된 시점부터 7일동안 당해 판매계약에 관하여 철회권을 행사할 수 있게 되기 때문에(전소법 제17조 제1항), 목적물의 공급이 늦어짐으로써 철회권의 행사가 지나치게 길어지는 문제(전소법 제17조 제1항 제1호 단서 참조)는 발생할 여지가 없기 때문이다.

3) 소셜커머스를 권리의 매매로 이론구성할 경우에는 위와 같이 법률관계를 간명하게 이해할 수 있고, SC사업자를 통신판매업자로 해석하는 것에 현행법상의 근거를 제시해줄 뿐만 아니라 철회기간의 기산점 산정에 유리한 이점이 있다. 그러나 권리매매형 구성은 SC사업자와 소비자의 법률관계를 설명하는 데에는 탁월할 수 있으나 이들과 판매자와의 관계를 설명하지 못하는 이론

상의 난점이 있다.[26] 즉 권리매매형 구성에서는 SC사업자와 판매자와의 판매위탁관계가 소셜커머스의 전제가 되는 법률관계라는 점을 논의의 전제로 하고 있지 않기 때문에, SC사업자가 판매한 권리의 대금이 사실은 판매자에게 환원되어야 할 상품이용의 대가라는 점을 설명하기가 곤란하다. 또한 무엇보다 이용권 등을 구매한 소비자와 판매자와의 관계에서 상품에 하자가 있거나 채무이행에 문제가 있는 경우의 법률관계를 설명하기가 곤란한 난점이 있다. 즉, 만일 상품의 제공에 문제가 있을 경우 소비자는 SC사업자에게 그 구제(계약해제나 손해배상 등)를 청구할 수 있는가?

이 점에 대하여 권리매매형 구성을 취하는 견해는 SC사업자는 권리를 매매하는 자이므로 민법 제580조 이하의 하자담보책임이 아니라 제570조 이하의 추탈담보책임을 부담한다고 한다.[27] 그러나 이러한 이해가 매도인의 담보책임으로서 실제로 어떠한 의미가 있는지는 의문이다. 민법 제570조가 소셜커머스에 적용된다면, 요컨대 매매의 목적이 된 권리가 타인에게 속한 경우에는 매도인인 SC사업자는 그 권리를 취득하여 매수인인 소비자에게 이전하여야 하는 담보책임을 부담하게 될 터인데, 소셜커머스에서 SC사업자가 소비자에게 판매하는 것은 판매자에 대하여 이용이나 구입을 청구할 수 있는 하나의 권리(일종의 채권)이기 때문에 매도인(SC사업자)이 판매자로부터 권리를 취득하여 이전할 수 없는 경우란 처음부터 문제되지 않는다고 보아야 하기 때문이다.

---

26) 위탁매매형 구성을 전제로 하면서 매매의 대상을 권리로 구성할 경우에는 위와 같은 난점을 극복할 여지가 있으나, 이 경우에는 전술한 위탁매매형 구성의 난점으로부터 자유로울 수 없다.

27) 민법 제570조의 추탈담보책임이란 매매의 목적이 된 권리가 타인에게 속한 경우에 매도인이 그 권리를 취득하여 매수인에게 이전할 수 없을 때에 매수인에게 해제권(및 매수인이 선의인 경우 손해배상청구권)을 인정하는 것을 말한다.

생각건대 SC사업자가 매도하는 권리는 그 성격상 판매자가 제공하는 상품의 이용 또는 제공을 청구하는 권리이므로 일종의 채권이다. 따라서 권리매매형 구성은 채권매매형 구성에 다름 아니다. 그렇다면 채권을 매도하는 매도인은 채권매매에서의 매도인의 담보책임에 관한 민법 제579조[28]의 적용을 받는다고 보아야 한다.[29] 그렇다면 채권매매에서 매도인의 담보책임의 내용은 무엇인가? 민법 제579조는 채권의 매도인이 채무자의 자력을 담보하는 특약을 한 경우에 채권의 매도인이 어느 시점에 채무자의 무자력에 대한 담보책임을 부담하는지를 규정한 것이다.[30] 이에 의하면 변제기에 도달하지 아니한 채권의 매도인이 채무자의 자력을 담보한 때에는 변제기의 자력을 담보한 것으로 추정한다(민법 579조 제2항). 그런데 소셜커머스에서는 매도인인 SC사업자가 채무자인 판매자의 '자력'을 담보한 것이 아니라 '(완전한) 채무이행'을 담보한 것으로 유추해석하여야 할 것이다. 따라서 SC사업자가 판매자의 채무이행을 담보하는 특약을 한 경우에는 소비자가 판매자에 대하여 이행청구를 하는 시점(민법 제387조 제2항)의 자력을 담보한 것으로 추정하게 될 것이다(민법 제579조 제2항). 그러나 이 경우에도 매도인(SC사업자)이 채무자(판매자)의 채무이행을 담보하는 특약을 한 경우에만 이 규정이 (유추)적용되는 것이므로, SC사업자가 판매자가 제공하는 상품의 품질 등을 보증하지 않는

28) 민법 제579조(채권매매와 매도인의 담보책임) ① 채권의 매도인이 채무자의 자력을 담보한 때에는 매매계약 당시의 자력을 담보한 것으로 추정한다. ② 변제기에 도달하지 아니한 채권의 매도인이 채무자의 자력을 담보한 때에는 변제기의 자력을 담보한 것으로 추정한다.

29) 매도인의 담보책임에 관한 다른 규정이 적용될 여지가 있으나, 소셜커머스에서 의미를 가질 만한 내용은 아니다.

30) 김준호, 민법강의(제2전정판), 법문사(2009), 1411면; 김형배 · 김규완 · 김명숙, 민법학강의(제10판), 신조사(2011), 1349면; 송덕수, 신민법강의(제2판), 박영사(2009), 1237면; 지원림, 민법강의(8판), 홍문사(2010), 1424면 등.

한, 거래의 실상에서는 이 조문이 적용될 여지가 없다.[31]

요컨대 권리매매형 구성은 SC사업자와 소비자의 법률관계를 설명하는 데에는 탁월할 수 있으나, SC사업자 —소비자의 관계와 소비자— 급부제공자(판매자)의 관계는 서로 단절된다는 문제가 있다(급부의 단절). 즉 권리매매형 구성은 SC사업자가 판매한 권리의 대금이 사실은 판매자에게 환원되어야 할 상품제공의 대가라는 점을 설명하기가 곤란하며, 이 구성에 의하면 SC사업자가 판매자의 채무이행을 담보하지 않는 한 소비자는 판매자의 채무불이행에 대하여 판매자에게 책임(손해배상 등)을 물을 수밖에 없으며, SC사업자에게 책임(계약해제 등)을 요구할 수는 없다. 소셜커머스를 3당사자간의 법률관계로 이해하는 한에 있어서는 급부의 단절은 법률관계 전체의 이해를 곤란하게 한다는 이론상의 난점을 수반한다.

4. 지명채권 구성

1) 소셜커머스에서 3당사자의 법률관계를 있는 그대로 설명하면서 이론적 모순이 없도록 구성하는 방안으로서 지명채권 구성을 제안하고자 한다. 이 구성은 소셜커머스에서 3당사자 간의 관계를 중시한다. 먼저 판매자는 SC사업자에게 자신의 상품에 대한 판매를 위탁한다(SC사업자가 소비자로부터 수령한 상품의 대금은 이 위탁계약에 의거하여 수수료 공제 후 판매자에게 이전된다). 소비자는 SC사업자가 운영하는 홈페이지 등에서 판매자의 상품정보를 획득한 후[32] 그 상품을 구매하는 계약을 체결하고 대금(신용카드

31) 예컨대, 티켓몬스터 서비스 이용약관 제22조는 상품의 품질에 대하여는 판매자가 그 책임을 부담하며 SC사업자는 어떠한 책임도 부담하지 않음을 명시하고 있다.

32) 내일신문 2011. 12. 28자 기사("소셜커머스 "이젠 산업성장의 한 축")

에 의한 대금을 포함)을 SC사업자에게 지급한다(대금은 추후 수수료를 공제한 후 판매자에게 이전된다). 소비자는 구매계약 체결과 동시에 판매자에 대하여 상품제공에 관한 채권을 취득하고,[33] 권리행사기간 내에 판매자에게 자유롭게 그 채무의 이행을 청구할 수 있다. 소비자는 이용권 또는 할인쿠폰과 같이 객체화 또는 상품화된 권리를 매수하는 것이 아니라, 계약체결에 의하여 SC사업자에게 미리 변제한 대금채무에 대한 반대급부(본래의 급부)로서 판매자에게 상품제공을 청구할 수 있는 채권을 취득하는 것이다. 이 채권은 채권자가 특정되어 있다는 점에서[34] 지명채권으로 해석할 것이다. 지명채권인 한에 있어서는 당사자가 양도를 금지하지 않는 한 이를 양도하는 것도 원칙적으로 가능하다(민법 제449조). 양도가 가능한 경우, 소비자가 이 채권을 (다른 소비자에게) 양도할 때에는 대항요건을 갖추어야 채무자(판매자)에게 대항할 수 있다. 즉 보통의 경우 양도인(소비자A)이 채무자(판매자)에게 양도사실을 통지함으로써 양수인(소비자B)은 채권양도를 채무자에게 대항할 수 있다(민법 제450조).[35]

지명채권 구성에 대하여는 두 가지 관점에서 문제가 제기될

에 의하면, 시장조사전문기관 엠브레인트렌드모니터가 1000명의 소비자를 대상으로 설문조사를 실시한 결과, "소셜커머스 관련 정보습득은 스스로 웹사이트를 방문해서(43.4%) 얻는 경우가 절반 가까이에 이르렀다. 그만큼 자발적 구매가 많고, 주기적으로 방문할 만큼 이용률이 높은 것으로 나타났다"고 한다(http://www.naeil.com/News/politics/ViewNews.asp?nnum=642228&sid=E&tid=C).

33) 물론 공동구매의 조건을 충족하여야 채권 취득의 효력이 발생한다(정지조건부 계약).

34) 채권자(소비자)의 이름이나 연락처 등 정보는 SC사업자를 통하여 판매자에게 전달된다. 따라서 예컨대 할인쿠폰을 인쇄 또는 핸드폰 등에 저장하지 않거나 인쇄된 쿠폰을 분실하였다고 하더라도 채권자(소비자)의 본인확인이 이루어지는 한 채무이행은 가능하게 된다.

35) 거래계에서는 채권의 양도를 (암묵적으로) 허용하는 사업자도 있으나(예컨대 티켓몬스터), 양도성 자체를 제한하는 것이 일반적이다.

수 있다. 하나는 소셜커머스에 대하여 전소법상 철회권을 인정할 경우 그 기산점을 언제로 잡을 것인가의 문제이고, 또 하나는 SC사업자가 판매자가 제공하는 상품의 품질이나 완전한 채무이행(이하 "급부이행"으로 표현한다)을 보증하는가의 문제이다.

2) 먼저 전소법상 철회기간의 기산점을 언제로 잡을 것인가의 문제는 소셜커머스가 전소법상 통신판매에 해당할 것을 논리적 전제로 한다. 통신판매에 해당하여야 전소법상 철회권이 인정될 수 있기 때문이다.[36] 전소법상 통신판매의 정의는 다음과 같다. 즉 "통신판매라 함은 우편·전기통신 그 밖에 총리령이 정하는 방법에 따라 재화 또는 용역(일정한 시설을 이용하거나 용역의 제공을 받을 수 있는 권리를 포함한다. 이하 같다)의 판매에 관한 정보를 제공하고 소비자의 청약에 의하여 재화 또는 용역(이하 "재화 등"이라 한다)을 판매하는 것으로서 방문판매법상 전화권유판매를 제외한 것"을 말한다(동법 제2조 제3호). 요컨대 우편·전기통신 등의 방법으로 상품의 판매에 관한 정보를 제공하고 소비자의 청약에 의하여 상품을 판매하는 경우를 말하는데, 여기서 상품을 판매한다는 것은 소비자의 청약에 대하여 승낙함으로써 상품판매에 관한 계약을 체결하는 것으로 이해된다(예컨대 동법 제15조 및 제17조는 계약체결 후 상품의 공급을 전제로 한다). 이러한 정의에 소셜커머스가 포섭될 것인지가 문제이다. 생각건대 이러한 통신판매의 정의는 통신판매업자 스스로가 자신의 상품을 판매하는 경우를 염두에 둔 것이지만, 문언상 (계약체결과 상품제공이 분리되는) 소셜커머스를 특히 배제하는 것은 아니라고 (넓게) 해석할 것이다. 즉, 전소법상 통신판매는 반드시 상품을 제공하는 주체가 상품에 관한 정보제공자 및 계약체결자와 일치하여야 하는 것으로 정의되어 있지는 않기 때문에, 소셜커머스는 "SC사업자가 상품의 판

36) 전소법 제17조~제18조 참조.

매에 관한 정보를 제공하고 소비자의 청약에 의하여 상품을 판매(상품판매에 관한 계약을 체결)하는 것"에 해당한다고 해석할 수 있다.[37]

문제는 소셜커머스가 통신판매에 해당한다고 해석하더라도 철회기간의 기산점을 언제로 잡을 것인가 하는 점이다. 지명채권 구성에 의하면 소비자의 이행청구에 의하여 상품이 제공되는 시점부터 철회권이 기산된다고 해석하게 될 것이기 때문에(전소법 제17조 제1항 제1호 단서 참조), 철회권의 기산점이 계약체결 후 상당히 뒤로 늦추어질 가능성이 있다. 이러한 해석에 의할 경우, 예컨대 6개월의 권리행사기간에 임박하여 소비자가 상품제공을 청구하여 상품이 제공되었다면, 그 때부터 7일까지는 철회권 행사가 가능하게 된다는 결론에 이르게 된다.

생각건대 전소법상 통신판매에 관한 규정은 소셜커머스와 같이 대금 수령자와 급부 제공자가 분리되는 경우를 상정한 입법은 아니라고 보아야 할 것이다. 권리행사기간 내의 소비자의 자유로운 급부 청구를 보장하는 소셜커머스의 특징으로 판단건대 상품의 공급일로부터 철회기간을 계산하는 동법 제17조의 생각은 소셜커머스에는 어울리지 않기 때문이다. 따라서 지명채권 구성에 의하여 소셜커머스를 이해할 경우 철회기간의 기산에 관하여는 입법론적 조정이 필요하다는 결론에 이르게 된다. 다만 현행 전소법의 해석에 의할 경우에는 철회권의 기산점은 계약서 교부일로부터 7일이라고 합목적적으로 해석할 수밖에 없다(제17조 제1항 제1호 본문).

3) SC사업자가 판매자의 급부이행을 보증하는가의 문제도 중요하다. SC사업자의 약관에서 이를 인정하지 않는다는 것이 일반

37) 그러나 한편으로는 시스템상의 약간의 조정으로 소셜커머스가 통신판매중개에 포섭되는 것으로 해석될 여지도 있다(후술).

적이라는 점은 전술한 바와 같으나, 3당사자 간의 법률관계를 전체적으로 하나의 거래관계로 이해하는 지명채권 구성에 의할 때는 대금의 지급과 상품의 제공이라는 대립하는 두 가지 급부의 견련성 내지 관련성을 인정하는 것이 자연스럽다는 평가도 가능하기 때문이다. 그러나 SC사업자가 판매자의 급부이행을 보증할 것인가의 문제는 소셜커머스가 50% 할인율을 그 존립기반으로 하는 비즈니스모델이라는 점에서 기본적으로 SC사업자의 의사에 맡겨둘 문제라고도 생각된다. 그렇다면 SC사업자가 급부이행의 보증을 선택하는 경우와 선택하지 않는 경우에 어떠한 법적 효과의 차이가 발생할 것인가?

먼저 SC사업자가 판매자의 급부이행을 보증한 경우에는, 판매자에게 상품의 품질에 관하여 하자가 있거나 채무불이행이 있다면, 소비자는 기본적으로 판매자와의 관계에서 구제받을 수 있을 것이나(추완청구 또는 손해배상), SC사업자가 보증한 급부가 이행되지 않은 경우 소비자는 SC사업자에게 계약의 해제를 주장할 수 있다고 해석할 것이다(민법 제543조. 이것은 SC사업자로부터 대금의 환불을 받을 수 있음을 의미한다). SC사업자의 급부이행 보증은 SC사업자에 대한 소비자의 평판문제에 직결되기 때문에, 소비자를 보호하는 것임과 동시에 결국은 SC사업자의 존립 나아가 수익증가로 연결되는 핵심적인 사항이 될 것으로 생각된다. 그러나 현재의 실무에서는 SC사업자가 판매자의 급부이행을 보증하지 않는 것이 업계 현실이다.

다음으로 SC사업자가 판매자의 급부이행을 보증하지 않는 선택을 할 경우에는 상품의 하자나 채무불이행에 대하여 소비자는 기본적으로 판매자와의 관계에서 해결하여야 할 것이고(추완청구 또는 손해배상), SC사업자에게 계약의 해제(대금의 환불)를 주장할 수는 없다고 해석할 것이다.[38]

그렇다면 SC사업자가 급부이행을 보증하지 않는 선택을 한 경우 그는 소비자에 대하여 아무런 책임을 부담하지 않는다고 해석할 것인가? 생각건대 이 경우 SC사업자가 소비자에 대하여 책임을 부담한다고 구성하기 위하여는 소비자의 SC사업자에 대한 급부와 판매자의 소비자에 대한 급부가 견련 또는 연결되어 있어야 가능할 터인데, 현 단계에서 지명채권 구성이 단절된 급부를 연결해주는 확실한 이론적 근거를 제공해준다고는 할 수 없다. 그러나 SC사업자가 판매자의 급부이행을 보증하거나 판매자의 채무불이행에 대하여 책임을 부담하는 것에 관한 유사한 법률적 근거가 존재하지 않는 것은 아니다. 예컨대, 할부거래법상 할부거래업자에 대한 소비자의 항변권 규정(제16조)이나 상법상 금융리스계약에서 공급자의 의무에 관한 규정(제168조의4)[39]은 소셜커머스와 같은 3당사자 간의 법률관계에서 일방 당사자(소비자)가 직접적 계약관계에 있지 않은 타방 당사자에 대한 이행의 거절이나 이행의 청구를 법률적으로 정당화하는 규정이다.[40] 이것은 말하자면 3당사자 간의 법률관계를 전체적으로 하나의 (경제적) 거래관계로 이해하는 것을 전제로 단절된 급부의 연결을 인정하는 입

38) 그러나 만일 SC사업자가 소비자에 대하여 판매자의 급부이행을 보증하지 않는다는 사실이 약관에 규정되어 있다면 이는 약관규제법상 "중요한 내용"에 해당하기 때문에 이를 소비자에게 설명하여야 하며, 이에 위반하여 계약을 체결한 경우 SC사업자는 해당 약관을 계약내용으로 주장할 수 없다고 해석할 것이다(약관규제법 제3조). 소비자의 입장에서는 대금의 지급과 상품의 제공이라는 두 가지 급부가 서로 단절되어 있고 따라서 SC사업자가 판매자의 급부이행에 대하여 아무런 책임을 지지 않는다는 약관규정에 대하여 설명을 듣지 않는다면 불측의 손해를 입을 수 있기 때문이다.

39) 상법 제168조의4 제2항 "금융리스물건이 공급계약에서 정한 시기와 내용에 따라 공급되지 아니한 경우 금융리스이용자는 공급자에게 직접 손해배상을 청구하거나 공급계약의 내용에 적합한 금융리스물건의 인도를 청구할 수 있다."

40) 독일민법상 결합계약에 관한 규정도 유사한 관계를 규율한다(제358조 참조).

법례라고 할 수 있다. 지명채권 구성은 소셜커머스에서 3당사자간의 관계를 전체적으로 하나의 거래관계로 이해하는 전제에서 출발하고 있으므로 위와 같은 법률적 정당화 규정에 친화적이다. 따라서 만일 향후에 소셜커머스를 새로운 거래유형으로 입법화할 경우에는 지명채권 구성을 이론적 근거로 하여 SC사업자가 판매자의 채무불이행에 대하여 책임을 부담하는 내용을 입안하면 될 것이다.

이와 같이 지명채권 구성은 논리적으로 SC사업자의 급부이행 보증이나 급부의 연결을 이끌어내기가 용이한 장점이 있으나, 그 입법이 실현되지 않은 상황에서 현행법의 해석론으로부터 그와 같은 결론을 이끌어낼 수는 없다.

Ⅳ. SC사업자의 법적 지위의 문제

그렇다면 SC사업자는 전소법상 통신판매업자인가 통신판매중개자인가? 이것은 모두에서 기술한 바와 같이 소셜커머스의 법적 구성을 어떻게 이해할 것인가의 문제와 밀접한 관련을 갖는다. 본고에서 검토한 네 가지 법적 구성 중 "중개형 구성"에 의하면 SC사업자는 통신판매중개자로 해석할 것이고, "위탁매매형 구성"이나 "권리매매형 구성"에 의할 경우에는 통신판매업자로 해석할 것이다. 이에 반하여 "지명채권 구성"에 의할 경우에는 소셜커머스는 전소법이 상정하는 통신판매나 전자상거래 유형의 범주를 넘는 새로운 거래유형이라는 점에서 반드시 전소법상 통신판매나 통신판매중개의 범주에 포섭하여 이해할 것은 아니라고 볼 것이다. 다만 통신판매의 정의규정상 소셜커머스를 통신판매의 일종으로 해석할 수 있다는 점은 전술한 바와 같으나, 통신판매중개에 관한 정의규정상 SC사업자가 자신의 시스템설계를 약간만 조정한다면 그를 통신판매중개자로 해석할 여지도 있다는 점에 주의를 요한다. 즉, 전소법상 통신판매중개란, "사이버몰의 이용을 허락하거나 기타 총리령이 정하는 방법(자신의 명의로 통신판매를 위한 광고수단을 제공하거나 그러한 광고수단에 자신의 이름을 표시하여 통신판매에 관한 정보의 제공이나 청약의 접수 등 통신판매의 일부를 수행하는 것)에 의하여 거래당사자 간의 통신판매를 알선하는 행위를 말한다"(법 제2조 제4호, 시행규칙 제3조). 이 정의에서 통신판매중개를 통신판매와 구별하는 핵심적인 지표는 "SC사업자가 통신판매의 일부를 수행함으로써 거래당사자 간의 통신판매를 알선하는 것"이라 할 것이다. 다시 말하면 통신판매의 전 과정에서 그 일부를 수행하고 거래당사자(소비자와 판매자) 간에 통신판매에 관한 계약이 체결되었음이 인정된다면 통신판매중개로 해석될 것이다. 따라서 예컨대 SC사업자의 사이버몰에서 소비자로부터의 청약을 접수하고 당해 사이버몰에서 판매자가 승낙을 하도록 SC사업자의 시스템이 설계되었다면 그 SC사업자는 통신판매중개자로 분류될 여지가 있다. 만일 그와 같은 시스템에서 대금은 SC사업자에게 지급하도록 하는 구조가 유지된다면 당해 SC사업자는 통신판매업자인가, 통신판매중개자인가?

통신판매업자와 통신판매중개자의 구별의 실익은 전소법상 통신판매업자에게 주어지는 각종 규제(통신판매신고의무, 정보제공의무, 계약서교부의무, 철회권, 소비자피해보상보험계약 가입의무, 구매안전서비스 가입의무 등)가 통신판매중개자에게는 기본적으로 적용되지 않는다는 점에 있다. 즉, 통신판매중개자의 경우 자신이 책임이 없다는 사실을 미리 고지한 경우에는 원칙적으로 면책된다(제20조). 그런데 전소법상 통신판매중개자와 통신판매업자 간의 법적 규제의 내용은 이와 같이 크게 차이가 남에도 불구하고, 통신판매중개자로 인정받기 위한 요건은 비교적 단순하다[정의규정상 통신판매중개의 요건(제2조 제4호)을 갖출 것+면책의 고지(제20조 제1

항)].[41] 이것은 SC사업자의 시스템설계 여하에 따라 양 영역 어디에도 해당할 수 있는 비즈니스모델인 소셜커머스에 있어서는 SC사업자가 통신판매중개자로 자신의 시스템을 설계 내지 조정하고자 하는 動因으로 작용할 것이다.

이와 같이 본다면 SC사업자를 전소법상 통신판매업자로 볼 것인가, 통신판매중개자로 볼 것인가의 문제는 소셜커머스의 법적·정책적 과제를 도출하는 데에는 그다지 도움이 되는 논의라고는 할 수 없다. 문제의 본질은 SC사업자가 통신판매업자인지 통신판매중개자인지를 구별하는 데에 있는 것이 아니라 소셜커머스의 거래법 내지 계약법적 구성의 본질을 파악하는 데에 있다고 보아야 할 것이다.

V. 결 론

이상에서 소셜커머스의 특징을 정리한 후, 그 법적 구성을 분석하고 이어서 SC사업자의 법적 지위의 문제에 대하여 검토해 보았다. 이하에서는 이상의 논의를 정리하는 의미에서 소셜커머스의 법적 구성으로 가장 유력한 두 가지 유형(권리매매형 구성, 지명채권 구성)의 특징을 요약한 후, 결론으로서 소셜커머스의 소비자계약법적 과제에 대한 사견을 제시해 보고자 한다.

1. 요 약

(1) 소셜커머스의 법적 구성 중에서는 권리매매형 구성이 현행 전소법상의 규제의 근거를 명쾌하게 제시해줄 수 있다는 점에

41) 같은 문제의식으로, 오병철, 전게논문, 283면.

서 유용하다. 또한 권리매매형 구성에서는 '권리'가 소비자에게 이전되는 순간에 상품공급이 이루어진 것이므로 철회기간의 기산점 산정이 용이한 장점이 있다. 그러나 이 구성은 SC사업자와 소비자 간의 관계에 중점을 두기 때문에 판매자와 소비자 간의 관계 및 SC사업자와 판매자 간의 관계를 종합적으로 설명하기가 어렵다. 따라서 소비자보호를 위하여 철회권의 인정 못지않게 중요한 요소인 급부이행의 보증에 대하여는 이론적 근거를 제시하지 못한다. 다만 권리(채권)의 매매인 만큼 그 담보책임에 의하여 소비자를 보호할 가능성이 남아 있으나 SC사업자가 채무자(판매자)의 이행을 담보하는 특약을 체결하지 않는 한 대금지급과 급부제공이라는 서로 대립하는 두 가지 급부는 서로 단절되고 만다.

(2) 반면에 지명채권 구성에 의할 경우, 소비자는 이용권 또는 할인쿠폰과 같이 객체화 또는 상품화된 권리를 매수하는 것이 아니라, 계약체결에 의하여 SC사업자에게 미리 변제한 대금채무에 대한 반대급부(본래의 급부)로서 판매자에게 상품제공을 청구할 수 있는 채권을 취득하는 것이다. 이와 같은 소셜커머스는 애초에 전소법이 상정한 통신판매의 유형이라고는 할 수 없으나 통신판매의 정의에서 이를 포섭하는 것으로 해석 못할 바는 아니다. 따라서 지명채권 구성이 현행법상 SC사업자를 통신판매업자로 해석하는 것의 장애가 되지는 않는다. 그러나 SC사업자가 시스템설계의 조정에 의하여 통신판매중개자로 변신할 수 있는 가능성도 내포되어 있음을 주의하여야 할 것이다. 지명채권 구성은 3당사자 간의 관계를 전체적으로 하나의 거래관계로 이해하기 때문에 SC사업자의 급부이행 보증에 관한 이론적 근거를 제시하기가 용이한 반면, 철회기간의 기산점 산정에 있어서는 현행 전소법과는 부합하지 않는 난점이 존재한다. 다만 2002년에 제정된 전소법은 새롭게 등장하는 전자상거래의 유형에 대응하기 어려운 한계가 있으므로, 철회기간의 기산점 문제에 대하여는 장래적으로는 '통

신판매' 내지 '통신판매중개'의 개념을 어떻게 구성할 것인가에 관한 문제를 포함하여 입법론적으로 정리될 필요가 있다고 생각한다.[42]

2. 소셜커머스의 소비자 계약 법적 관계

(1) 공정거래위원회는 SC사업자를 전소법상 통신판매업자로 해석하는 것을 전제로 전소법을 위반한 SC사업자에게 시정명령을 부과하였다.[43] 이로써 SC사업자와 (쿠폰판매에 관한) 계약을 체결한 소비자에게 계약체결 후 7일간 철회권이 인정된다는 점이 분명해졌다. 이것은 소비자보호를 위하여는 획기적인 조치임에 틀림없으나, 소셜커머스가 전자상거래 내지 통신판매의 일종이라는 점을 생각하면 당연한 해석이라 할 것이다. 인터넷 등을 통하여 소셜커머스를 통한 충동구매를 하는 소비자에게 일정한 냉각기간을 부여함으로써 합리적으로 재판단할 수 있는 기회를 주는 것이 철회권제도의 취지라면, 철회권의 인정에서 소셜커머스를 제외할 이유가 없기 때문이다.

전소법상 철회권을 인정한 이후의 소셜커머스의 소비자계약법적 과제는 SC사업자에 의한 판매자의 급부이행의 보증에서 찾아야 할 것이다. 소비자는 같은 상품에 대하여 50%로 할인된 상품의 이용 내지 구입을 기대하고 소셜커머스를 이용하는 것이다. 따라서 판매자의 급부이행이 50% 할인율이라는 이유로 불완전한 것이고, 이에 대하여 소비자에게 법적 구제수단(궁극적으로 계약해

42) 동지, 오병철, 전게논문 282면 이하(다만, 이 견해는 단기적으로는 위탁매매형 구성에 입각하여 "통신판매업자"의 개념정의를 새롭게 할 것을 제안하고 있다).

43) 공정거래위원회 2011. 5. 9일자 보도자료, "청약철회 등 소비자보호의무 소셜커머스도 예외 아니다" 참조.

제권)이 제공되지 않는다면 결국 소셜커머스의 존립기반 자체가 흔들릴 수도 있다. 그러나 현 단계에서는 SC사업자의 자발적인 급부이행의 보증이 존재하는 경우에만 소비자가 불완전이행이나 채무불이행으로부터 구제받을 수 있을 뿐 SC사업자의 급부이행 보증을 법리적으로 뒷받침할 수 있는 근거가 존재하는 것은 아니다. 다만 신용카드거래나 금융리스계약에서와 같이 3당사자 간에 복수의 계약에 의해 전체로서 하나의 (경제적) 거래관계가 성립하는 경우(이른바 복합계약[44] 또는 결합계약[45])에 있어서 단절된 급부의 연결을 인정하는 입법규정(할부거래법상 항변권의 관철 내지 접속, 상법상 금융리스계약에서 공급자의 의무에 관한 규정 등)으로부터 시사를 얻을 여지는 존재한다. 향후에 면밀한 검토가 필요하긴 하나, 전술한 법적 구성 중에서는 3당사자 간의 관계를 전체적으로 하나의 거래관계로 이해하고자 하는 지명채권 구성에 의할 경우 논리적으로 SC사업자의 급부이행 보증을 이끌어내기가 용이한 장점이 있다.

(2) 이와 같은 소비자계약법적 과제 이외에 소비자보호를 제도적으로 보장하고자 하는 시도도 존재하는데, 예컨대 권리행사기간을 넘는 경우에도 상사소멸시효(5년)를 인정하려고 한다든지, 철회기간을 넘는 경우에도 소비자에게 취소권을 인정하고자 하는 것과 같은 시도가 그것이다. 그러나 이와 같은 시도는 私法상 근거를 결한다는 점에서 결코 소비자보호에 도움이 되지 못한다. 이론적 근거에 입각한 합리적 규제만이 소셜커머스의 지속적인 발전을 담보할 수 있기 때문이다.[46] 반면에 사기적 판매수법(폐업,

44) 복합계약에 관하여는 예컨대, 大村敦志 『消費者法(第3版)』(有斐閣, 2007) 209頁 以下를 참조.

45) 독일민법 제358조 참조.

46) 다만 사업자 스스로 권리행사기간이나 철회기간을 넘긴 경우에도 소비자가 구제받을 수 있는 가능성을 열어주는 것은 얼마든지 가능하다. 예컨대, 공정거래위원회와 소셜커머스업체 사이에 마련된 “소비자보호

허위광고, 위조상품의 판매, 대금 수령 후 상품 미배송 등)에 대하여 강력한 행정규제 및 형사적 제재가 필요한 것은 별개의 문제이다.[47]

색인어

소셜커머스, 통신판매, 전자상거래소비자보호법, 중개형 구성, 위탁매매형 구성, 권리매매형 구성, 지명채권 구성

자율준수 가이드라인"에 의하면, 권리행사기간(유효기간)이 지난 쿠폰(채권)에 대하여도 구매금액의 70% 이상의 범위에서 최소 6개월 동안 사용가능한 포인트(SC사업자가 발행하여 자사 사이트에서 사용할 수 있는 전자적 결제수단) 등으로 환불할 수 있도록 하였다(공정거래위원회, 2012년 2월 13일자 보도자료 참조).

47) 예컨대, 공정거래위원회 2011. 11. 28자 보도자료, "'벌써 200개 넘게 팔린 제품이네?'… 실제로는 10여개 판매") 참조.

참 고 문 헌

1. 단행본

김준호, 민법강의(제2전정판), 법문사, 2009.
김형배 · 김규완 · 김명숙, 민법학강의(제10판), 신조사, 2011.
송덕수, 신민법강의(제2판), 박영사, 2009.
정경영, 상법학강의(개정판), 박영사, 2009.
지원림, 민법강의(8판), 홍문사, 2010.
大村敦志,『消費者法(第3版)』有斐閣, 2007.

2. 논 문

고형석, "소셜커머스와 청약철회권," 선진상사 법률 제56호, 2011. 10.
서희석, "소비자법 민법전편입의 이론적 근거와 방향성 —실질적 사적자치론 · 소비자계약론의 관점에서—,"「재산법연구」제27권 제2호, 2010. 10.
송오식, "소셜커머스의 법률관계 —공동구매형 소셜커머스에서 소비자보호를 중심으로—,"「재산법연구」제28권 제2호, 2011. 8.
오병철, "소셜커머스에서의 전자상거래의 청약철회권," 법학연구(연세대) 제21권 제3호, 2011. 9.
이병준, "소셜커머스 사업자의 사업모델과 법적 · 행정적 규제," 법적연구(부산대) 제53권 제3호, 2012. 8.
이형규, "인터넷 경매업자의 법적 지위와 권리 및 의무,"「비교사법」제10권 제2호, 2003.

소셜커머스 및 쿠폰의 법적 성질에 관한 연구*

고 형 석**

차 례

Ⅰ. 서 론

과학기술의 발전으로 등장한 전자상거래는 고정된 거래형태가 아닌 계속적으로 발전하고 있는 거래방식이다. 즉, 초기 전자상거래는 유선 인터넷과 컴퓨터를 전제로 하였다. 그러나 최근 전자상거래는 인터넷의 접속방식이 유선을 비롯하여 무선까지 활용되고 있으며, 접속기기 역시 컴퓨터뿐만 아니라 태블릿 PC, 휴대폰 등 매우 다양화되고 있다. 이러한 변화는 전자상거래의 장점인 시간과 공간의 무제한성이라는 점을 더욱 극대화하고 있다.

* 이 논문은 한국재산법학회에서 발간하는 「재산법연구」 제29권 제2호 (2012. 8)에 게재되었음.

** 선문대학교 법과대학 조교수.

또한 20세기 초반에 등장하여 활성화되었던 온라인 공동구매가 최근 새로운 형태로 등장하고 있으며, 소셜 네트워크(Social Network)를 기반으로 한다는 점에서 소셜커머스(Social Commerce)로 지칭되고 있다.[1)]

이러한 소셜커머스는 기존공동구매와 비교하여 다음과 같은 공통점과 차이점을 갖는다. 먼저, 공통점으로는 일정 수 이상의 소비자의 구매신청이 존재하여야 한다는 점이며,[2)] 일반적인 판매가격보다 매우 저렴한 가격으로 판매한다는 것이다. 반면에 양자의 차이점은 다음과 같다. 첫째, 소셜커머스는 소셜네트워크서비스(SNS)를 기반으로 한다. 즉, 공동구매는 사업자가 일정수 이상의 소비자를 모집하지만, 소셜커머스의 경우 일정 수 이상의 조건을

---

1) 소셜커머스가 급속도록 성장한 배경으로 다음의 점을 제시하고 있다. 첫째, 소셜 네트워크 상의 이용자를 잠재고객으로 유도할 수 있다. 기본적으로 소셜미디어의 네트워크를 통해 집단화한 이용자 간의 신뢰도는 일반 웹보다 높기 때문에 네트워크 연결자들을 고객화할 수 있는 가능성이 높아진다. 둘째, 일반 웹보다 마케팅 비용이 상대적으로 적다. 이용자 트래픽을 끌어들이기 위한 별도의 인터넷 이벤트 없이도 높은 트래픽을 유도할 수 있기 때문에 마케팅 비용이 절감된다. 셋째, 소셜미디어의 네트워크는 강한 인적 결속력을 갖기 때문에 일반 웹의 정보보다 높은 신뢰성을 가지며, 이는 높은 구매 가능성과 직결된다. 예를 들어, 네트워크의 지인들의 리뷰, 추천 등은 다른 이용자들의 구매 가능성을 높이는 역할을 한다. 반면에 부작용으로 파워블로거의 공신력을 이용한 체험 후기와 정보의 신뢰성, 소셜미디어를 통한 스팸성 마케팅 게시글의 대량 배포, 소셜미디어 네트워크를 의도적으로 확장하여 기업에 매매하는 경우 등과 같이 소셜미디어 공간의 커뮤니케이션 신뢰도의 하락을 제시하고 있다(이규정 · 이동훈 · 차재필, 「소셜미디어의 확산과 법제도적 시사점」, 방송통신위원회, 2009, 70/73면).

2) 소셜커머스가 반드시 공동구매의 형태만을 가지고 있는 것은 아니다. 즉, 구매당일에 사용할 수 있는 쿠폰의 경우 일정 수 이상의 구매를 요건으로 하지 않은 경우가 있기 때문이며, 이의 예로 티켓몬스터의 티몬나우, 쿠팡의 쿠팡 타임, 위메프의 위메프 나우, 그루폰의 그루폰 나우 등이 있다(한국인터넷기업협회, 「인터넷산업 이슈리포트 제4호」, 한국인터넷기업협회, 2011. 11, 32면).

소비자가 소셜네트워크서비스를 활용하여 충족시키는 것을 전제로 하고 있다. 물론 현실적으로 소셜커머스에 있어서 소비자가 다른 소비자를 유인하는 비중은 매우 낮다고 할 수 있지만,[3] 소셜커머스는 개념상 이를 기반으로 한다. 둘째, 급부의 목적물에 있어서 공동구매는 상품(유체재화)을 대상으로 하기 때문에 사업자가 소비자에게 배송한다. 그러나 소셜커머스의 경우 배송상품 역시 존재하지만, 소비자가 판매사업자에게 직접 찾아가 상품 또는 서비스를 제공받는다. 따라서 소비자가 상품판매자에게 권리를 행사하지 않을 경우 소셜커머스 사업자 등에게 낙전수입이 발생한다. 셋째, 공동구매에서 사업자가 판매하는 것은 상품이다. 그러나 소셜커머스에서는 상품뿐만 아니라 서비스도 포함된다. 문제는 쿠폰[4]이다. 즉, 소셜커머스 사업자와 계약을 체결한 소비자는 쿠폰을 교부(전송)받으며, 상품 또는 용역판매자에게 쿠폰을 제시하여 상품 또는 서비스를 제공받는다. 물론 쿠폰이 없더라도 소셜커머스 사업자와 계약을 체결하였다는 사실이 증명되면 상품 또는 서비스를 제공받을 수 있다. 이와 같이 소셜커머스에 있어서 쿠폰은 기존의 공동구매와의 가장 큰 차이점이라고 할 수 있다.[5]

그럼 소셜커머스 사업자와 계약을 체결한 소비자가 교부받는 쿠폰의 법적 성질은 무엇인가? 이를 규명하는 것은 소셜커머스의

3) 구동수, "국내 소셜커머스기업 마케팅 분석을 통한 SNS(Social Network Service) 활용방안에 관한 연구,"「마케팅」제45권 제10호, 2011. 10, 64면.

4) 소셜커머스 사업자가 모두 쿠폰이라는 용어를 사용하고 있지 않으며, 티켓이라는 용어를 사용하기도 한다. 다만, 본 논문에서는 쿠폰이라고 한다.

5) 소셜커머스에서의 쿠폰에는 주유권, 연극 또는 영화관람권 등의 상품권도 존재한다. 다만, 여기에서의 쿠폰은 이러한 상품권을 배제하고, 상품판매자의 상품 또는 서비스의 제공을 요구할 수 있는 증서에 한정한다.

법적 성질 및 법률관계를 파악함에 있어서 기초이다. 즉, 쿠폰의 법적 지위를 규명하여야 소셜커머스 사업자의 법적 지위[6]를 비롯하여 소셜커머스 사업자의 의무, 소비자의 권리(특히, 청약철회권) 등의 문제를 해결할 수 있기 때문이다. 이러한 쿠폰의 법적 성질과 관련하여 두 가지 측면에서 검토할 수 있다. 즉, 유가증권인 상품권으로 파악하는 방안과 증거증권인 지명채권으로 파악하는 것이다. 후자와 관련하여서는 소셜커머스 사업자와 소비자간 체결된 계약의 법적 성질이 무엇인가의 문제가 다시 제기되며, 구체적으로 권리의 매매에 해당하는가 아니면 상품에 대한 위탁매매에 해당하는가의 문제이다. 즉, 소셜커머스 사업자가 상품판매자로부터 취득한 지명채권(상품 또는 서비스공급청구권)을 소비자에게 양도하는 것인지 아니면 상품판매자와 상품판매에 관한 위탁계약을 체결하고, 이를 기초로 소셜커머스 사업자가 소비자에게 상품을 판매하는 계약을 체결한 후 이의 증거로서 쿠폰을 발행하는 것인가이다. 전자에 해당한다면 채권매매에 해당하지만, 후자에 해당한다면 위탁매매에 해당하게 된다. 이와 같이 쿠폰 및 소셜커머스의 법적 성질에 대하여 논란이 되고 있으며, 이는 단지 쿠폰의 법적 성질에만 국한되는 문제가 아닌 소셜커머스의 법률관계를 규명함에 있어서 기초가 된다. 즉, 쿠폰의 매매(권리의 매매)로 인정할 경우 소셜커머스 사업자의 급부의무는 쿠폰의 전송에만 국한되고, 쿠폰상의 권리행사에 따른 문제, 즉 채무불이행은 상품판매자만이 부담한다. 물론 이에 대하여 소셜커머스 사업자가 보증을 하였을 경우에는 별론이지만, 이러한 보증이 없는 경

---

6) 소셜커머스 사업자의 법적 지위를 판단함에 있어서 쿠폰의 법적 성질이 핵심적인 역할을 하지 않는다. 즉, 소셜커머스 사업자의 법적 지위는 소비자와의 관계에서 계약당사자의 지위에 있는가 아니면 상품판매자와의 계약을 중개해 주는 역할을 하는가에 따라 결정되기 때문이다. 그러나 쿠폰의 법적 성질 역시 소셜커머스 사업자의 법적 지위를 판단함에 있어서 연관성이 있기 때문에 전혀 무관한 것이라고 할 수는 없다.

우 채권매매에 대한 하자담보책임만을 부담하게 될 뿐이다. 반면에 쿠폰의 매매가 아닌 상품 등에 대한 매매이고, 쿠폰은 이의 증거증권으로서의 역할만을 할 경우 상품판매자는 소셜커머스 사업자의 이행보조자에 해당하게 되며, 채무불이행에 대하여 당연히 채무자인 소셜커머스 사업자가 책임을 지게 된다. 이와 더불어 청약철회권의 기산점 역시 어느 관점에서 볼 것인가에 따라 달라진다. 즉, 쿠폰에 대한 매매라고 한다면 기산점은 쿠폰을 전송받은 시점이지만, 상품에 대한 위탁매매라고 한다면 상품을 공급받은 시점이다.7)

본 논문에서는 소셜커머스에서 사용되는 쿠폰의 법적 성질을 규명하고자 하며, 이와 더불어 소셜커머스 사업자와 상품판매자 간의 계약내용을 분석하여 소셜커머스 사업자와 소비자간 계약의 법적 성질에 대하여 분석하고자 한다.

II. 소셜커머스에 있어서 쿠폰의 법적 성질

1. 유가증권으로서의 상품권

소셜커머스에서 사용되고 있는 쿠폰이 유가증권, 상품권 또는 증권적 채권에 해당하는가의 문제를 규명하기 위하여는 먼저, 유가증권 등의 개념을 검토하여야 한다.

먼저, 유가증권에 대한 법적 정의는 없지만, 학설은 재산권을

7) 모든 소셜커머스에 있어서 소비자가 쿠폰을 제시하지 않더라도 상품 등을 제공받을 수 있는 것은 아니다. 즉, 상품판매자에게 쿠폰을 제시하여야만 상품 등을 제공받을 수 있는 경우와 쿠폰을 제시하지 않더라도 계약체결 여부만 확인되면 상품 등을 제공받을 수 있는 경우로 구분된다. 본 논문에서의 논의 대상은 후자에 국한한다.

표창한 증권으로서 그 권리의 발생·행사·이전의 전부 또는 일부를 증권에 의하여야 하는 것[8] 또는 권리의 발생·이전·행사의 전부 또는 일부에 증권의 소지를 요하는 것이지만, 권리의 이전 및 행사에 증권의 소지를 요하거나(화물상환증·창고증권·선하증권·무기명주권 등), 권리의 이전에만 증권의 소지를 요하거나(기명주권 등) 또는 권리의 행사에만 증권의 소지를 요하는 것(기명증권 등)을 의미한다고 한다.[9] 또한 증권적 채권은 채권의 성립·존속·양도·행사 등을 그 채권을 표창하는 증권에 의하여 하여야 하는 채권을 말하며,[10] 민법에서는 지시채권과 무기명채권을 규정하고 있다(민법 제508조 이하, 제523조 이하). 마지막으로 상품권에 대하여 인지세법에서는 그 명칭 또는 형태에 관계없이 발행자가 일정한 금액이나 물품 또는 용역의 수량을 기재하여 발행·매출한 무기명증표로서, 그 소지자가 발행자 또는 발행자가 지정하는 자에게 이를 제시 또는 교부하거나 그 밖의 방법으로 사용함으로써 그 증표에 기재된 내용에 따라 발행자 등으로부터 물품 또는 용역을 제공받을 수 있는 증표를 말한다고 규정하고 있다(동 시행령 제5조의2 제1항).[11] 또한 상품권 표준약관에서는 상품권

---

8) 이철송, 「어음수표법」, 박영사, 2010, 18면.

9) 정찬형, 「어음수표법강의」, 박영사, 2006, 6면.

10) 곽윤직, 「채권총론」, 박영사, 2009, 228면.

11) 인지세법에서는 국가, 지방자치단체 또는 「공공기관의 운영에 관한 법률」 제4조에 따른 공공기관이 발행하는 것, 교통수단, 공연장, 경마장, 운동경기장, 유원지, 박람회장 등 불특정 다수인이 이용하는 시설 또는 장소의 입장권 또는 이용권, 그 밖에 유통을 목적으로 하지 아니하거나 그 성질상 인지세를 과세하는 것이 적합하지 않다고 인정되는 것으로서 휴대전화로 전송되는 모바일 상품권 또는 충전식 선불카드로서 최초의 권면금액을 사용한 후 충전하는 경우의 선불카드에 대하여 상품권 또는 선불카드에 해당하지 않는다고 규정하고 있다(동 시행령 제5조의2 제3항, 동 시행규칙 제8조의2). 그러나 인지세법은 인지세에 관한 사항을 규율하기 때문에 동법에서 상품권으로 인정하지 않는다고 하여 상품권에 해당하지 않는 것이 아니라 인지세의 부과대상인 상품권에 해당하지

을 금액상품권, 물품상품권 및 용역상품권으로 구분하고, 금액상품권은 상품권의 권면에 기재된 금액에 상응하는 물품 또는 용역을 제공받을 수 있는 상품권으로 정의하고 있으며, 물품상품권은 상품권의 권면에 기재된 물품을 제공받을 수 있는 상품권으로, 용역상품권은 상품권의 권면에 기재된 용역을 제공받을 수 있는 상품권으로 정의하고 있다(표준약관 제2조).

이러한 유가증권 등에 대한 정의에 있어서 공통적인 점은 증서상에 권리가 화체되어 있다는 점 및 권리를 행사하기 위하여 증권의 제시가 필수적이라는 점이다.[12] 즉, 권리자가 권리를 행사

않을 뿐이다.

12) 소셜커머스 사업자를 통신판매업자로 판단한 공정거래위원회는 쿠폰의 법적 성질에 대하여 상품권인지 아니면 지명채권인지에 대하여 명확한 의견을 제시하고 있지 않다. 그러나 소비자분쟁해결기준 개정안에 대한 행정예고의 내용을 살펴볼 때, 쿠폰의 법적 성질에 대하여 상품권에 근거하고 있었다(공정거래위원회, "보도자료: 공정위, 소비자분쟁해결기준 개정(안) 행정예고," 2011. 10. 6, 9면). 동 행정예고상 소셜커머스관련 분쟁해결기준안의 내용은 다음과 같다. 첫째, 구입 후 7일 이내 소비자의 구매 취소의 경우 전액 환급하며, 둘째 구입 후 7일 이후 소비자의 구매 취소의 경우 구입가의 90%에 해당하는 가치를 소비자에게 보상(현금 지급, 물품 또는 서비스 제공)한다. 셋째, 사업자가 소비자의 구매 취소를 방해하는 경우 사업자는 이용 금액 환급에 총 이용금액의 10%를 더하여 배상하며, 유효기간(통상 1년)을 경과하였지만, 상사채권 소멸시효기한(5년)이 경과하지 않은 쿠폰에 대한 소비자의 환불요구시 사업자는 구입가의 90%에 해당하는 가치를 소비자에게 보상(현금 지급, 물품 또는 서비스 제공)한다. 이러한 분쟁해결기준안의 내용은 공고기간의 경과 후 고시된 분쟁해결기준의 내용(소비자분쟁해결기준 21. 소셜커머스: 공정거래위원회 고시 제2011-10호: 2011년 12월 28일 개정)과 약간 상이하며, 이의 내용은 다음과 같다. 먼저, 사업자의 책임있는 사유로 인한 계약해제·해지의 경우 서비스 구매대금의 환급을 규정하고 있으며, 둘째 사업자가 소비자의 청약 철회를 제한하거나 방해한 경우 서비스 구매대금의 환급 및 서비스 구매대금의 10% 배상을 규정하고 있다. 셋째, 소비자의 책임있는 사유로 인한 계약해제·해지(구입 후 7일 이내)의 경우 서비스 구매대금의 환급을 규정하고 있으며, 넷째 사업자가 소비자의 쿠폰 사용을 제한하는 경우(일반 이용자와의 고의적인 차

하기 위하여는 단지 권리를 취득하였다는 사실의 증명이 아닌 증서의 제시가 있어야 한다.[13] 따라서 소셜커머스 사업자가 소비자에게 발행한 쿠폰이 유가증권인 상품권에 해당하기 위하여는 소비자가 상품판매자에게 상품 등의 공급을 요구하기 위하여 쿠폰의 제시 및 교부가 필수적이어야 한다.[14]

2. 증거증권으로서의 지명채권

지명채권이라 함은 채권자가 특정되어 있는 채권을 말하며, 채권의 발생, 양도 또는 행사에 있어서 증서의 발행 또는 증서의 제시가 필요하지 않다. 다만, 채권을 증명하기 위하여 일정한 증서를 발행할 수 있지만, 이는 증권적 채권과 달리 채권의 존재를

별) 서비스 구매대금의 환급 및 서비스 구매대금의 10% 배상을 규정하고 있다. 다섯째, 상품구매 쿠폰 유효기간으로서 유효기간이 불명확실하게 명시된 경우 서비스 구매대금의 환급을 규정하고 있지만, 쿠폰 사용기간 내 매진된 경우 서비스 구매대금의 환급 및 서비스 구매대금의 10% 배상을 규정하고 있다. 마지막으로 상품구매 쿠폰 관련 기타 사항으로서 쿠폰발송 지연의 경우 서비스 구매대금의 환급을 규정하고 있으며, 소비자가 청약 철회기간 내에 미사용 쿠폰의 일부 환불 요구시에는 서비스 구매대금에서 사용쿠폰의 서비스 구매대금을 제외한 후의 환급을 규정하고 있다. 즉, 구매 후 7일 이후 미사용시 90% 보상 및 사용기간 경과 후 5년(상사시효) 미경과시 90% 보상 등은 삭제되었다.

13) 유가증권의 행사에 있어서 증서의 제시는 증권의 현실적 점유이전을 의미하는가의 문제가 발생한다. 물론 종이문서 형태의 유가증권만이 존재하였을 경우에 있어서 증서의 제시는 현실적 점유이전을 의미한다. 그러나 디지털상품권(전자문서의 상품권 또는 종이문서 형태라 하더라도 온라인에서 사용할 수 있는 상품권)의 경우 바코드 인식 또는 증서상 일련번호(고유번호)의 입력으로 증서의 제시가 이루어지고 있다.

14) 拙稿, "소셜커머스와 청약철회권,"「선진상사법률연구」 제56호, 2011. 10, 64면. 다만, 쿠폰이 유가증권에 해당하는 경우는 상품 등의 공급을 청구하기 위하여 쿠폰의 제시가 필수적인 경우로 국한하고, 상품 등의 공급을 청구함에 있어서 쿠폰의 제시가 필수적이지 않은 경우에는 쿠폰의 판매라고 할 수 없다고 전제하였다[拙稿, 위의 논문 64면(각주 3번)].

증명하는 증거로서의 역할을 담당하는 것이지 증서에 채권이 화체된 것은 아니다. 따라서 채권자는 증서를 소지하지 않았다고 하더라도 채권을 행사할 수 있으며, 채무를 이행한 채무자는 증서가 있는 경우 증서의 교부를 요구하거나 영수증을 청구할 수 있다(민법 제474조, 제475조).[15] 또한 채무자가 지명채권의 증서를 가지고 있는 채권자 아닌 제3자에게 채무를 이행하였을 경우 채권의 준점유자에 대한 변제요건을 충족한 경우 변제의 유효를 주장할 수 있다(민법 제470조).

소셜커머스에 있어서 쿠폰이 상기의 지명채권에 해당하기 위하여는 소비자가 상품판매자에 대하여 상품 등의 공급을 요구함에 있어서 쿠폰의 제시는 필수적이지 않아야 한다. 즉, 소비자가 상품판매자에게 상품 등의 공급을 요구함에 있어서 반드시 쿠폰을 제시하여야 한다면 상기의 상품권에 해당하지만, 지명채권에 해당할 경우 쿠폰은 단순한 증거증권에 불과하기 때문에 권리의 행사에 있어서 쿠폰의 제시는 필수적이지 않고 단지 소셜커머스 사업자와 계약을 체결하였다는 사실만이 증명되면 상품판매자에게 상품 등의 공급을 청구할 수 있기 때문이다.[16]

3. 소 결

상기와 같이 소셜커머스에 있어서 쿠폰의 법적 성질에 대하여 논란이 제기되고 있다. 그럼 쿠폰의 법적 성질은 무엇인가? 이를 살펴보기 위하여는 거래의 현실(사실관계)을 분석하여야 한다. 이의 방법으로는 소셜커머스 사업자의 약관 및 사이버 몰상의 거래조건 등을 통한 분석과 소비자의 권리행사방법을 통한 분

---

15) 김준호, 「채권법」, 법문사, 2011, 202면.
16) 서희석, "소셜커머스의 소비자계약법적 과제," 「법학연구」 제53권 제1호, 2012. 2, 188면.

석으로 구분할 수 있다.

먼저, 소셜커머스 사업자의 약관에서는 쿠폰의 사용에 관하여 규정하고 있는 경우와 규정하고 있지 않은 경우[17]로 구분되며, 전자의 경우라 할지라도 그 내용만으로 쿠폰의 법적 성질을 파악하기가 곤란하다. 즉, 쿠팡 이용약관에서는 쿠폰의 사용과 관련하여 "(1) 이용자는 개별조건상에 명시된 유효 기간 내에 한해서만 업체의 서비스를 제공받을 수 있습니다. 유효 기간이 만료된 쿠폰은 사용할 수 없으며 환불이 불가합니다. (2) 발급된 쿠폰 1매에 대한 이용 가능횟수는 1회로 한정됩니다. 이용자가 발급된 쿠폰의 액면가를 모두 사용하지 않은 경우, 잔액에 대한 환불은 이루어지지 않습니다. (3) 이용자는 당사 홈페이지에 명시된 내용 및 개별 주의사항(이용조건)을 확인하여야 할 책임이 있으며, 명시된 이용조건에 따라서만 쿠폰을 사용하실 수 있습니다"고 규정하고 있다(동 약관 제25조). 티켓몬스터 이용약관에서는 "(1) 이용자는 소셜커머스업의 특성상 개별조건상에 명시된 유효 기간 내에 한해서만 업체의 서비스를 제공받을 수 있습니다. 유효 기간이 만료된 티켓은 사용할 수 없으며 환불이 불가합니다. (2) 각 티켓 1매에 대한 이용 가능횟수는 1회로 한정됩니다. 이용자가 발급된 티켓의 액면가를 모두 사용하지 않은 경우, 잔액에 대한 환불은 이루어지지 않습니다. (3) 이용자는 당사 홈페이지에 명시된 내용 및 개별 주의사항(이용조건)을 확인하여야 할 책임이 있으며, 명시된 이용조건에 따라서만 티켓을 사용하실 수 있습니다. (4) 티켓 구매와 관련된 절차 등에 관련한 회사의 귀책사유 이외에 해당 공동구매 상품 및 서비스에 대한 책임(서비스의 품질 등)은 해당 상품 및 서비스 제공업체가 부담하며 회사는 해당 서비스 상품의

17) wemakeprice 이용약관과 그루폰 이용약관에서는 쿠폰의 사용에 관하여 규정하고 있지 않다.

품질 등 이행에 대하여 어떠한 책임도 부담하지 않습니다. 즉, 상품 및 서비스의 내용이 표시, 광고 내용 및 계약 내용과 다르게 이행된 경우 그에 대한 책임은 제휴업체가 전적으로 부담합니다" 고 규정하고 있다(동 약관 제22조).

이러한 소셜커머스 사업자의 약관에서는 쿠폰의 법적 성질에 대하여 명확하게 규정하고 있지 않다. 즉, 소비자가 상품사업자에게 상품 등의 공급을 청구함에 있어서 반드시 쿠폰을 제시하여야 하는지 아니면 쿠폰을 제시하지 않더라도 상품 등의 공급을 청구할 수 있는지에 대하여 규정하고 있지 않기 때문이다. 그럼 사이버몰상 거래조건에서 이를 표시하고 있는가? [표 1]은 소셜커머스 사업자의 사이버몰에서 제시하고 있는 거래조건에 관한 내용이다. 그러나 이러한 거래조건 어디에도 소비자가 권리를 행사하기 위하여 반드시 쿠폰을 제시하여야 한다는 내용이 기재되어 있지 않다. 따라서 사이버몰상의 정보로도 쿠폰의 법적 성질을 규명하기 곤란하다.

마지막으로 거래의 현실이다. 즉, 소비자가 상품판매자에게 상품 등의 공급을 청구하기 위하여 쿠폰을 제시하여야 하는가 아니면 쿠폰의 제시가 없더라도 소셜커머스 사업자와 계약을 체결하였다는 사실이 증명된 경우 상품 등의 공급을 청구할 수 있는가의 문제이다. 소셜커머스 사업자측에 문의한 결과 소비자가 쿠폰을 제시하지 않더라도 당사자라는 사실(소셜커머스 사업자와 계약을 체결한 사실)이 증명되면 상품 등을 공급하고 있다고 한다.[18] 그 결과 소비자가 상품판매자에게 상품 등의 공급을 청구함에 있어서 쿠폰의 제시는 필수적이지 않다. 그럼 쿠폰의 기능은 무엇인가? 즉, 소비자가 상품판매자에게 상품 등의 공급을 청구함에 있어서 자신에게 상품공급청구권이 있다는 사실을 증명하기 위하

18) 서희석, 앞의 글, 188면.

여 쿠폰을 제시하는 것이다. 따라서 쿠폰은 유가증권인 상품권[19]이 아닌 지명채권에 불과하다.[20]

[표 1] 소셜커머스 사업자의 거래조건 등[21]

사 용 조 건	
[쿠팡안내] 최대매수: 1,500매 유효기간: 2012년 6월 25일~2012년 9월 23일 구매제한: 1인 10매 구매가능 사용방식: 1인 10매 사용가능 예약기준: 1일전 예약필수 추가안내: - 테이크아웃 불가/메뉴변경 불가 - 와인콜키지 2만원(VAT별도) [쿠팡특전] - ○○○점에 대한 느낌을 상품문의란에 남겨주시면 추첨을 통해서 10분께 팥빙수를 제공해 드립니다.	[업체정보] 업체주소: 서울 ○○구 ○○○동 ○○-○ 문의전화: 02-××××-×××× 운영시간: - 11:30~23:00(라스트오더 점심 14:30/저녁 21:30) - 15:30~17:30(브레이크타임) 휴무안내: 연중무휴 주차안내: 주차가능 <클릭> ○○/○○/○○/○○ 더 많은 딜 보기 쿠팡 사용 방법 안내(FAQ)

19) 소비자가 상품판매자에게 상품 등의 공급을 청구함에 있어서 반드시 쿠폰을 제시하여야 한다면 쿠폰은 상품권에 해당한다. 그러나 앞에서 언급한 바와 같이 본 논문에서는 이러한 경우에 있어서 쿠폰이 아닌 쿠폰의 제시가 없더라도 상품 등의 공급을 청구할 수 있는 경우를 전제로 한다.

20) 소셜커머스 사업자로부터 쿠폰을 발급받은 소비자가 상품판매자에게 상품 등의 공급을 청구함에 있어서 반드시 쿠폰을 제시할 필요가 없다. 즉, 쿠폰을 제시하지 않더라도 계약체결여부만 확인할 수 있으면 상품 등의 공급을 청구할 수 있다. 그 결과 정당한 채권자가 아닌 다른 소비자가 쿠폰을 사용할 수 있으며, 이 경우 채권의 준점유자에 대한 변제의 문제가 발생하게 된다. 물론 상품판매자가 선의, 무과실인 경우 변제의 유효를 주장할 수 있다(민법 제470조).

21) http://www.coupang.com/deal.pang?coupang=21488865(2012년 7월 3일 방문).

Ⅲ. 소셜커머스 사업자와 소비자간 계약의 법적 성질

1. 논의의 필요성

상기에서 살펴본 바와 같이 소셜커머스에 있어서 쿠폰은 상품권이 아닌 지명채권증서에 불과하다. 그럼 소비자가 취득하는 지명채권은 어디에서 발생하는가의 문제가 제기된다. 즉, 소셜커머스 사업자와의 계약에 의하여 취득하는 것인가 아니면 상품판매자와 소셜커머스 사업자간의 계약에 의하여 소셜커머스 사업자가 취득한 지명채권을 소비자와 소셜커머스 사업자간의 계약에 의하여 소비자에게 양도되는가의 문제이다. 이는 소셜커머스 사업자와 소비자간의 계약이 채권매매[22]에 해당하는가 아니면 상품 등에 대한 위탁매매[23]에 해당하는가의 문제이며, 소셜커머스 사업자의 급부의무의 내용이 무엇인가의 문제와 직결한다. 또한 이의 법적 성질이 무엇인가에 따라 소셜커머스 사업자의 정보제공의무의 내용 및 청약철회권의 행사기간 등[24]이 상이하게 된다.[25]

---

22) 공동구매형 소셜커머스의 거래에서는 직접판매형 소셜커머스와 달리 소셜커머스 사업자가 이른바 딜을 통하여 동산상품을 판매할지라도 동산상품이 공급업자로부터 소셜커머스 사업자에게 점유의 이전이 이루어지지 않기 때문에 실제 소셜커머스 사업자는 동산을 판매하는 것이 아니고, 동산구매권을 판매하는 것으로 보아야 한다고 하여 소셜커머스 사업자와 소비자간의 계약을 채권매매계약으로 파악하고 있다(송오식, "소셜커머스의 법률관계,"「재산법연구」제28권 제2호, 2011. 8, 209면).

23) 음식점이나 미용실 등을 이용할 수 있는 쿠폰의 거래에 대하여 용역의 거래로 파악하면서도 상품제공자의 용역제공에 대한 채권을 판매하는 것이라고 이론구성할 수 있다고 한다(오병철, "소셜커머스에서의 전자상거래의 청약철회권,"「법학연구」제21권 제3호, 2011. 9, 273-274면).

24) 소셜커머스를 권리의 매매로 보면서 하자담보책임에 대하여 민법 제580조 이하의 하자담보책임이 아닌 제570조 이하의 담보책임을 진다고

이러한 소셜커머스 사업자와 소비자간 계약의 법적 성질을 규명하기 위하여는 소셜커머스 사업자와 상품판매자간의 계약내용을 살펴보아야 한다. 즉, 상품판매자가 소셜커머스 사업자와의 계약에서 지명채권, 즉 상품공급청구권을 부여하였다면 소비자와의 계약은 채권매매계약에 해당한다. 그러나 상품판매자와의 관계에서 지명채권이 발생하지 않았다고 한다면 소셜커머스 사업자에게 지명채권이 존재하지 않으므로 소비자에게 채권을 양도할 수 없게 되며, 결국 상품판매자를 대신하여 소비자와 상품 등의 판매계약을 체결한 것(위탁매매 등)이 된다.[26)]

한다(송오식, 앞의 글, 212면). 그러나 소셜커머스를 권리의 매매로 본다면 이는 채권의 매매로 보아야 할 것이며, 이의 하자담보책임에 대하여 민법 제579조가 적용되어야 한다. 이와 반대로 소셜커머스를 상품 등의 위탁판매로 본다면 민법 제579조가 아닌 물건의 하자담보책임을 규정하고 있는 제580조 및 제581조가 적용되어야 한다.

25) 소셜커머스 사업자와 소비자간의 계약이 채권매매계약에 해당한다면 소셜커머스 사업자의 정보제공의무는 채권에 관한 정보에 국한되며, 청약철회권의 행사시간의 기산점 역시 채권을 양도받은 시점, 즉 쿠폰의 교부가 이루어진 시점이 된다. 반면에 상품 등의 매매계약에 해당한다면 소셜커머스 사업자는 상품 등에 관한 정보를 제공하여야 하며, 청약철회권의 기산점 역시 상품 등의 공급을 받은 시점이 된다. 물론 일정기간 내에 권리를 행사할 수 있는 쿠폰의 경우 청약철회권의 기산점(상품 등의 공급시점)이 소비자에 의하여 임의적으로 결정될 수 있다는 점은 후자의 문제점으로 지적되고 있다.

26) 소셜커머스 사업자와 소비자간 계약의 법적 성질을 권리의 매매로 볼 것인가 아니면 상품의 매매로 볼 것인가에 따라 소셜커머스 사업자의 법적 지위는 달라지지 않는다. 즉, 전자에 해당하더라도 소셜커머스 사업자는 권리를 판매하는 자이기 때문에 통신판매자의 지위를 가지며, 후자에 해당하더라도 위탁매매자에 해당하기 때문에 통신판매자의 지위를 갖게 된다.

2. 소셜커머스 사업자와 상품판매자간의 계약

(1) 소셜커머스 사업자와 상품판매자간 계약의 내용

현재 소셜커머스 사업자와 상품판매자간의 계약내용은 다음과 같다.[27)]

먼저, 계약의 목적으로 "본 계약은 甲(상품판매자)이 甲의 상품 또는 서비스(이하 "서비스 등")를 불특정 다수의 고객들(이하 "고객")에게 판매하고, 甲을 고객에게 널리 홍보하고자, 甲이 기존의 일반고객에게 제공하는 정상적인 가격보다 할인된 가격(이하 "할인가")에 甲의 서비스 등을 이용할 수 있는 쿠폰(이하 "쿠폰")을 乙(소셜커머스 사업자)을 통하여 최소한의 목표 수량(이하 "최소수량") 이상으로 판매하고자 하며, 乙은 甲이 판매하고자 하는 쿠폰에 관련된 업무를 甲의 요청에 따라 대행하여 乙이 운영하는 웹사이트에서 甲의 서비스 등을 이용할 수 있는 쿠폰을 최소수량 이상으로 고객에게 판매하고 이를 통하여 乙의 웹사이트를 방문하는 이용자들에게 甲을 널리 홍보해 주는 사항을 규정함을 그 목적으로 한다"고 규정하고 있다.[28)]

동 계약서상 소셜커머스 사업자와 상품판매자간 법률관계를 살펴보면, 첫째 甲(상품판매자)과 乙(소셜커머스 사업자)은 별첨 ○○

---

27) 소셜커머스 사업자와 상품판매자간의 계약 내용은 각 소셜커머스 사업자별로 약간의 차이가 있지만, 대동소이하기 때문에 한 업체의 계약서의 내용을 제시한다. 다만, 업체명을 밝히는 것이 곤란하기 때문에 익명 처리한다. 이러한 계약서는 2011년에 취득하였다.

28) 다른 소셜커머스 사업자의 계약서상 목적은 본문에서 제시한 목적과 거의 동일하지만, 일부에 있어서 상이하다. 즉, "△△은 광고주가 판매하고자 하는 이용권에 관한 업무를 광고주의 요청에 따라 대행하여 △△이 운영하는 웹사이트에서 광고주의 서비스 등을 이용할 수 있는 이용권을 최소 수량 이상으로 고객에게 판매하고 이를 통하여 △△의 웹사이트를 방문하는 이용자들에게 광고주를 널리 홍보해 주는 사항을 규정함"을 목적으로 하고 있다.

개별 프로모션 조건(이하 “프로모션 조건”)에 의거하여 쿠폰을 판매한다. 둘째, 프로모션 조건에서 정한 프로모션 진행일 동안 乙의 웹사이트에서 최소수량 이상의 쿠폰이 판매된 경우 본 계약은 확정적으로 유효하다. 다만, 전자상거래 등에서의 소비자 보호에 관한 법률(이하 “전자상거래소비자보호법”) 제17조 제1항이 적용되는 사안의 경우 구매고객이 판매 완료시점으로부터 7일 동안 임의로 적법하게 쿠폰의 구매를 취소하여 최소수량에 미달하는 쿠폰이 판매되는 결과(예: 100개의 쿠폰이 판매되어 본 계약이 성사되었으나 구매고객이 7일 이내에 쿠폰 3개의 구매를 취소하여 최종적으로 최소수량에 미달된 97개의 쿠폰만 판매된 경우)가 발생하더라도, 프로모션 조건의 최소수량 규정에도 불구하고 본 계약은 확정적으로 유효하며, 甲은 나머지 구매고객이 구매한 쿠폰을 이용할 수 있도록 보장하여야 한다. 이 경우 본조 제4항에 따른 대금정산을 함에 있어 취소된 쿠폰은 제외한다. 셋째, 프로모션 조건에서 정한 프로모션 진행일 동안 쿠폰의 최소수량이 판매되지 아니할 경우 본 계약은 효력을 상실한다. 다만, 이 경우에도 제5조 제1항, 제6조, 제7조의 규정은 그 효력을 유지한다. 넷째, 쿠폰은 프로모션 조건에서 정한 프로모션 진행 종료 이후 乙의 웹사이트에서 구매 고객에게 온라인 전송 등(이메일, 온라인출력, SMS 등을 포함)을 통하여 발행된다. 다섯째, 甲은 프로모션 조건에서의 별도 합의가 없는 한 쿠폰이 발행되는 시점으로부터 프로모션 조건에서 정한 쿠폰의 유효기간 만료일까지 고객에게 쿠폰에 명시된 서비스 등을 제공하여야 한다. 이 경우 甲은 고객의 쿠폰 사용시 乙의 홈페이지에 명시된 쿠폰 이용조건 이외에 쿠폰 사용 고객을 甲의 일반고객과 차별하여 취급할 수 없으며, 쿠폰 사용에 대한 별도의 추가적인 제약을 하지 못한다. 쿠폰이 발행되면 해당 쿠폰에 대하여 甲이 제공하여야 하는 서비스 등에 대한 품질 관리 및 고객서비스 등 서비스 제공에 따른 책임은 전적으로 甲이 부담한다.

여섯째, 甲은 쿠폰에 명시된 유효기간이 경과된 경우 서비스 등을 제공할 책임이 없으며, 미사용 쿠폰에 대해 환불 등 책임을 부담하지 아니한다. 다만, 쿠폰의 유효기간 이내에 甲의 사정("甲"의 고의 또는 과실을 불문한다)으로 인하여 고객이 쿠폰을 사용할 수 없는 경우에는 쿠폰의 유효기간 만료에도 불구하고 甲은 기존 유효기간에서 고객의 쿠폰 사용이 제한되었던 기간의 1.5배(소수점 이하의 경우 1일로 간주, 예컨대 甲의 사정으로 쿠폰 사용이 7일간 제한된 경우 7일+3.5일=11일)에 해당하는 기간만큼 연장된 시점까지 서비스 등을 제공할 책임이 있다. 그러나 기간 연장에도 불구하고 환불 및 손해배상을 요구하는 고객의 경우 이에 대한 책임은 甲이 진다. 일곱째, 甲은 고객이 쿠폰의 유효기간 이내에 쿠폰에 명시된 금액의 일부만을 사용하였더라도 유효기간이 경과된 이후에는 고객이 사용하지 않은 나머지 금액에 대하여 잔금을 지급할 의무가 없다. 다만, 위 2호 단서의 경우와 같이 甲의 사정으로 인해 서비스 이용기간이 연장된 경우에는 그러하지 아니한다. 여덟째, 乙은 甲에게 쿠폰 판매에 따른 대금을 프로모션 조건 제3조(결제정보)에 정한 바에 따라 지급한다. 위 결제정보에서 말하는 "판매 완료 시점"이란 프로모션 조건에서 정한 프로모션 진행 종료일까지 최소 수량이 충족되고 고객이 결제를 완료하여 본 계약에 따른 공동구매가 성사된 시점을 말한다. 다만, 전자상거래소비자보호법 제17조 제1항이 적용되는 사안의 경우 "총 쿠폰 판매대금"은 판매 완료 시점으로부터 7일이 지난 시점을 기준으로 한다. 아홉째, 유효기간이 경과된 미사용 쿠폰에 대하여 甲은 서비스 등 제공의 의무가 없으나, 향후 유효기간이 경과된 미사용 쿠폰에 관한 환불 등의 소송, 분쟁 등 일체의 책임은 甲이 부담한다.

(2) 계약서상 계약의 목적

상기에서 제시한 계약서상 소셜커머스 사업자와 상품판매자 간 계약의 목적은 권리의 매매라고 볼 수 있다. 즉, 상품판매자의 상품 등을 고객에게 판매함과 동시에 홍보하기 위하여 쿠폰을 소셜커머스 사업자를 통하여 판매하기 위함으로 정하고 있기 때문이다. 그러나 동 계약의 내용을 검토하면, 쿠폰은 단지 지명채권 증서가 아닌 상품권으로서의 성격이 더 강하다. 즉, "甲의 서비스 등을 이용할 수 있는 쿠폰" 또는 "乙은 甲이 판매하고자 하는 쿠폰에 관련된 업무를 甲의 요청에 따라 대행하여 乙이 운영하는 웹사이트에서 甲의 서비스 등을 이용할 수 있는 쿠폰을 최소수량 이상으로 고객에게 판매하고"라는 계약서상의 문구는 쿠폰을 지명채권으로 파악할 수 없게 한다. 즉, 쿠폰은 상품판매자의 상품 등을 구매할 수 있는 증서이며, 소셜커머스 사업자는 상품판매자를 대행하여 쿠폰을 판매한다. 따라서 계약서의 내용만을 본다면 쿠폰은 상품권이라고 할 수 있지만, 앞에서 살펴본 바와 같이 쿠폰은 상품권이 아니다. 그 결과 계약서만으로는 소셜커머스 사업자와 상품판매자간 계약의 목적을 정확하게 파악하기에는 어려움이 있다.

3. 소 결

(1) 지명채권의 매매이론 구성의 난점

소셜커머스 사업자와 소비자간의 계약을 지명채권의 매매라고 파악할 경우 이의 법률관계를 보다 명확하게 파악할 수 있다. 그러나 이러한 이론구성이 가능하기 위하여는 다음의 두 가지 중 어느 하나의 요건이 충족되어야 한다. 첫째는 상품판매자가 자신을 채무자로 하는 채권(지명채권)을 발행하여 이를 소셜커머스 사업자에게 양도하여야 한다. 둘째는 소셜커머스 사업자와 상품판매자간 상품 등에 관한 매매계약을 체결하여야 한다. 즉, 둘 중의 하나의 요건을 충족하여야 소셜커머스 사업자가 지명채권(상품 등의 공급청구권)을 취득하게 되며, 이를 소비자에게 판매할 수 있다. 그러나 첫 번째 요건은 혼동에 의하여 불가능하다.29) 즉, 무기명채권일 경우 자가발행방식으로 채무자가 채권을 발행할 수 있지만, 쿠폰은 무기명채권에 해당하지 않음을 앞에서 살펴보았다. 또한 지명채권일 경우 채무자가 자신을 상대로 채권을 발행하는 것은 채권과 채무가 동일인에게 귀속되는 것이기 때문에 혼동에 의하여 소멸하게 된다. 따라서 존재하지 않은 채권을 제3자에게 양도한다는 것은 이론적으로 불가능하다. 또한 두 번째 요건은 소셜커머스 사업자와 상품판매자간의 계약의 내용을 살펴보았을 때 타당하지 않다. 즉, 소셜커머스 사업자와 상품판매자간 계약의 주된 목적은 소셜커머스 사업자의 인지도 등을 활용하여 소비자에게 상품판매자를 홍보하는 것이다. 이러한 홍보의 방법은 상품판매자가 판매하는 상품 등을 소셜커머스 사업자와 계약을 체결한 소비자가 매우 저렴한 가격으로 구입할 수 있도록 하는 것이다. 물론 소셜커머스 사업자가 상품판매자로부터 취득한 후 이를 소비자에게 제공할 수 있지만, 실제 소셜커머스 사업자는 상품판매자에 대하여 상품공급청구권을 갖지 않는다. 따라서 소셜커머스 사업자가 지명채권을 취득하지 않았기 때문에 소비자와의 계약에 대한 법적 성질을 지명채권의 매매로 파악할 수 없다.

(2) 외국의 소셜커머스 사업모델과의 차이점

소셜커머스는 우리나라에서 처음 시작된 것이 아니라 미국에

---

29) 혼동이라 함은 채권과 채무가 동일한 주체에 귀속되는 것을 말하며(고명식, 「채권총론」, 동방문화사, 2012, 303면), 민법 제507조에서 채권의 소멸사유로 정하고 있다.

서 시작된 비즈니스 모델이며, 일본에서도 활성화되고 있다. 그럼 미국 등의 소셜커머스와 우리의 소셜커머스는 동일한 것인가? 외견상만 본다면 큰 차이가 없다. 그러나 쿠폰의 법적 성질에 관하여는 매우 큰 차이가 있다. 즉, 우리나라에서 쿠폰은 지명채권증서이지만, 미국[30] 등에서의 쿠폰은 상품권에 해당한다.[31] 구체적으로 우리의 경우 소비자가 상품판매자에게 상품 등의 공급을 청구하기 위하여 반드시 쿠폰을 제시할 필요는 없지만, 미국의 경우 상품판매자에게 상품 등의 공급을 청구하기 위하여는 반드시 쿠폰을 제시하여야 한다. 따라서 소셜커머스 사업자와 소비자간

---

30) 미국 Groupon 약관(http://www.groupon.com/terms: 2012년 6월 방문) 7. Terms of Sale. Vouchers you purchase through our Site as a Groupon account holder are special promotional offers that you purchase from participating Merchants through our service. The vouchers are redeemable for certain goods, services or experiences offered by, or facilitated through, the Merchant identified on the voucher. The Merchant is solely responsible for redeeming the voucher. The Merchant is the issuer of the voucher and is fully responsible for all goods and services it provides to you and for any and all injuries, illnesses, damages, claims, liabilities and costs ("Liabilities") it may cause you to suffer, directly or indirectly, in full or in part, whether related to the use or redemption of a voucher or not. You waive and release Groupon and its subsidiaries, affiliates, partners, officers, directors, employees and agents from any Liabilities arising from or related to any act or omission of a Merchant in connection with your use of a voucher or the services/goods it provides in connection with it.

31) 일본 Groupon 利用規約(http://www.groupon.jp/about-terms/ : 2012년 6월 방문) 第5条(クーポンについて)1. 本サービスにより販売されるクーポンは，参加加盟店から加盟店サービスの提供を受けるためにのみ利用できるものとします.
2. 会員は，クーポンと引き換えに，参加加盟店から加盟店サービスの提供を受けることができるものとします. 参加加盟店は，会員が正当な権利を有するといえども，クーポンの提示等がなければ，加盟店サービスの提供を行わないものとし，クーポンの提示等を行った者に対して加盟店サービスの提供を行えば足りるものとします.

의 계약은 쿠폰, 즉 상품권에 대한 매매라고 할 수 있다. 물론 쿠폰의 발행주체에 따라 자가발행형 쿠폰(상품판매자의 발행)과 제3자발행형 쿠폰(소셜커머스 사업자의 발행)으로 구분할 수 있지만, 양자 모두 쿠폰(상품권)의 판매로 이론을 구성함에 있어서는 문제가 없다. 그 결과 미국 등에서는 소셜커머스 사업자와 소비자간 계약의 법적 성질에 대하여 논란이 제기될 여지가 없다. 그러나 우리의 경우 미국의 비즈니스 모델을 도입하여 초기에는 이와 동일하게 운영하였지만, 추후 소비자의 청구방식을 변경하였다. 즉, 초기에는 상품 등의 공급을 청구하기 위하여 반드시 쿠폰을 제시하여야 했지만, 추후 쿠폰의 제시가 없더라도 계약체결여부만 확인되면 상품 등을 공급하는 방식으로 변경하였다. 따라서 소셜커머스 사업자와 상품판매자간의 계약 등에 있어서는 종전과 같이 미국 등의 방식을 그대로 유지하고 있지만, 소비자와 관계에서는 이를 변경하였기에 미국 등과 달리 쿠폰의 법적 성질 및 소셜커머스 사업자와 소비자간 계약의 법적 성질에 대한 논란이 제기된 것이다. 그러나 이 문제는 우리의 현실을 감안하여 해결하여야 하며, 미국의 방식을 도입하여 운영하고 있다고 하여 우리의 현실을 도외시할 수 없다.[32)]

(3) 쿠폰매매의 실질적 의미

소셜커머스 사업자와 상품판매자간의 계약을 비롯하여 소비자와의 계약에서도 쿠폰의 판매라는 용어를 사용하고 있다. 따라서 권리의 매매로 볼 수 있는 여지가 다분하다. 그러나 앞에서 살펴본 바와 같이 소셜커머스를 쿠폰의 판매로 볼 수 없다. 그럼 소셜커머스 사업자가 사용하고 있는 쿠폰의 판매는 어떻게 해석

32) 미국 및 일본의 소셜커머스에 대하여는 최민식, "소셜커머스에서의 청약철회에 관한 법적 연구," 「소비자법의 최신 동향—한국소비자법학회 · 아주대학교 법학연구소 공동학술대회 논문집」, 2012. 5, 19-22면 참조.

하여야 하는가? 그러나 쿠폰의 판매는 지명채권(권리)의 판매가 아닌 지명채권증서의 교부로 해석할 수 있다. 즉, 소비자는 소셜커머스 사업자가 아닌 상품판매자에게 상품 등의 공급을 청구하여야 하기 때문에 위탁매매자인 소셜커머스 사업자와의 계약체결 여부를 상품판매자에게 증명하여야 한다. 물론 여러 가지 방법이 있지만, 가장 간편한 방법이 채권증서(쿠폰)를 제시하는 방법이다. 따라서 소셜커머스 사업자는 소비자가 간편하게 상품판매자로부터 상품 등의 공급을 받을 수 있도록 쿠폰을 발급하는 것이다.

(4) 상품 등에 대한 매매계약으로서 소셜커머스

상기에서 살펴본 바와 같이 소셜커머스는 권리의 매매에 해당하지 않는다. 그럼 소비자는 소셜커머스 사업자로부터 어떻게 상품공급청구권(쿠폰)을 취득하는 것인가? 이는 다음의 방식으로 소비자가 소셜커머스 사업자로부터 취득한다고 볼 수 있다. 즉, 상품판매자가 판매하는 상품 등을 소셜커머스 사업자가 상품판매자로부터 위탁받아 소비자에게 판매하고, 이의 증거로 쿠폰을 발행하는 것이다. 따라서 소비자는 상품판매자에게 쿠폰을 제시하여 상품 등의 공급을 청구할 수 있지만, 쿠폰은 지명채권의 증서이기 때문에 소비자는 쿠폰이 없더라도 계약체결사실을 증명할 수 있으면 상품 등의 공급을 청구할 수 있게 된다. 또한 소셜커머스 사업자가 소비자와 계약을 체결한 실적을 기준으로 소셜커머스 사업자와 상품판매자간 대금정산이 이루어진다고 볼 수 있다. 그 결과 소셜커머스 사업자와 소비자간에 체결되는 계약은 권리의 매매가 아니라 상품 등에 대한 매매이며, 위탁매매 또는 간접대리에 해당하게 된다.[33] 그러나 일반적인 위탁매매 등과는

33) 소셜커머스 사업자가 상품판매자를 대행하여 소비자와 계약을 체결할 때에 대리방식으로 계약을 체결하는 것이 아닌 당사자로서 계약을 체결한다. 즉, 자신의 이름으로 계약을 체결하는 것이며, 상품판매자를 대리

차이가 있다. 즉, 위탁매매에 있어서 계약당사자는 위탁매매자이다. 따라서 위탁매매자가 상대방에 대하여 직접 권리를 취득하며, 의무를 부담한다(상법 제102조). 이를 소셜커머스에 적용하면 소셜커머스 사업자는 위탁매매인, 상품판매자는 위탁인, 소비자는 상대방에 해당한다. 그러므로 위탁매매에 있어서 소비자는 소셜커머스 사업자에게 상품 등의 공급을 청구할 수 있어야 하지만, 소셜커머스 사업자와 소비자간 계약에서 채무의 이행(상품 등의 공급)은 위탁인인 상품판매자가 담당하기로 하였기 때문에 소비자는 소셜커머스 사업자가 아닌 상품판매자에게 상품 등의 공급을 청구하게 된다. 즉, 소비자의 입장에서는 이행보조자인 상품판매자[34]에게 이행을 청구하여야 하며, 채무자인 소셜커머스 사업자에게 이행을 청구할 수 없다.[35] 그럼 이러한 내용의 계약이 무효인가? 사적 자치의 원칙상 강행법규에 위반되지 않으면 당해 계약은 유효하다. 현재 이러한 계약을 금지하는 법 규정이 존재하지 않으며, 이러한 내용 역시 선량한 풍속 기타 사회질서에 반하지 않는다.[36] 다만, 이러한 계약을 체결하였다고 하여 소셜커머스

하여 체결하는 것은 아니다.

34) 소셜커머스 사업자가 통신판매업자이고, 용역제공자는 판매된 용역상품에 따라서 그 서비스를 제공하는 채무자의 지위에 있다고 보아야 할 것이라고 한다(오병철, 앞의 논문, 275면). 그러나 소셜커머스는 위탁매매이기 때문에 상품판매자는 채무자가 아닌 이행보조자에 해당한다. 다만, 채무자가 반드시 일인이어야 하는 것은 아니기 때문에 복수의 채무자 역시 존재할 수 있다. 따라서 상품판매자가 소셜커머스 사업자와 동일하게 채무를 이행하기로 하였다면 채무자의 지위를 가질 수 있다.

35) 소셜커머스를 위탁매매로 구성할 경우의 난점으로 재화의 공급을 위하여 매매목적물이 소셜커머스 사업자에게 인도되는 것이 아닐 뿐만 아니라 재화공급의 채무를 소셜커머스 사업자가 직접 부담하는 것이 아니라는 점을 제시하고 있다(서희석, 앞의 글, 183면).

36) 소셜커머스 사업자가 소비자와 계약을 체결하면서 그 이행을 제3자인 상품판매자가 대행하기로 한 약정이 약관규제법 제10조 제2호에 해당할 수 있는가의 문제가 제기된다. 이의 해당여부를 결정함에 있어서 가장 중요한 기준은 ‘상당한 이유’의 존재 여부이다. ‘상당한 이유’가 있는지

사업자가 상품판매자의 채무불이행과 관련하여 전적으로 책임을 면하는 것은 아니다. 즉, 상품판매자가 채무의 이행을 담당하는 것이지만, 상품판매자의 채무불이행 등으로 인하여 소비자에게 발생한 손해까지 소셜커머스 사업자가 책임을 면하는 것은 아니다. 그러므로 상품판매자의 폐업 등으로 소비자가 이행을 받지 못하거나 불완전이행으로 인하여 손해를 입었다고 한다면 이로 인한 손해배상책임은 소셜커머스 사업자가 부담하여야 한다.[37)] 만일, 상품판매자의 채무불이행에 따른 손해에 대하여 면책을 약정할 경우 당해 면책약정은 약관규제법 제7조[38)]에 반하는 약관으로서 무효이다.[39)]

에 대한 판단은 당해 약관을 설정한 의도 및 목적, 당해 업종에서의 통상적인 거래관행, 관계법령, 거래대상 상품 또는 용역의 특성, 고객과의 협의가능성, 사업자의 영업상의 필요 및 고객이 입을 불이익의 내용과 정도 등을 종합적으로 고려하여 판단한다(공정거래위원회, 「약관규제의 실제」, 공정거래위원회, 2008, 63면). 그럼 소셜커머스의 경우 상당한 이유가 있는가? 소셜커머스의 사업형태(BM)는 상품판매자가 상품 등을 소비자의 청구에 따라 제공하기로 하는 형태이다. 이러한 점은 당해 약관의 설정한 의도, 거래 관행, 사업자의 영업상의 필요 등 상기 상당성 여부를 판단함에 있어서 적용되는 다수의 기준에 합치한다. 따라서 소셜커머스 사업자가 아닌 상품판매자가 이행을 전담하기로 하였다고 하더라도 당해 약관은 상당한 이유가 있기 때문에 불공정하지 않다.

37) 소셜커머스 사업자가 채무자이지만, 그 이행을 상품판매자가 담당하기로 한 경우 상품판매자는 이행보조자에 해당한다. 따라서 이행보조자의 고의 또는 과실은 채무자의 고의 또는 과실로 인정되기 때문에 상품판매자의 채무불이행에 따른 소비자의 손해에 대하여 소셜커머스 사업자가 책임을 지게 된다(민법 제391조).

38) 약관규제법 제7조(면책조항의 금지) 계약 당사자의 책임에 관하여 정하고 있는 약관의 내용 중 다음 각 호의 어느 하나에 해당하는 내용을 정하고 있는 조항은 무효로 한다.

1. 사업자, 이행 보조자 또는 피고용자의 고의 또는 중대한 과실로 인한 법률상의 책임을 배제하는 조항

39) 동지; 서희석, 앞의 글, 187-188면. 서희석 교수는 소셜커머스를 상품의 판매로 인정할 경우 상품판매자의 채무이행에 대하여 소셜커머스 사업자가 보증하는가의 문제를 제기하면서 보증한 경우와 보증하지 않은

Ⅳ. 소셜커머스 소비자보호 자율준수 가이드라인

1. 자율준수 가이드라인의 제정배경 및 주된 내용

(1) 제정배경

소셜커머스 업체들은 초기부터 양적으로 급성장한 반면 소비자보호를 위한 인프라 및 법준수의식 미숙으로 소비자 피해를 유발하였다. 이에 공정거래위원회는 지난해 두 차례 직권조사를 통해 청약철회 등 소비자의 기본적 권리를 보장하도록 조치하고, 허위・과장광고 등 위법행태에 대해 시정조치를 취하였다.[40] 또

경우로 구분하고, 후자에 대하여 상품판매자의 채무불이행문제는 소셜커머스 사업자가 아닌 상품판매자와 소비자간에 해결하여야 할 문제로 파악하고 있다(서희석, 위의 글, 190면). 그러나 이는 "상품판매자가 소셜커머스 사업자에게 자신의 상품에 대한 판매를 위탁한다"고 주장한 바와 일치하지 않는다(위의 글, 187면). 즉, 이에 따르면 상품판매자와 소셜커머스 사업자간에 위탁판매계약이 성립하였고, 이에 따라 소셜커머스 사업자가 소비자에게 상품을 판매하는 것이다. 그럼 소비자의 입장에서 채무자는 소셜커머스 사업자이며, 상품판매자는 이행보조자에 해당하게 된다. 따라서 상품판매자의 이행에 대한 보증 여부와 관계없이 소셜커머스 사업자는 상품판매자의 채무불이행에 대하여 책임을 부담하게 된다.

40) 공정거래위원회는 2011년 5월 6일 5개 소셜커머스 사업자에 대하여 전자상거래소비자보호법 등의 위반[청약철회 방해행위(5개 사업자), 구매안전서비스 미가입행위(5개 사업자), 허위・과장된 사실을 알리거나 기만적 방법으로 소비자를 유인・거래한 행위(4개 사업자), 서비스제공업체와 체결한 계약내용 중 불공정한 약관]을 이유로 시정조치를 명하였다(공정거래위원회, "보도자료: 청약철회 등 소비자보호의무 소셜커머스도 예외아니다 ―소셜커머스 사업자의 전상법・약관법 위반행위 시정조치―," 2011. 5. 11, 1-3면). 또한 2011년 11월 4개 소셜커머스 사업자에 대하여 전자상거래소비자보호법 등의 위반[구매개수, 구매후기 등을 조작하여 소비자를 유인한 행위(전상법 제21조 제1항 제1호), 환불 요청에 대한 처리지연(전상법 제18조), 구매안전서비스를 제공하지 않은 행위(전상법 제24조), 위조상품 판매행위(전상법 제21조 제1항 제1호), 서비스제

한 소셜커머스 시장이 소비자의 신뢰를 확보하여 새로운 혁신적인 유통채널로 자리매김하기 위해서는 업계 스스로 소비자 권익을 보호하기 위한 자정 노력이 필요하다. 따라서 소셜커머스 업체들의 자정노력을 유도하고, 시장 질서를 바로잡기 위한 기준을 제시하기 위해 공정거래위원회는 2012년 2월 「자율준수 가이드라인」을 마련하였다. 이러한 자율준수 가이드라인의 제정으로 인하여 소셜커머스 시장 초기의 미숙함으로 소비자 불만족이 컸던 것을 업계 스스로 보완하고 소비자만족을 제고함으로써 소비자 신뢰를 회복할 것으로 기대하고 있다. 또한 소셜커머스 시장의 건전한 발전을 통해 중소자영업자의 유통채널로서의 기능을 강화하고, 가격할인을 통한 물가안정에 기여할 것이며, 금번 준수협약을 체결하는 업체들[41]이 선도적으로 시장질서를 확립해가면 후발업체들에게도 확산될 것으로 기대하고 있다.[42]

(2) 주요내용

자율준수 가이드라인은 개요, 소셜커머스사업자 준수사항 및

공업체와 체결한 계약내용 중 불공정한 약관(약관규제법 제11조 제3호)을 이유로 시정조치를 명하였다(공정거래위원회, "보도자료: "벌써 200개 넘게 팔린 제품이네?"… 실제로는 10여개 판매 —사실과 다르게 판매개수 표시한 그루폰 등 4개 소셜커머스 업체 시정조치—," 2011. 11. 29, 1-2면). 또한 2012년 2월 공정거래위원회는 티켓몬스터 등 4개 소셜커머스 쿠폰 사업자의 이용약관 중 유효기간이 지나면 일체의 사용과 환불을 금지하고 있는 불공정 약관을 시정토록 하였다[공정거래위원회, "보도자료: 유효기간 지나면 사용도, 환불도 안 되던 소셜커머스 쿠폰, 이제 포인트(구매가 70%)로 환급 —공정위, 4개 소셜커머스 쿠폰 사업자 불공정 약관 시정—," 2012. 2. 8, 1-3면].

41) 공정거래위원회와 자율준수 가이드라인 준수협약을 체결한 소셜커머스 사업자는 티켓몬스터, 쿠팡, 위메이크프라이스, 그루폰, 쏘비이다.

42) 공정거래위원회, "보도자료: 소셜커머스 업계 할인율 과장 금지, 짝퉁상품 판매예방 등 자정노력 약속 —소셜커머스 「소비자보호 자율준수 가이드라인」 마련—," 2012. 2. 14, 1-3면.

자율이행 점검 총 3장으로 구성되며, 핵심은 제2장 소셜커머스 사업자의 준수사항이다. 제2장은 다시 총 4개의 절로 구성되며, 전자상거래소비자보호법 준수사항 · 허위과장광고관련 준수사항 · 서비스이용관련 준수사항 및 소비자권익보호이다.

첫째, 전자상거래소비자보호법의 준수사항 중 계약체결관련 준수사항으로 사이버몰의 표시의무 및 계약체결전 정보제공의무와 계약체결 후 계약서 교부의무를 규정하고 있으며, 청약철회관련 준수사항으로 7일 이내의 철회기간의 보장과 채무불이행 등의 경우 3개월 또는 30일 이내 철회기간의 보장을 규정하고 있으며, 구매안전서비스관련 준수사항으로 구매안전서비스의 제공 및 소비자의 선택권 보장을 규정하고 있다. 둘째, 허위 · 과장관련 준수사항으로 할인율 표시관련 준수사항으로 합리적이고, 명확한 근거를 제시하도록 하였으며, 판매 · 광고페이지 표시관련 준수사항으로 사전에 사진 등에 대한 진위여부의 확인 및 저작권 침해금지를 규정하고 있다. 셋째, 서비스 이용관련 준수사항으로 서비스 유효기간과 관련하여 유효기간 내 소셜커머스 사업자 또는 서비스제공업체의 과실로 인한 소비자의 피해에 대하여 구매대금 전부의 환불 및 유효기간 내 상품 사용을 위한 독려문자의 송부를 규정하고 있다. 또한 청약철회 이외의 환불로서 사업자의 위법행위(허위과장광고 등에 의하여 소비자를 유인한 경우 등)로 인하여 소비자에게 손해가 발생한 경우 구매대금 전부를 환불하며, 청약철회의 거부 등의 경우 구매대금과 함께 구매대금의 10%를 가산하여 배상하고, 유효기간이 경과한 경우에도 쿠폰 구매금액 70% 이상 범위에서 최소 6개월 동안 사용가능한 포인트 등으로 환급하도록 규정하고 있다. 마지막으로 품질관리 제고를 위한 준수사항으로써 위조상품이 유통되지 않도록 사전예방 및 사후처리를 위한 방안을 마련하도록 규정하고 있다. 마지막으로 소비자 권익보호로써, 신속한 소비자불만처리를 위하여 고객 불만 접수시 72

시간 이내 처리 및 재발방지를 위한 고객의 소리관리시스템(CVMS: Critical Voice of Customer Management)의 도입과 소비자보호교육의 실시를 규정하고 있다.

2. 자율준수 가이드라인에서의 쿠폰 및 소셜커머스의 법적 성질

(1) 쿠폰의 법적 성질

공정거래위원회가 5개의 소셜커머스 사업자와 체결한 자율준수 가이드라인은 그 동안 소셜커머스에서 발생하였던 소비자피해를 사업자가 자율적으로 해결할 수 있는 근거를 마련하였다는 점에서 긍정적이라고 할 수 있다.[43] 그럼 자율준수 가이드라인에서는 쿠폰의 법적 성질을 어떻게 판단하고 있는가? 먼저, 가이드라인에서 쿠폰을 전적으로 상품권으로 평가하고 있지 않다. 만일 상품권으로 평가하였다면 유효기간이 경과한 쿠폰의 환급비율은 소비자분쟁해결기준 또는 상품권 표준약관에 따라 액면가액의 90%로 인정하였을 것이며,[44] 이의 유효기간 역시 상사시효인 5년을 적용하였을 것이다(상품권 표준약관 제6조).[45] 그러나 가이드

43) 본 논문은 소셜커머스의 쿠폰의 법적 성질에 대한 고찰을 중심으로 하기 때문에 자율준수 가이드라인의 구체적인 내용에 대한 타당성은 검토하지 않는다.

44) 소비자분쟁해결기준(2011. 12. 28 공정거래위원회고시 제2011-10호) 19. 상품권 관련업.

45) 舊 상품권법 제11조(유효기간) ① 상품권발행자는 상품권에 제10조 제1항 제8호의 규정에 의한 유효기간을 설정하고자 하는 경우에는 발행일부터 1년 이상의 기간으로 설정하여야 한다. 다만, 물품상품권 또는 용역상품권의 경우에는 대통령령이 정하는 바에 따라 유효기간을 달리 설정할 수 있다.
② 유효기간을 설정하지 아니한 상품권의 유효기간은 상법 제64조의 규정에 의한 상사채권의 소멸시효에 관한 규정에 의한다.
③ 제1항의 규정에 의한 기간보다 짧게 유효기간을 설정한 상품권은

라인에서는 유효기간이 경과한 쿠폰의 가치를 액면가액이 아닌 소비자가 지급한 금액의 70% 이상으로 정하고 있으며, 이의 기간 역시 최소 6개월로 정하고 있다. 또한 환급방법 역시 현금이 아닌 포인트 환급으로 정하고 있기 때문이다. 그러나 이러한 점을 이유로 동 가이드라인에서 쿠폰의 상품권성을 전면적으로 부정하였다고 볼 수는 없다. 즉, 유효기간이 경과하였음에도 불구하고 일정기간 동안 지급금액의 70% 이상의 가치를 인정하고 있다는 점은 간접적으로 상품권성을 나타내고 있다.

(2) 소셜커머스의 법적 성질

소셜커머스 사업자가 소비자에게 판매하는 것은 쿠폰, 즉 권리인가? 이에 대하여는 명시적으로 규정하고 있지 않지만, 동 가이드라인에서는 권리의 매매로 인정하고 있다고 볼 수 있다. 즉, 가이드라인 III. 서비스 이용관련 준수사항 1. 서비스 유효기간의 내용 중 "소셜커머스 사업자는 소비자가 구매한 상품을 유효기간 내에 사용할 수 있도록"이라는 문구 중에서 "소비자가 구매한 상

유효기간을 설정하지 아니한 것으로 본다.
④ 제1항의 규정에 의하여 유효기간을 설정하고자 하는 상품권발행자는 유효기간이 경과된 상품권을 제시하는 자에 대하여 상법 제64조의 규정에 의한 상사채권의 소멸시효가 완성되지 아니한 경우에는 대통령령이 정하는 비율 이상의 비율에 해당하는 현금·물품 또는 용역을 상환 또는 제공하겠다는 뜻을 상품권에 명시하여야 한다.
⑤ 상품권발행자 등은 상품권소지자가 제4항의 규정에 의하여 명시된 바에 따라 현금·물품 또는 용역의 상환을 요구하는 경우에는 이에 응하여야 한다.

舊 동 시행령 제6조 (유효기간) ① 법 제11조 제1항 단서의 규정에 의하여 유효기간을 달리 설정할 수 있는 상품권은 가공 또는 건조되지 아니한 농·임·수·축산물로서 장기간 보관하는 경우 부패·변질 등으로 본래의 품질유지가 곤란한 물품을 대상으로 하는 상품권으로 하며, 그 유효기간은 3월 이상으로 할 수 있다.
② 법 제11조 제4항에서 "대통령령이 정하는 비율"이라 함은 100분의 90을 말한다.

품"에서 상품은 쿠폰을 의미한다. 따라서 공정거래위원회는 소비자가 소셜커머스 사업자로부터 구매한 것을 쿠폰이라고 판단하고 있으며, 이에 따라 권리의 매매로 인정하고 있다고 볼 수 있다.

(3) 소 결

이러한 내용을 종합할 때, 동 가이드라인은 명시적으로 쿠폰이 상품권이라고 단정하고 있지 않지만, 상품권에 준하는 것으로 평가하고 있다고 할 수 있다. 또한 소셜커머스의 법적 성질에 대하여는 상품 등에 대한 매매가 아닌 권리의 매매로 인정하고 있다. 그러나 가이드라인에서 이와 같이 정하고 있다고 하여 쿠폰 및 소셜커머스의 법적 성질을 상품권에 준하는 것 및 권리의 매매라고 단정할 수 없다. 특히, 동 가이드라인은 법적 구속력이 없으며, 단지 소셜커머스 분야에서의 소비자보호를 위한 하나의 자율적인 방안으로 마련된 것이다. 즉, 급증하고 있는 소셜커머스 분야에서의 소비자피해를 예방하고, 발생한 피해에 대한 효율적인 구제방안의 마련이 시급하였다는 점에서 동 가이드라인의 의미를 찾을 수 있다. 그러나 이러한 가이드라인을 마련함에 있어서도 쿠폰 및 소셜커머스의 법적 성질을 보다 명확하게 분석한 후 마련하였다면 이의 본질에 적합한 가이드라인이 제정되었을 것이다. 따라서 쿠폰 및 소셜커머스의 법적 성질에 대한 명확한 규명을 통하여 법 이론적인 측면뿐만 아니라 현실적으로도 적합한 소비자보호방안이 법적 차원에서 마련되어야 할 것이다.

V. 결 론

20세기 말 등장한 전자상거래는 고정된 거래방식이 아닌 지속적으로 변화하고 있는 거래방식이다. 따라서 기존의 형태와 다른 새로운 형태의 전자상거래가 등장하고 있으며, 이의 일 유형이 소셜커머스이다. 즉, 기존 전자상거래는 계약체결 및 이행까지 비대면으로 이루어졌다. 그러나 소셜커머스는 소셜커머스 사업자가 소비자에게 전송한 쿠폰을 통하여 재화 등의 공급이 이루어진다는 점에서 차이가 있다.

이러한 소셜커머스가 급속도로 확대되고 있으며, 이에 따라 다양한 법적 쟁점 역시 제기되고 있다. 특히, 소셜커머스 사업자가 소비자에게 교부하는 쿠폰의 법적 성질이 무엇인가에 대한 논란이 지속되고 있다. 물론 소비자가 상품판매자에게 상품 등의 공급을 청구하기 위하여 쿠폰의 제시가 필수적이라고 한다면 유가증권인 상품권에 해당한다고 할 수 있지만, 현재 소비자가 상품판매자에게 상품 등의 공급을 청구함에 있어서 반드시 쿠폰을 제시하여야 하는 것은 아니기 때문에 유가증권인 상품권이라고 할 수 없다. 따라서 쿠폰은 지명채권으로 보아야 할 것이다. 이와 관련하여 소비자가 지명채권을 누구로부터 취득한 것인가의 문제가 제기된다. 이의 문제는 소셜커머스 사업자와 소비자간 계약의 법적 성질에 대한 문제이다. 즉, 소셜커머스 사업자와 소비자간 계약이 권리의 매매에 해당하는지 아니면 상품의 판매에 해당하는지에 대한 논란이다. 그럼 이의 법적 성질은 무엇인가? 먼저, 권리의 매매이며, 이에 해당하기 위하여는 소셜커머스 사업자가 상품판매자로부터 상품공급청구권(지명채권)을 취득하여야 한다. 다음으로 상품에 대한 위탁매매이며, 소셜커머스 사업자가 상품판매자와의 계약에 따라 상품판매자를 대행하여 소비자와 상품 등에 대한 판매계약을 체결하고, 이의 증거로서 쿠폰을 교부하고, 소비자는 상품판매자에게 쿠폰을 제시하여 상품 등을 공급받는 것으로 파악하는 것이다. 그럼 양자 중 어디에 해당하는가? 그러나 소셜커머스 사업자는 상품판매자로부터 상품공급청구권을 취득하지 않는다. 따라서 위탁매매로 보아야 할 것이다. 즉, 쿠폰판매로 알려진 소셜커머스는 쿠폰이라는 권리를 판매하는 것이 아닌 상품판매자를 홍보하기 위하여 소셜커머스 사업자가 이 자를 대신하여 소비자와 상품 등에 대한 매매계약을 체결하고, 이의 증거로 쿠폰을 교부한다고 보아야 할 것이다.

또한 2012년 2월 공정거래위원회는 자율준수 가이드라인을 마련하여 5개 소셜커머스 사업자와 준수협약을 체결하였다. 그 내용은 소셜커머스를 이용하는 소비자를 보호하는 것을 주된 목적으로 한다는 점에서 의미를 찾을 수 있다고 할 수 있다. 그러나 가이드라인의 전제에는 쿠폰을 상품권에 준하는 것으로 판단하고 있다. 그럼 현실적으로 쿠폰이 상품권으로서의 역할을 하고 있는가? 그러나 쿠폰은 상품권으로서의 역할을 하고 있지 않다. 그럼에도 불구하고 상품권을 전제로 한 가이드라인이 과연 적합할 것인가의 문제가 제기된다. 물론 소비자를 보호하고자 하는 취지에 대하여는 공감하지만, 상품권이 아님에도 불구하고 상품권에 준하는 것으로 전제한 점에 대하여는 적합하지 않다. 따라서 소셜커머스의 법률관계에 기초한 소비자보호방안이 조속히 마련될 필요가 있다.

색인어

소셜커머스, 쿠폰의 법적 성질, 소비자보호, 지명채권, 상품권

참 고 문 헌

고명식, 「채권총론」, 동방문화사, 2012.

곽윤직, 「채권총론」, 박영사, 2009.

김준호, 「채권법」, 법문사, 2011.

이규정 · 이동훈 · 차재필, 「소셜미디어의 확산과 법제도적 시사점」, 방송통신위원회, 2009.

이철송, 「어음수표법」, 박영사, 2010.

정찬형, 「어음수표법강의」, 박영사, 2006.

공정거래위원회, 「약관규제의 실제」, 공정거래위원회, 2008.

고형석, "소셜커머스와 청약철회권," 「선진상사법률연구」 제56호, 2011. 10.

구동수, "국내 소셜커머스기업 마케팅 분석을 통한 SNS(Social Network Service) 활용방안에 관한 연구," 「마케팅」 제45권 제10호, 2011. 10.

서희석, "소셜커머스의 소비자계약법적 과제," 「법학연구」 제53권 제1호, 2012. 2.

송오식, "소셜커머스의 법률관계," 「재산법연구」 제28권 제2호, 2011. 8.

오병철, "소셜커머스에서의 전자상거래의 청약철회권," 「법학연구」 제21권 제3호, 2011. 9.

최민식, "소셜커머스에서의 청약철회에 관한 법적 연구," 「소비자법의 최신 동향 — 한국소비자법학회 · 아주대학교 법학연구소 공동학술대회 논문집」, 2012. 5.

공정거래위원회, "보도자료: 소셜커머스 업계 할인율 과장 금지, 짝퉁상품 판매 예방 등 자정노력 약속 —소셜커머스 「소비자보호 자율준수 가이드라인」 마련—," 2012. 2. 14.

공정거래위원회, "보도자료: 유효기간 지나면 사용도, 환불도 안되던 소셜커머스 쿠폰, 이제 포인트(구매가 70%)로 환급—공정위, 4개 소셜커머스 쿠폰 사업자 불공정 약관 시정—," 2012. 2. 8.

공정거래위원회, "보도자료: "벌써 200개 넘게 팔린 제품이네?" … 실제로는 10여개 판매—사실과 다르게 판매개수 표시한 그루폰 등 4개 소셜커머스 업체 시정조치—," 2011. 11. 29.

공정거래위원회, "보도자료: 공정위, 소비자분쟁해결기준 개정(안) 행정예고," 2011. 10. 6.

공정거래위원회, "보도자료: 청약철회 등 소비자보호의무 소셜커머스도 예외아니다 —소셜커머스 사업자의 전상법 · 약관법 위반행위 시정조치—," 2011. 5. 11.

한국인터넷기업협회, 「인터넷산업 이슈리포트 제4호」, 한국인터넷기업협회, 2011. 11.

소셜커머스에서의 법적 문제에 관한 연구*

최 민 식**

차 례

Ⅰ. 서 론

일상에서 오프라인으로 제공되던 식·음료, 헬스클럽, 피부관리 등의 재화나 용역(이하 '상품'이라 통칭한다)을 인터넷 등 정보통신망을 이용한 온라인 공동구매(group-buy) 방식으로 거래하는 소셜커머스(social commerce)가 최근 급속하게 성장하고 있다. 이와 같은 형태의 전자상거래는 페이스북, 트위터와 같은 소셜네트워크서비스(Social Network Service, 이하 'SNS'라 한다)를 이용한다는 점에서 소셜(social)과 커머스(commerce)가 결합되어 소셜커머스라 불리

* 본 연구는 필자의 2012년도 경희대학교 박사학위 청구논문을 축약하고 이후 연구결과를 반영하여 작성한 것임.
** (사)한국인터넷기업협회 정책실장, 법학박사.

고 있다.

기존에도 블로그 등의 개인홈페이지에 광고를 유치하여 방문자가 링크를 클릭하여 상품을 구매할 경우 그로 인한 수익을 분배하는 형태의 소셜커머스는 존재하였으나 온라인에서 유통되는 재화나 용역에 대한 정보량이 폭발적으로 증가함에 따라 정보에 대한 신뢰도를 판단하기 어려우므로 크게 성공하지는 못하였다. 이후 미국에서 그루폰이 SNS의 장점을 활용한 지역밀착형 상품인 식·음료나 헬스케어를 이용할 수 있는 쿠폰을 판매하고 판매업체(이하 '서비스제공업체'라 한다)로부터 수수료를 받는 사업모델을 시작하면서 소셜커머스는 정착되었다.[1]

소셜커머스는 기존의 온라인 공동구매와 비교하여 다음과 같은 점에서 차이가 있다. 첫째, 소셜커머스는 SNS를 기반으로 한다. 온라인 공동구매에서는 사업자가 일정 수 이상의 소비자를 광고를 통하여 모집하지만, 소셜커머스에서는 일정 수 이상의 소비자가 SNS를 활용하여 모이게 된다.[2] 둘째, 온라인 공동구매는

---

1) 소셜커머스의 원조인 미국 그루폰은 그룹(group)과 쿠폰(coupon)의 합성어로써 2008년 11월 미국 시카고에서 앤드루 메이슨이 창업한 회사이다. 2007년 휴대전화를 해지하려다 그 과정이 너무 복잡하고 힘들자 여러 사람이 모여 문제를 해결하기 위해 만든 '더포인트' 사이트에서 아이디어를 얻어 자신의 사무실이 있던 건물 1층 식당의 '피자 반값' 쿠폰 발행을 시작으로 누출매출액 2011년 5월 기준 10억불에 달하는 소셜커머스업자가 등장하게 되었다, 오병철, "전자상거래 환경 변화에 대응하기 위한 청약철회제도 개선에 관한 연구," 공정거래위원회, 2011. 9, 83면.

2) 소셜커머스에서는 그 최소 수량이 현저히 낮아 공동구매가 성립되지 않는 경우가 거의 없으므로 소셜커머스에서 상품의 게시는 청약으로 보아야 한다; 일반적으로 인터넷상의 공동구매는 매도인 또는 중개인이 공동구매의 취지를 표시한 사이트를 마련하고 다수의 매수인이 이에 대하여 게시판에 구매의 의사를 표시하고 정해진 기간이 종료하면 그 때 확정적 조건으로 매매계약이 체결된다. 따라서 공동구매의 취지를 표시한 경우에는 단순한 청약의 유인이고 매수인의 구매의 의사표시가 청약으로 된다, 오병철, "인터넷상의 특수한 매매계약,"「민사법학」제21호,

거래의 대상이 대부분 유형의 상품이므로 사업자가 소비자에게 배송을 통하여 급부를 이행한다. 그러나 전형적인 소셜커머스는 소비자가 서비스제공업체에 직접 찾아가 급부를 수령한다. 셋째, 소셜커머스에서 거래하는 대상은 상품을 제공받을 수 있는 소위 소셜커머스쿠폰(이하 '쿠폰'이라 한다)이다. 소셜커머스를 운영하는 사업자(이하 '소셜커머스사업자'라 한다)와 계약을 체결한 소비자는 전자우편이나 휴대전화 문자메시지의 형태로 쿠폰을 교부받고 서비스제공업체에 쿠폰을 제시하거나 쿠폰이 없더라도 소셜커머스사업자와 계약을 체결하였다는 사실을 입증하면 상품을 제공받을 수 있다.

소셜커머스와 관련한 법적 쟁점으로 첫째, 「전자상거래 등에서의 소비자보호에 관한 법률(이하, '전자상거래소비자보호법'이라 한다)」에 따라 소셜커머스사업자가 통신판매업자인지 아니면 통신판매중개자인지에 대한 논의로 청약철회를 준수해야 하는 의무자를 규정하는 문제이다.[3] 둘째, 소셜커머스에서 판매되는 쿠폰의 법적

한국민사법학회, 2002. 3, 213면.

3) 소비자보호를 위한 특별법에서는 소비자의 구매 의사가 사업자에 의하여 형성되었거나 소비자가 경솔하게 의사표시를 할 수 있는 거래상황에 놓였다면, 일정기간 내에 자신의 의사표시를 철회할 수 있는 권리를 부여하고 있으며, 이를 독일의 경우 의사표시의 철회권, 오스트리아의 경우 그 계약의 성립여부에 따라 철회권 또는 해제권 등으로 불리고 있으며, 우리나라에서는 매수인의 철회권, 소비자철회권, 소비자보호철회권, 청약의 철회 등으로 다양하게 표현하고 있다. 본 연구에서는 소비자가 계약을 체결하여 효력이 발생한 후에도 진정한 구입의 필요성이 있는가를 숙고기간(cooling-off period)을 부여하고 그 기간 내에 구매의사를 철회한 경우에 계약을 소멸시키는 형성권으로 청약철회를 규정하고자 한다. 이러한 청약철회는 고형석, "특수거래에 있어서 소비자의 청약철회권에 관한 연구," 「민사법학」 제29호, 한국민사법학회, 2005, 327-328면에서 지적하고 있듯이, 소비자의 구매의사를 청약으로 평가할 수 있는 경우에는 청약철회라고 하여도 무방하지만, 소비자의 구매의사가 청약이 아닌 승낙으로 평가되어야 할 경우에 청약철회라는 용어는 적절하지 않다. 이러한 청약철회에 대해서는 사업자에게 아무런 귀책사유가

성질과 관련한 논의이다. 소셜커머스사업자는 쿠폰의 유효기간을 통상 3개월 내지 6개월 미만으로 제한하고 있고, 유효기간이 지난 후 쿠폰을 더 이상 사용할 수 없게 하는 것은 소비자에게 일방적으로 불리한 경우이다.[4] 셋째, 우리나라의 경우처럼 기준가에 관한 명백한 규정이 없는 현실에서 소셜커머스사업자가 어떤 가격을 기준으로 할인율을 정해야 소비자를 기만하지 않은 것이 되는지에 관한 논의이다.[5]

현재 소셜커머스의 급속한 성장에 따라 다양한 소비자피해가 발생하고 있다.[6] 이러한 소비자피해는 단지 산업발전에 따른 부

없음에도 불구하고 소비자가 청약을 철회하거나 계약이 성립한 후에 계약을 해제할 수 있는 제도로서 소비자보호라는 관점에서 계약자유원칙에 개입되는 성질을 가지는 것으로 이해하고 있다, 정완용, 「전자상거래법」 제3판, 법영사, 2009, 158면 참조.

4) 2012년 2월 7일 공정거래위원회는 소셜커머스사업자의 이용약관 중 유효기간이 지나면 일체의 사용과 환불을 금지하고 있는 규정은 불공정약관으로 시정조치를 하여, 앞으로 쿠폰구매자는 유효기간이 경과하더라도 쿠폰 구입가의 70%에 해당하는 금액을 해당 소셜커머스 사이트에서 사용할 수 있는 포인트로 적립 받게 되어 6개월 동안 사용가능하도록 하였다, 공정거래위원회 보도자료, 2012. 2. 7, <http://www.ftc.go.kr, [2012. 11. 25. 최종방문]> 참조.

5) 2012년 2월 14일 공정거래위원회와 (사)한국인터넷기업협회 산하 소셜커머스협의회는 "소셜커머스 소비자보호 자율준수 가이드라인"을 마련하여 할인판매의 기준가격, 할인율 표시에 관하여는 「표시·광고의 공정화에 관한 법률」의 「부당한 표시광고행위의 유형 및 기준 지정고시」를 따르도록 규정하여 할인율 및 기준가격 표시에 있어 합리적인 근거를 제시하도록 하였다, 공정거래위원회 보도자료, 2012. 2. 13, <http://www.ftc.go.kr, [2012. 11. 25. 최종방문]> 참조.

6) 소셜커머스 초기에는 박리다매를 목표로 쿠폰을 과다 판매하여 소비자피해가 급증하였다. 서울시 전자상거래센터의 2010년 11월 10일부터 12월 2일까지 전국 4천명을 대상으로 한 소셜커머스 관련 이용실태 조사 및 상위 30개 소셜커머스 업체 모니터링 결과에 따르면 소셜커머스를 통한 상품 구매 경험자의 26.3%(297명)가 피해경험이 있다고 응답했으며, 피해내용은 '허위/과장광고'가 40.7%로 가장 많으며, '쿠폰 고객과 일반고객 서비스 차별'이 35.4%, '상품배송 지연'이 31.3%, '모바일 쿠

산물로만 평가할 수 없으며, 산업의 성패를 좌우하는 심각한 문제로 대두되고 있다. 아무리 좋은 판매방식이라고 하더라도 다수의 소비자피해가 발생한다면 소비자의 선택을 받지 못하게 되며, 이는 시장에서의 퇴출로 이어진다. 따라서 소셜커머스에서 소비자피해를 예방 또는 구제하는 것은 단지 소비자보호에만 해당하는 것이 아닌 소셜커머스의 건전한 발전에 직접 연계되어 있다.[7)]

본 연구에서는 일반적인 전자상거래와 소셜커머스의 특징을 비교하고, 소셜커머스사업자의 전자상거래소비자보호법상 법적 지위, 소셜커머스에서 판매되고 있는 쿠폰의 법적 성질, 국내외 소셜커머스사업자의 약관, 청약철회와 관련된 국내외 입법동향 및 전자상거래소비자보호법상 청약철회 조항의 소셜커머스에의 적용을 중심으로 소셜커머스와 관련된 법적 쟁점을 검토하여 국내 소셜커머스시장의 건전한 발전방안을 모색해보고자 한다.[8)]

폰 전송 오류'가 28.6%, '상품불량/하자'가 27.3% 등의 순으로 나타났다, 서울시 전자상거래센터 보도자료, 2011. 2. 7, <http://ecc.seoul.go.kr/ [2012. 11. 25. 최종방문]>.

7) 소셜커머스 소비자는 단순히 소비만 하는 것이 아니라 자신의 SNS를 활용하여 직접 상품정보를 생산하고 유통시키며 다른 사람의 제품 및 서비스 구매에 영향을 미치는 구전효과를 일으키고 있으며 이러한 구전효과는 소비자가 긍정적인 정보를 전파할 때만 소셜커머스시장의 발전에 효과가 있다, 유재훈, "소셜커머스, 이제 소비자를 기업의 동반자로," 「Weekly 포커스」, LG Business Insight, 2011. 2. 16, 37면 참조.

8) 2011년 5월 6일 공정거래위원회는 티켓몬스터, 위메이크프라이스, 쿠팡, 지금샵, 헬로디씨 등 5개 소셜커머스사업자에 대해 전자상거래소비자보호법상 청약철회권을 인정하여 시정명령(공표명령 포함) 및 과태료 부과조치를 하였다, 공정거래위원회 보도자료, 2011. 5. 9, <http://www.ftc.go.kr, [2012. 11. 25. 최종방문]> 참조.

II. 전자상거래와 소셜커머스의 의의

1. 전자상거래의 개념

전자상거래소비자보호법 제2조제1호에서 전자상거래라 함은 "전자거래(전자거래기본법 제2조 제5호의 규정에 의한 전자거래를 말한다. 이하 같다)의 방법으로 상행위를 하는 것을 말한다"로 규정하고 있고, 「전자거래기본법」 제2조 제5호에서 전자거래라 함은 "재화나 용역의 거래에 있어서 그 전부 또는 일부가 전자문서에 의하여 처리되는 거래"라고 정의하고 있다. 동법에 따르면 전자거래는 전자문서에 의한 상거래 외에도 개인과개인의 거래인 민사거래까지 포함하는 포괄적인 개념이다.[9] 유엔국제상거래법위원회(UNCITRTAL)의 1996년 전자상거래모델법 제1조는 동법의 적용범위가 전자문서(data message)에 의한 상업적 활동에 적용된다고 규정하고 있다.[10]

따라서 전자상거래는 첫째, 컴퓨터 등의 정보처리시스템을 이용한 전자문서에 의하여 이루어지는 거래, 둘째, 재화나 용역의 소유권이나 사용권의 이전 기타 이에 부수하는 거래, 셋째, 거래의 전부 또는 일부가 전자문서에 의하여 이루어지는 거래를 의미하므로 소비자가 인터넷 사이버몰에서 물품을 구입하는 행위,[11]

---

9) 전통적으로 영국 및 미국과 같은 보통법 국가에서는 거래의 대상에 대해서 소유권과 관련된 재산법의 문제나 국제거래법상의 대상 또는 민법 및 상법의 체제 안에서 다루어 왔다, G. H. Treitel, *An Outline of the Law of Contract(Six Edition), Butterworths*, 2005. 2, pp.279-280.

10) UNCITRAL Model Law on Electronic Commerce, Article 1. Sphere of application, "This Law applies to any kind of information in the form of a data message used in the context of commercial activities".

11) 2002년 1월 29일 법률 제6615호로서 개정되기 이전의 구 「전자거래기본법」 제2조 제6호에서 '사이버몰이란 컴퓨터 등과 정보통신설비를

인터넷을 통하여 항공권, 여행상품을 구입하는 행위, 인터넷서점에서 전자책(E-book)을 구입하는 행위, 인터넷사이트에서 음악파일을 다운로드(download)하여 저장하거나 스트리밍(streaming)으로 듣기 위하여 구매하는 행위, 재화나 용역거래와 관련된 인터넷 뱅킹 등이 모두 전자상거래에 포함된다.[12] 그러나 각종의 최고, 거절 등의 단순한 의사의 통지나, 채권양도의 통지와 승낙 등 관념의 통지행위, 인터넷을 이용한 민원서류 발급행위, 전자문서에 의한 주주총회 통지(상법 제363조 제1항) 등은 전자상거래에 해당되지 않는다.[13]

2. 소셜커머스의 특징과 유형

(1) 소셜커머스의 특징

소셜커머스는 SNS를 활용한 광고를 통해 재화나 용역을 할인된 가격으로 이용할 수 있는 쿠폰을 공동구매 형태로 거래하는 전자상거래를 말한다.[14] 기존 온라인 공동구매는 통신판매중개자

이용하여 재화 또는 용역을 거래할 수 있도록 설정된 가상(假想)의 영업장을 말한다'로 규정되어 있었으나, 생소한 외래어의 개념을 사용할 필요가 있는지, 가상(假想)을 법적 의미로 규율할 수 있는지에 관한 비판에 따라 이후 전자거래기본법에서 이를 삭제하였으나 현행 전자상거래소비자보호법에서는 사이버몰이라는 용어를 다시 사용하고 있다, 사법연수원, 「전자거래법연구」, 범신사, 2011, 68-69면.

12) 전자상거래는 재화나 용역에 관한 상거래이므로 전자문서에 의하여 매매와 교환과 같은 재산권의 이전을 내용으로 하는 거래나, 임대차와 소비대차와 같은 대차거래, 위임이나 도급 등과 같은 노무공급거래, 중개계약, 운송계약, 출판계약 같은 민법전과 상법전상의 전형계약유형 뿐만 아니라 여행계약이나 리스계약, 숙박계약과 같은 비전형계약도 포함된다는 견해로는, 송오식, "소셜커머스의 법률관계," 「재산법연구」 제28권 제2호, 한국재산법학회, 2011. 8, 213-214면.

13) 정완용, 앞의 책, 21면.

14) 소셜커머스는 2005년 11월에 야후가 처음 소개한 용어이다. 야후는 장바구니(Pick List) 공유서비스인 shoppersphere를 '소셜커머스'라고 이름

의 오픈마켓에 입점하는 형태이나, 소셜커머스는 소셜커머스사업자와 서비스제공업체의 협의 내지 공동 구상 아래 상품을 기획하고, 쿠폰의 거래가 이루어진 후 소비자가 쿠폰을 사용하여 해당 상품을 직접 이용하도록 되어 있다.

종전의 상거래에서는 사업자가 재화나 서비스에 대한 직접적인 광고와 홍보를 통하여 소비자들을 유인하여 구매하게 하였지만, 소셜커머스는 소셜커머스사업자뿐만 아니라 해당 상품을 사용해본 소비자가 자발적으로 SNS를 통하여 자신의 지인에게 적극적으로 입소문을 내며 홍보하고, 사업자의 신뢰성보다는 지인의 신뢰에 기반을 두어서 재화나 서비스를 구매하도록 한다는 점이 특징이다.[15] 따라서 소셜커머스에 의해 소비자는 첫째, 자신에게 맞는 상품 정보를 얻을 수 있게 되고, 둘째, 입소문의 힘으로 보다 현명하게 구매가 가능하며, 셋째 서비스제공업체와의 상호교류가 보다 긴밀해질 수 있는 장점이 있다.[16]

소셜커머스의 상품들은 지역의 알려지지 않은 소규모 서비스제공업체들이 주로 홍보나 마케팅을 위하여 제공하기 때문에 로컬커머스(local commerce)라고 불리기도 하며 식·음료, 이·미용, 피부관리, 헬스케어를 이용할 수 있는 쿠폰을 주요 거래대상으로 하다가 배송이 가능한 일반상품은 물론이고 여행, 공연, 영화 등 거래가 가능한 모든 상품으로 거래대상을 확대하고 있다.[17]

붙였다. 송오식, 앞의 논문, 204면 각주 6.

15) 소셜커머스의 정의에서 중요한 표지는 SNS이다. 즉 진정한 의미의 소셜커머스가 되기 위해서는 판매의 상당부분이 실제로 소셜네트워크를 통한 추천과 공유에서 비롯되어야 한다, 김철환, "소셜커머스 산업에 대한 고찰과 제언," 「제2차 소비자정책 콜로키움 자료집」, 한국소비자원, 2011. 4. 28, 5면.

16) 桜丘製作所株式会社・イケダハヤト・三橋ゆか里・川田智明, 「ソーシャル コマース」, 株式会社 マイナビ, 2011. 12, 26-29面.

17) 송오식, 앞의 논문, 205면 참조.

[그림 1] 소셜커머스의 사업 구조

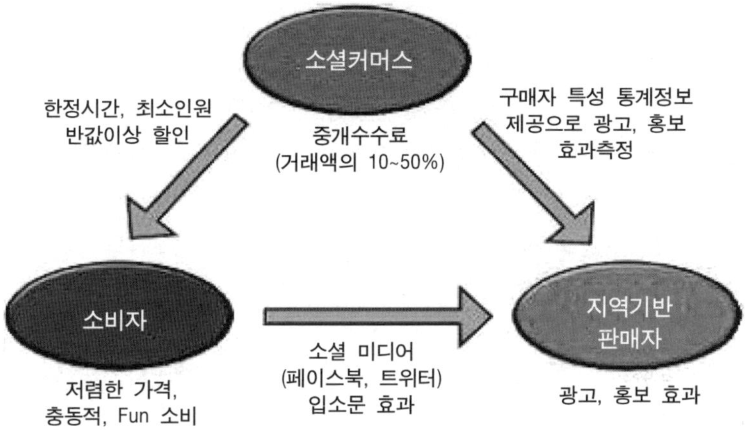

* 출처: "소셜커머스, 그 반값의 비밀," 「국회의원 이성남 국정감사 정책 자료집」, 2011. 9, 15면.

(2) 소셜커머스의 유형

소셜커머스는 사업자가 판매 촉진을 목적으로 SNS를 활용하면 모두 소셜커머스라 할 수 있을 정도로 그 구현방식이 다양하다. 기존 전자상거래의 경우에도 인터넷 사이버몰, 공동구매사이트, 오픈마켓, 경매사이트, 회원제 쇼핑클럽 등 다양한 모델이 있으며, 소셜커머스도 마찬가지로 다양한 형태의 영업방식이 존재하고 있다. 이러한 소셜커머스는 크게 소셜링크형, 소셜웹형, 공동구매형, 오프라인 연동형으로 유형을 구분할 수 있다.[18] 첫째,

18) 각 유형별 특징에 대해서는 김철환, 「소셜커머스」, 블로터앤미디어, 2010, 117면-140면 참조, 소셜미디어 연동형, 공동구매형, 직접판매형, 프로모션형 소셜커머스로 구분하는 견해로는 유윤수 · 윤상진, 「소셜커머스, 무엇이고 어떻게 활용할 것인가」, 더숲, 2011, 41면 이하, 후자는 전자의 소셜링크형과 소셜웹형을 소셜미디어 연동형에 포함시키고 프로모션형 소셜커머스를 구분하는 점에서 차이가 있다. 그러나 프로모션형 소셜커머스는 직접적인 구매를 목적으로 하는 것이 아니라 다양한 이벤

소셜링크형은 인터넷 사이버몰에서 SNS로 이동할 수 있는 버튼 형식의 링크를 게재하는 방식이다. 버튼을 클릭하면, 웹문서의 링크를 생성하여 해당 SNS에 자동으로 삽입되거나 자신의 SNS에 웹문서가 그대로 복사되어 게시물로 생성된다. 이러한 소셜링크형은 일반 인터넷사이버몰에서도 SNS 공유버튼만 추가하면 되기 때문에 손쉽게 구현이 가능하다. 둘째, 소셜웹형은 전자상거래를 SNS와 적극적으로 결합하는 것으로, 전자상거래 사이트 안에서도 SNS의 기능을 구현해 주는 방식이고 사이트에서 이뤄지는 소비자의 구매, 평가, 리뷰 등의 활동이 소비자의 SNS에 자동으로 반영되고, 해당 소비자의 네트워크에 공유되는 형태이다. 또한 같은 SNS에 친구로 등록된 사람들이 소셜커머스 사이트에서 어떤 활동을 하는지 보여줄 수 있다. 셋째, 공동구매형은 공동구매 사이트가 SNS와 결합한 형태로 상품별로 정한 최소 구매수량이 달성될 경우 할인 혜택을 받을 수 있도록 함으로써 소비자들로 하여금 적극적으로 SNS를 통해 입소문을 낼 수 있도록 하는 형태이다. 일반적으로 소셜커머스라 함은 이러한 공동구매형 소셜커머스이다. 넷째, 오프라인 연동형은 실제 오프라인 상점에서 네트워킹이 가능한 단말기로 SNS와 연결시키는 유형이며 LBS와 같은 위치기반 서비스를 활용하여 소비자의 구매 경험을 모바일기기를 이용하여 SNS에 확산시키는 방식으로 상거래이기 보다는 마케팅, 홍보라 할 수 있다.

(3) 소셜커머스와 일반적인 전자상거래의 차이

소셜커머스는 재화의 판매가 아니라 식·음료, 공연, 피부관

트와 프로모션을 통하여 간접적으로 매출을 끌어올리는 것을 목적으로 하기 때문에 진정한 소셜커머스라고 보기 어렵다, 송오식, 앞의 논문 206면; 이하 실제 사례는 블로터닷넷 홈페이지 그림<http://www.bloter.net/archives/31355, [2012. 11. 25, 최종방문]> 참조.

리, 여행 등 서비스제공업체의 지역밀착형 상품을 사용할 수 있는 쿠폰을 판매하는 형태라는 점에서 일반적인 전자상거래와는 다르다.[19] 소셜커머스사업자는 서비스제공업체와 협의하여 쿠폰의 내용인 상품을 구성하고 직접 광고페이지를 작성하여 소비자의 청약을 받아 직접 계약주체가 되므로 통신판매업자로서 소셜커머스쿠폰의 청약철회에 대한 의무를 부담하고 있다. 반면에 G마켓, 옥션 등 통신판매중개자는 가상의 사이버몰(market place)만을 제공하고 통신판매계약의 주체는 입점업체인 통신판매업자와 소비자가 직접 체결하므로 전자상거래소비자보호법상 청약철회 등 소비자보호와 관련한 문제는 입점업체인 통신판매업자가 부담하고 있다.

소셜커머스와 일반적인 전자상거래는 계약의 성립방식, 50% 이상의 할인, 권리행사기간의 제한, 재화나 서비스의 공급방식 및 공급자 등에서 차이가 존재한다. 이를 구체적으로 살펴보면 다음과 같다. 첫째, 일반적인 전자상거래는 일정 수 이상의 소비자라는 조건이 부과되지 않지만, 소셜커머스는 공동구매의 특성으로 일정 수 이상의 소비자가 구매신청을 하여야 계약이 효력을 발생하는 정지조건부 계약이다. 둘째, 일반적인 전자상거래 또한 저렴한 가격으로 재화를 판매하지만, 소셜커머스의 경우 50% 이상의 할인율을 제시하고 있다. 셋째, 일반적인 전자상거래는 사업자가 상품을 배송하기 때문에 권리행사기간은 별도로 존재하지 않지만, 소셜커머스에서는 소비자가 일정기간 내에 서비스제공업체에게 급부의 이행을 청구하기 때문에 제한적인 권리행사기간(유효기간)을 두고 있다.

---

19) 고형석, "소셜커머스와 청약철회권," 「선진상사법률연구」 통권 제56호, 법무부, 2011. 10, 62면 참조.

3. 소셜커머스의 특징

(1) 공동구매

소셜커머스에서 소비자는 공동구매의 형식으로 사업자가 제시하는 최소 수량의 구매를 충족시켜야만 거래가 성립한다. 소비자는 무조건 할인된 가격에 구매할 수 있는 게 아니라, 사전에 고지된 일정 규모의 인원수에 도달해야만 할인된 가격을 적용하여 구매할 수 있다. 만일 정해진 시간 내에 고지된 인원수에 도달하지 못하면 구매는 자동으로 취소된다. 따라서 소셜커머스는 소비자의 청약이 사전에 정해진 수량에 도달하지 못하면 계약이 성립하지 않는 정지조건부 계약이다.[20]

(2) 파격적인 할인율

소셜커머스를 일반적인 전자상거래와 구별하게 하는 특징은 통상 50% 이상의 파격적인 할인율이다. 소셜커머스사업자는 통상 3개월의 단기간에 서비스제공업체가 원하는 일정량의 상품판매를 보장하고, 판매대금의 일정부분을 수수료로 받는다. 서비스제공업체는 일정 기간 동안 소셜커머스를 이용함으로써 홍보 및 광고의 효과를 얻을 수 있고 일정량의 판매대금을 일시에 확보할 수 있다. 따라서 소셜커머스의 특징은 50% 이상의 파격적인 할인율에 있으며, 3당사자인 소비자, 소셜커머스사업자, 서비스제공업체의 이해관계는 이러한 파격적인 할인율에서 일치한다. 소셜커머스가 단기간에 급성장을 한 가장 큰 이유 중의 하나는 이러한 파격적인 할인에 대한 소비자들의 관심과 호응 때문이다.[21]

---

20) 오병철, "소셜커머스에서의 전자상거래의 청약철회권," 「법학연구」 제21권 제3호, 2011. 9, 260면; 통상 소셜커머스사업자가 제시하는 공동구매 최소수량은 쉽게 충족시킬 수 있는 수량이므로 거래 자체가 성립하지 않는 경우는 극히 드물다.

(3) 소비자의 권리행사기간 제한

소비자는 소셜커머스사업자가 사전에 설정한 쿠폰의 유효기간 동안에만 서비스제공업체로부터 급부를 제공받을 수 있다. 이 기간 동안에 권리행사를 하지 않으면 소비자의 권리는 소멸하므로 일종의 약정에 의한 제척기간에 해당한다. 따라서 서비스제공업체가 소비자로부터 급부이행의 청구를 받았다면 그 시점에 이행기가 도래한다. 이것은 일반적인 전자상거래와는 구별되는 특징이다.[22)]

[표 Ⅱ-1] 소셜커머스와 일반적인 전자상거래의 구분

	소셜커머스	일반적인 전자상거래
시의성	2~3일 단기간 내 판매	재고가 소진 될 때까지 계속 판매
할인율	50% 이상의 할인	통상 10% 미만의 할인
기대 효과	SNS를 이용한 대 고객 홍보 및 광고	박리다매에 의한 최대한의 이익
목표	최소판매수량이 충족되지 않은 경우 거래 자체가 성립되지 않음	통상 최소판매수량과 관계없이 거래
즉시성	최소판매 수량이 충족될 경우 거래 자체는 통상 24시간의 경과로 바로 확정	다양한 거래조건 적용

* 출처: 최민식, 「소셜커머스에서의 청약철회에 관한 법적 연구 ―디지털콘텐츠 거래와 비교를 중심으로―」, 경희대학교 박사학위논문, 2012. 2, 44면 재구성.

21) 서희석, "소셜커머스의 소비자계약법적 과제 ― 소셜커머스의 법적 구성에 관한 고찰을 통하여―," 「법학연구」 제53권 제1호, 부산대학교 법학연구소, 2012. 2, 177-178면.

22) 서희석, 앞의 논문, 178-179면; 쿠폰의 유효기간과 관련하여 공정거래위원회 및 티켓몬스터, 쿠팡, 위메이크프라이스, 그루폰 등 주요 소셜커머스사업자는 소비자가 쿠폰의 유효기간 내 쿠폰을 사용하지 못하는 경우에는 구매대금의 70% 이상을 6개월 이상 사용가능한 포인트로 환급하는 "소셜커머스 소비자보호 자율준수 가이드라인"에 대한 협약을 체결하여 소비자의 권리행사기간은 최소 6개월 이상 확장되었다. 공정거래위원회 보도자료, 2012. 2. 13, <http://www.ftc.go.kr, [2012. 11. 25. 최종방문]> 참조.

Ⅲ. 소셜커머스에서의 법률문제

1. 소셜커머스에서의 거래 대상인 쿠폰에 대한 법적 검토

(1) 쿠폰의 의의

쿠폰은 상품가격의 할인을 의미하는 프랑스어를 어원으로 하며,[23)] 오프라인으로 제공되는 통신판매 카탈로그에 인쇄되어 첨부되거나, 음식점에서 서비스 이용에 딸려 제공되는 것 등 다양한 형태로 존재하고 있으며, 가격할인, 서비스무료제공, 상품교환 등 다양한 기능으로 사용되고 있다.

일반적으로 쿠폰은 소비자의 의사와 상관없이 사업자의 의사에 의해 발행여부가 결정된다. 하지만 소셜커머스에서 쿠폰은 발행과정에 소비자가 적극 참여하게 된다. 사업자가 쿠폰의 발행량(상품판매수량)을 정해도 공동구매의 특성에 따라 공동구매 성립수량에 미치지 못하면 쿠폰의 발행 자체가 이루어지지 않는다.

소셜커머스에서 거래되는 쿠폰은 소비자에게 상품을 배송해주는 쿠폰, 소비자가 서비스제공업체를 방문하여 해당 사업자의 상품을 이용하는 쿠폰이 있다. 이 때 주로 문제가 되는 것은 바로 상품을 이용하는 쿠폰이다.[24)] 인쇄된 쿠폰은 쿠폰에 명기된

23) 양정영·조정흠 "QSR에서의 쿠폰이용특성과 쿠폰상환에 관한 연구," 「여행학연구」 제23호, 한국여행학회, 2005, 183-184면.

24) 이러한 쿠폰에 대해 소셜커머스사업자에 따라 쿠폰(coupon), 딜(deal), 티켓(ticket) 등과 같은 용어를 사용하고 있으며, 소비자에게 상품을 배송해주는 상품형 쿠폰, 소비자가 서비스제공업체를 방문하여 이용하는 용역형 쿠폰이 있고, 특정 상품이나 서비스를 제공받는 물품형 쿠폰과 사용 가능한 금액만 명시되어 있는 금액형 쿠폰 등으로 구분할 수도 있다. 소셜커머스 초기에는 소비자가 서비스제공업체에게 서비스 등의 공급을 청구하기 위해서는 쿠폰의 제시가 필수적이었으나 최근에는 쿠폰의 제시가 없더라도 계약체결여부를 확인할 수 있다면 소비자가 서비스

상품을 구매할 때나 서비스를 이용할 때 쿠폰을 제시하고 대금을 지불한다. 그런데 이러한 쿠폰은 발행시에 대금을 지불하는 선지급의 특징을 가지고 있다. 따라서 대금이 선지급 되어 있는 쿠폰을 제시하는 소지자가 정당한 권리자로 추정되는 것이다.

(2) 소셜커머스쿠폰과 기타 상품권의 비교

반면에 대부분의 상품권은 발행업자와 서비스사업자가 일치하기 때문에 상품권 거래에 있어서 판매업자와 소비자간 일대일 거래관계를 형성하는 것이 일반적이다. 이러한 상품권은 상사채권의 소멸시효기간과 같은 유효기간(5년)동안 사용할 수 있고 일정비율 이상의 금액을 사용하고 남은 잔액은 환불하고 있다. 모바일쿠폰이나 소셜커머스쿠폰은 사업자와 서비스제공업체간의 계약과 사업자와 소비자간의 계약으로 구성되는 3자간 거래로서 비교적 단기(3개월 내지 6개월)에 해당하는 유효기간 동안만 사용할 수 있다. 그러나 유효기간이 경과한 이후의 환불여부에 있어서 모바일쿠폰은 액면금액의 90%를 환불(5년 이내) 해주고 있다.[25)]

소셜커머스 쿠폰의 단기 유효기간은 소셜커머스가 제시한 새로운 판매방식의 고유한 특성에 기인한 것이다. 백화점, 레스토랑 등에서 일반적으로 실시되는 판촉행사나 할인 쿠폰 발행의 경우에도 가격할인이나 서비스 혜택을 일정기간에만 일시적으로 제공하고 있으므로 소셜커머스에서의 유효기간 제한도 타당성이 있다.[26)]

를 제공받을 수 있는 비즈니스모델로 변화하고 있으므로 후자의 형태는 쿠폰의 판매가 아니라는 견해로는, 고형석, 앞의 "소셜커머스와 청약철회권," 64면 각주 3.

25) 이와 관련하여 2012년 1월 9일 공정거래위원회에서는 모바일쿠폰의 지나치게 짧은 유효기간과 잔액환불을 거부하는 모바일쿠폰사업자에 대해 약관시정명령을 하였다, 공정거래위원회 보도자료, 2012. 1. 9, <http://www.ftc.go.kr, [2012. 11. 25. 최종방문]> 참조.

[표 Ⅲ-1] 소셜커머스 쿠폰과 기타 상품권의 비교

	일반상품권	모바일쿠폰	소셜커머스 쿠폰
사용기간	5년	통상 60일	통상 90일
기간 경과 후 사용	사용불가	사용불가	사용 불가
교환대상	발행주체 혹은 발행주체의 가맹점 내에서는 품목에 상관없이 해당 금액 내에서 교환가능(백화점 상품권 등)	물품형은 교환가능한 교환처 및 교환 대상 물품이 정해져 있음 금액형은 해당 가맹점 내에서 자유롭게 교환가능	물품형은 교환대상 물품이 정해져 있음 용역형은 이용가능한 서비스제공업체와 내용이 정해져 있음 금액형은 일반 상품권과 동일함
사용주체	상품권을 소지한 누구나 사용가능	원칙적으로 발송자에 의해 지정된 수신자만이 사용가능하지만, 현실적으로 양도가능함	원칙적으로 발송자에 의해 지정된 수신자가 사용주체이지만, 현실적으로 양도 가능함
환불주체	원칙적으로 현금으로의 환불불가	모바일쿠폰의 수신자만이 환불가능	환불불가
잔액반환 여부	잔액 현금 반환	잔액 반환 불가 해당 금액의 90% 환불	유효기간 만료 후 구입가의 70% 포인트 환불

* 출처: 최민식, 앞의 논문, 173면 재구성.

26) 대법원은 구 상품권법 시절 "시중가격보다 할인판매하겠다는 취지의 특별주문권은 상품권법 소정의 상품권이라 할 수 없다"고 판결하였다, 대법원 1985. 3. 26. 선고 85도176판결.

(3) 소셜커머스 쿠폰의 법적 성질

쿠폰은 상품을 이용하는 목적에 있어서는 현금을 대신하여 결제 수단으로 이용된다는 점 등에서 백화점상품권과 같은 전통적인 의미에서의 유가증권과 많은 부분에서 유사점을 가지고 있다.[27] 이러한 쿠폰의 법적 성질과 관련하여 두 가지 측면에서 검토할 수 있다. 유가증권인 상품권으로 파악하는 방안과 증거증권인 지명채권으로 파악하는 것이다.[28][29]

유가증권은 재산권을 표창한 증권으로서 그 권리의 발생・행사・이전의 전부 또는 일부를 증권에 의하여야 하는 것이며,[30] 권리의 이전 및 행사에 증권의 소지를 요하거나(화물상환증・창고증권・선하증권・무기명주권 등), 권리의 이전에만 증권의 소지를

---

27) 1999년 2월에 상품권법은 폐지되었지만 상품권법과 상당부분 유사한 내용을 담고 있는 상품권 표준약관(공정거래위원회 표준약관 제10022호) 및 소비자분쟁해결기준에서 상품권의 유효기간, 잔액반환 등의 기준을 담고 있다. 소셜커머스 쿠폰은 휴대전화로 전송되는 모바일상품권에 해당하기 때문에 인지세법상 인지세부과대상이 아닐 뿐이지 소비자가 쿠폰을 제시하여야 이에 명시된 재화 또는 용역을 제공받을 수 있기 때문에 상품권에 해당한다는 견해가 있다, 고형석, 앞의 "소셜커머스와 청약철회권," 69면 각주 22 참조: 하지만 소비자는 소셜커머스사업자의 인터넷 사이버몰에서 쿠폰을 출력하여 서비스제공업체에 제시할 수 있으므로 반드시 모바일상품권에 해당하지는 않으며, 가령 소비자가 휴대전화번호 제시 등으로 당사자임을 입증하면 쿠폰의 소지나 제시 없이 서비스를 이용할 수 있으므로 반드시 증표를 제시해야하는 유가증권과는 차이가 있다.

28) 독일에서는 이러한 상품권과 쿠폰을 특별히 구별하지 않고 있다. 법적 성질과 관련하여 상품권 또는 쿠폰은 유가증권(Wertpapier)이며, 경우에 따라서는 무기명채권증서(Inhaberschuldverschreibung)로 본다, Oliver L. Knöfel, "*Werbegutscheine im bürgerlichen Recht*," AcP 210, 2010, 654 ff.

29) 공정거래위원회의 소비자분쟁해결기준 개정안에 대한 행정예고에 따르면 쿠폰의 법적 성질에 대하여 상품권에 근거하고 있다, 공정거래위원회 보도자료 2011. 10. 6, <http://www.ftc.go.kr, [2012. 11. 25. 최종방문]> 참조.

30) 이철송, 「어음수표법」, 박영사, 2010, 18면.

요하거나(기명주권 등) 또는 권리의 행사에만 증권의 소지를 요하는 것(기명증권 등)을 의미한다.[31]

이러한 유가증권에 대한 정의에 있어서 공통적인 점은 증서상에 권리가 화체되어 있다는 점 및 권리를 행사하기 위하여 증권의 제시가 필수적이라는 점이다. 권리자가 권리를 행사하기 위해서는 단지 권리를 취득하였다는 사실의 증명이 아닌 증서의 제시가 있어야 한다. 따라서 소셜커머스 사업자가 소비자에게 발행한 쿠폰이 유가증권인 상품권에 해당하기 위해서는 소비자가 서비스제공업체에게 상품 등의 공급을 요구하기 위하여 쿠폰의 제시 및 교부가 필수적이어야 한다.[32]

또한 쿠폰이 증거증권으로서의 성격을 갖는 것은 당연하다.[33] 채권을 증명하기 위하여 일정한 증서를 발행할 수 있지만, 이는 채권의 존재를 증명하는 증거로서의 역할을 담당하는 것이지 증서에 채권이 화체된 것은 아니다. 따라서 채권자는 증서를 소지하지 않았다고 하더라도 채권을 행사할 수 있으며, 채무를 이행한 채무자는 증서가 있는 경우 증서의 교부를 요구하거나 영수증을 청구할 수 있다(민법 제474조, 제475조).[34]

현실적으로 소비자가 서비스제공업체에 대하여 상품 등의 공급을 요구함에 있어서 쿠폰의 제시는 필요하지 않다. 소비자가

---

31) 정찬형, 「어음수표법강의」, 박영사, 2006, 6면.

32) 소셜커머스 비즈니스모델상 초기에는 소비자가 서비스제공업체에게 상품 등의 공급을 청구하기 위하여 쿠폰의 제시가 필수적이라는 점을 근거로 쿠폰을 상품권으로 인정하였지만, 현재는 쿠폰의 제시가 없더라도 상품 등의 공급을 청구할 수 있다는 점을 근거로 상품권성을 부정하고 있다, 고형석, 앞의 "소셜커머스와 청약철회권," 64면.

33) 증거증권은 실질적인 법률관계의 유무나 내용을 증명하는 자료로서 의미가 있는 증서로서, 그 법률관계의 유무나 내용 자체와 서면의 유무와는 관계가 없다. 임대차증서, 영수증 등이 이에 해당한다, 최준선, 『어음·수표법』 제8판, 삼영사, 2012, 6면.

34) 김준호, 『채권법』, 법문사, 2011, 202면.

서비스제공업체에게 상품 등의 공급을 요구함에 있어서 반드시 쿠폰을 제시하여야 한다면 상품권에 해당하지만, 쿠폰은 단순한 증거증권으로 작동하기 때문에 권리의 행사에 있어서 쿠폰의 제시는 필수적이지 않고 단지 소셜커머스사업자와 계약을 체결하였다는 사실만이 증명되면 서비스제공업체에게 상품 등의 공급을 청구할 수 있게 된다. 따라서 계약 당사자임을 확인할 수 있다면 쿠폰의 제시 없이 상품의 이용이 가능하다.

(4) 유효기간이 경과한 쿠폰의 사용불가

백화점 상품권이나 문화상품권같이 시중에 통용되는 대다수의 상품권은 탈세, 탈루 등의 방지를 위해 환불이 불가한 대신에 일정 비율 이상을 사용하면 잔액을 현금으로 반환해 주고 있다. 또한 모바일 쿠폰의 경우에도 사용기간이 지나더라도 상사채권 소멸시효인 5년 이내에 한해서 모바일 쿠폰의 수신자가 요청하는 경우에는 환불해주고 있다. 그러나 소셜커머스 쿠폰은 유효기간이 경과되는 경우 사용은 불가하며 일정기간(6월 이상) 사용가능한 포인트로 환불하기 때문에 소비자는 한정된 기간 내에 쿠폰을 사용하는 것이 자신이 지불한 대가에 상응하는 반대급부를 제공받을 수 있는 최선의 대안이다.[35] 이와 관련하여 미국의 소셜커머스사업자인 리빙소셜은 쿠폰(바우처)의 유효기간이 경과하여도 쿠폰발행일로부터 5년간 소비자가 지불한 금액을 환불해주고 있으

35) 소비자가 소셜커머스 쿠폰 구매를 위하여 지불한 금액 전체를 환불받지는 못하더라도 일부 환불까지 박탈하는 것은 사업자가 부당이득을 취하는 것으로서 부당하며, 소비자가 쿠폰을 사용하지 못한 이유가 단기의 유효기간, 과도한 티켓판매 및 제한된 서비스제공업체 등으로부터 기인하거나 사용할 수 없는 불가피한 경우에는 사업자의 귀책사유로 인한 환불에 해당할 것이다, 앞의 2012. 2. 14. 공정거래위원회 보도자료, 소셜커머스 소비자보호 자율준수 가이드라인 제2장 제2절 3. 전자상거래소비자보호법상 청약철회 이외의 환불 참조.

며,[36] 그루폰은 무기한 환불을 보장하고 있다.[37]

2. 소셜커머스사업자의 법적 지위

소셜커머스사업자의 법적 지위를 구분하는 실익은 현행 전자상거래소비자보호법에서 규정하는 통신판매업자와 통신판매중개자의 법적 책임과 의무가 현저하게 차이가 나기 때문이다. 따라서 소셜커머스의 거래 형태와 거래 대상을 중심으로 통신판매중개, 위탁매매, 권리매매로 구분하여 전자상거래소비자보호법에 따른 소셜커머스사업자의 법적 지위를 살펴보고자 한다.[38]

(1) 통신판매중개

전자상거래소비자보호법 제2조 제4호에서 통신판매중개는

36) Living Social의 이용약관 2. Expiration Dates, If the expiration of the paid value of the Voucher in accordance with the date printed on the Voucher is prohibited under the law of the jurisdiction in which you are located, then the Voucher shall expire as follows: the promotional portion of the Voucher will expire on the date printed on the Voucher, and the paid portion of the Voucher will expire five (5) years from the date the Voucher is issued, <http://www.livingsocial.com/terms, [2012. 11. 25, 최종방문]>.

37) Groupon의 이용약관 7. Vouchers have two separate values: (a) the "amount paid" and (b) the promotional value. The "promotional value" is the additional value beyond the amount paid. For example, if you pay $20 for a voucher that gets you $50 of goods or services from a Merchant, the full offer value is $50, the amount paid is $20 (this amount does not expire until it is used or is refunded), <http://www.groupon.com/terms, [2012. 11. 25, 최종방문]>.

38) 이러한 구분에 따른 상세한 내용은 서희석, 앞의 논문, 181-187면 참조; 소셜커머스에서 거래되는 대상을 재화와 용역, 권리로 구분하고 각각에서 명의와 이익귀속 및 처분권으로 구분하여 소셜커머스사업자의 법적 지위를 판단하는 견해로는 오병철, 앞의 "소셜커머스에서의 전자상거래의 청약철회권," 266-277면 참조.

"사이버몰의 이용을 허락하거나 기타 총리령이 정하는 방법에 의하여 거래당사자 간의 통신판매를 알선하는 행위"를 말하며, 동법 시행규칙 제3호에서 통신판매 거래의 알선 방법은 "자신의 명의로 통신판매를 위한 광고수단을 제공하거나 그 광고수단에 자신의 이름을 표시하여 통신판매에 관한 정보의 제공이나 청약의 접수 등 통신판매의 일부를 수행하는 것"이므로 소셜커머스사업자가 서비스제공업체의 상품정보를 광고를 통하여 제공하고 소비자의 청약을 접수하는 행위만을 하고 실제 급부는 서비스제공업체가 제공하는 경우에는 소비자와 서비스제공업체간의 통신판매 거래를 소셜커머스사업자가 알선하는 것으로 볼 수 있다. 따라서 소셜커머스사업자는 통신판매중개자에 해당할 것이다.[39)]

(2) 위탁매매

소셜커머스사업자는 "자기명의로써 타인의 계산으로 물건 또는 유가증권의 매매를 영업"으로 하므로 상법 제101조의 위탁매매인의 개념에 부합한다. 위탁매매인의 행위는 '매매'이고, 상법 제102조에서 "위탁매매인은 위탁자를 위한 매매로 인하여 상대방에 대하여 직접 권리를 취득하고 의무를 부담한다"고 규정하고 있으므로 행위의 결과가 중개가 아닌 매매의 효과를 취득한다. 또한 상법 제103조에서 위탁매매인이 매매목적물의 소유권을 취득하지 아니하는 것으로 보며, 상법 제104조에서는 위탁매매인이 위탁매매 통지 및 계산서를 제출하여야 하므로 이러한 형태는 소셜커머스 거래형태에 부합하므로 소셜커머스사업자는 통신판매업자에 해당할 것이다.[40)]

---

39) 서희석, 앞의 논문, 181-182면.

40) 오병철, 앞의 "소셜커머스에서의 전자상거래의 청약철회권," 277-278면; 하지만 소셜커머스사업자가 재화의 공급을 위하여 매매목적물을 점유하는 것이 아니고 재화공급의 채무를 소셜커머스사업자가 직접 부담

(3) 권리매매

전자상거래소비자보호법 제2조 제2호에서 통신판매는 "우편·전기통신 그 밖에 총리령이 정하는 방법에 따라 재화 또는 용역(일정한 시설을 이용하거나 용역의 제공을 받을 수 있는 권리를 포함한다. 이하 같다)의 판매에 관한 정보를 제공하고 소비자의 청약에 의하여 재화 또는 용역을 판매하는 것으로서, 방문판매법 제2조제3호의 규정에 의한 전화권유판매를 제외"하는 것으로 규정하고 있다.

소셜커머스사업자가 거래하는 대상인 쿠폰이 바로 "일정한 시설을 이용하거나 용역의 제공을 받을 수 있는 권리"라고 이해할 수 있기 때문에, 소셜커머스사업자는 이용하거나 용역의 제공을 받을 수 있는 권리의 판매정보를 제공하고 소비자의 청약에 의해 이러한 권리를 판매하는 것이므로 소셜커머스사업자는 통신판매업자에 해당할 것이다.[41]

(4) 소 결

소셜커머스에서 거래하는 대상을 쿠폰으로 한정한다면 소셜커머스사업자는 거래되는 쿠폰에 관한 정보를 제공하고, 이에 관한 계약이 비대면으로 온라인을 통하여 이루어졌기 때문에 전자상거래소비자보호법상 통신판매에 해당하고 따라서 소셜커머스사업자는 통신판매업자에 해당한다.[42] 하지만 소셜커머스사업자가 쿠폰이 아닌 상품을 서비스제공업체가 직접 소비자에게 판매할 수 있도록 오픈마켓 형태의 인터넷 사이버몰을 제공한 경우에는

하는 것 아니라는 점에서 위탁매매의 법률관계에 부합하지 않는다는 견해로는 서희석, 앞의 논문, 183면, 송오식, 앞의 논문, 209면.

41) 서희석, 앞의 논문, 184면; 송오식, 앞의 논문, 210면.

42) 송오식, 앞의 논문, 229면; 오병철, 앞의 "소셜커머스의 전자상거래의 청약철회권," 283면.

전자상거래소비자보호법 제2조 제4호에서 규정하고 있는 통신판매중개에 해당하므로 이러한 경우 소셜커머스사업자는 통신판매중개자에 해당한다.

이와 같이 소셜커머스와 같이 새롭게 만들어지는 비즈니스모델에 대해서는 현행 전자상거래소비자보호법이 명확히 규율하기는 어려우며, 게임, 음악, SW 등 디지털콘텐츠를 판매하는 앱스토어나 아이튠스토어와 같이 다운로드나 스트리밍 방식으로 중개 또는 위탁판매하는 비즈니스모델에 대해서도 사업자의 지위를 규정하기 어려우므로 전자상거래소비자보호법에 통신판매업자 이외에 전자상거래사업자를 규정하고 그 세부 유형을 도입하는 방안 또한 고려되어야 할 것이다.[43)]

3. 국외 소셜커머스사업자의 약관

(1) 미국 그루폰

서비스제공업체는 바우처(쿠폰)의 발행인으로서 바우처(쿠폰)는 (a) 지불총액(amount paid) (b) 판촉 가치(promotional value)를 포함한다. 판촉 가치는 지불 총액을 초과하는 부가적인 가치이고 지불총액과 판촉 가치의 합은 쿠폰의 "전체 제공될 가치(full offer value)"와 동일하다. 예를 들어, 상점으로부터 50$에 상응하는 제품 또는 서비스를 획득할 수 있는 쿠폰 구매를 위해 20$를 지불한 경우, 전체 제공될 가치는 50$이며, 지불총액은 20$(이 금액은 사용하거나 환불하기 전까지 만료되지 않는다)이고, 판촉 가치는 30$(이 금액은 쿠폰에 명시된 기간에 만료된다. 다만, 법적으로 판촉가치 만료를 금지한 경우를 제외한다)이다. 유효기간이 지나면 그 차액은

43) 정완용, 앞의 책, 146면; 오병철, 앞의 "소셜커머스의 전자상거래의 청약철회권," 284면.

환불 불가능하고 대신 지불한 금액은 환불이 가능하며 그루폰은 실제 지불한 금액(amount paid)에 대해서는 무기한 환불하고 있다.[44)]

(2) 그루폰 재팬[45)]

쿠폰에는 유효기간이 있으며, 서비스를 이용하기 위해서는 쿠폰의 제시가 필수이다. 특히 정당한 권리를 가지고 있다고 해도 쿠폰의 제시 등이 없는 경우에는 서비스를 제공하지 않으며, 쿠폰을 제시한 자에 대해서만 서비스를 제공한다.[46)]

쿠폰의 유효기간이 지나면 이용이 불가능하며 이 경우에도 쿠폰의 구입대금을 반환하지 않는다.[47)] 쿠폰 구입 신청이 있는

---

44) Groupon is a service provider for the Merchant identified on the voucher and the Merchant is the sole issuer of the voucher. Vouchers have two separate values: (a) the “amount paid” and (b) the promotional value. The “promotional value” is the additional value beyond the amount paid. Together, the amount paid and the promotional value equals the “full offer value” of the voucher. For example, if you pay $20 for a voucher that gets you $50 of goods or services from a Merchant, the full offer value is $50, the amount paid is $20 (this amount does not expire until it is used or is refunded), and the promotional value is $30 (this amount expires on the date stated on the voucher unless expiration of the promotional value is prohibited by law) <http://www.groupon.com/terms, [2012. 11. 25, 최종방문]>.

45) 그루폰 재팬(グルーポン · ジャパン)은 2012년 11월 현재 일본 1위의 소셜커머스사업자로 이용규약(약관)은 <http://www.groupon.jp/about-terms/ [2012. 11. 25, 최종방문]>참조.

46) 利用規約 第5条 2. 会員は，クーポンと引き換えに，参加加盟店から加盟店サービスの提供を受けることができるものとします. 参加加盟店は，会員が正当な権利を有するといえども，クーポンの提示等がなければ，加盟店サービスの提供を行わないものとし，クーポンの提示等を行った者に対して加盟店サービスの提供を行えば足りるものとします.

47) 利用規約 第5条 9. クーポンには有効期限があり，有効期限を過ぎると利用できなくなります. この場合も，当社は会員に対してクーポン購入代金を返金いたしません. なお，有効期限は，最も長い場合であっても，

경우 회사가 사용자에게 신청접수통지를 한 시점부터는 신청을 변경 또는 철회하는 것이 불가능하다. 또한 거래가 성립한 경우, 사용자는 쿠폰의 대금 전액을 지불할 의무가 발생한다. 사용자가 쿠폰 구입대금 지불이 완료된 것을 확인한 경우에 한해 쿠폰을 발행하며 쿠폰의 발행은, (i) 회사가 별도 지정한 웹사이트상에서 쿠폰을 인쇄 가능한 상태로 하는 것, (ii) 쿠폰의 제시 등에 필요한 정보를 전자적 방법으로 교부하는 것, 그리고 (iii) 구매자가 지정한 주소에 발송을 완료한 것과 같은 것을 말한다. 또한 구매자는 쿠폰 환불이 불가능하다.[48] 약관이 정하는 내용 외에, 쿠폰의 유효기한 경과 후에는 가맹점서비스의 제공을 요구할 수 없다.[49]

クーポンの発行日から6ヶ月が経過する日の前日までであり, 6ヶ月以上使用できるクーポンはありません.

48) 利用規約 第5条 4. 会員よりクーポン購入の申込があり, 当社より会員に対して申込受付の通知をした時点で, 会員は自らの申込を変更又は撤回することができないものとします

第5条 5. 取引が成立した場合, 会員には当社の定める方法に従い, 当社に対してクーポンの代金全額を支払う義務が発生するものとします

第5条 6. 当社は, 会員のクーポン購入代金の支払が完了したことを確認した場合のみ, 会員に対して当該クーポンを発行します. ここで, クーポンの発行とは, (i) 当社が別途指定するウェブサイト上において会員がクーポンを印刷可能な状態におくこと, (ii) クーポンの提示等に必要な情報を電磁的方法で交付すること, 又は (iii) 会員が指定した住所に発送手続を完了することのいずれかをいうものとします. なお, クーポンの印刷が必要なときは, クーポンの印刷に必要なプリンター等の機器は会員の責任において用意するものとします.

第5条 7. 会員は, クーポンを換金したり, 払い戻したりすることはできません.

49) 利用規約 第5条 10. 会員は, クーポンの有効期限経過後は, 参加加盟店に対して, 加盟店サービスの提供を求めることはできません.

(3) 일본 이큐마켓[50)]

쿠폰은 금권(金券)이 아닌, 서비스 제공을 받을 수 있는 권리를 표시하는 기명채권으로, 채무자는 당해 서비스를 제공하는 점포이며 사용자는 자기 책임에 의해 서비스를 이용하는 자이다.[51)]

구입신청은 구입신청 기간 종료시에 구입신청수가 최저판매수에 도달한 경우를 정지조건으로 하는 쿠폰 구입의 의사표시로 구입신청한 경우, 이를 사용자가 일방적으로 변경하거나 취소하는 것은 불가능하다. 또한, 만일 사용자가 변경하거나 취소한 경우라 하더라도 환불하지 않으며, 사용자가 쿠폰의 대금을 지불하지 않은 경우라 하더라도 회사는 상품의 대금을 청구한다. 쿠폰의 매매계약이 성립한 경우, 당해 사용자는 회사에 대해 쿠폰의 대금전액을 지불할 의무가 발생한다.[52)]

---

50) 이큐마켓(一休マーケット)은 2012년 11월 현재 일본 3위의 소셜커머스 사이트로 취소·환불과 관련하여 이큐마켓의 약관<http://market.ikyu.com/terms [2012. 11. 25, 최종방문]>에서 확인할 수 있다.

51) 利用規約 第5条 2. 本クーポンは金券ではなく，店舗サービスの提供を受けることのできる権利を表章する記名債権であり， 債務者は当該店舗サービスを提供する店舗であるものとし， ユーザーは自己の責任において店舗サービスを利用するものとします.

52) 利用規約 利用規約 第5条 6. 購入申請とは，前項に定める場合を解除条件，購入申請受付期間終了時に購入申請数が最低販売数に到達しいた場合を停止条件とする本クーポン購入の意思表示であり， 一度購入申請を行った場合， これをユーザーの側から一方的に変更・キャンセルすることはできないものとします. また，万が一，ユーザー側から変更・キャンセルがなされた場合でも，当社は一切返金しないものとし，ユーザーが未だ本クーポンの代金をお支払いになられていない場合であっても， 当社は商品の代金を請求するものとします.

利用規約 第5条 7. 本クーポンの売買契約が成立した場合， 当該ユーザーには当社の定める方法に従い， 当社に対して当該本クーポンの代金全額を支払う義務が発生するものとします.

第5条 8. 当社は，前項に定める支払の完了を確認した後に，当該ユーザーに対して当該本クーポンを発行するものとします. なお，当社からの本クーポンの発行方法は， 当社より本クーポンを電子メールで送信す

쿠폰은 기재된 유효기한까지 이용가능하며, 규약의 다른 규정에 관계없이 당해 쿠폰의 유효기한 만료시점에 이르기 전에, 서비스 제공의무가 있는 점포가 도산한 경우 등 티켓의 이용이 불가능하게 된 경우에 사용자는 회사가 지정한 방법에 의해 쿠폰 대금의 환불을 청구할 수 있다. 쿠폰의 이용방법은 발행된 쿠폰을 점포가 정한 방법으로 점포에 제시하고 쿠폰 구입자 본인의 이름 및 쿠폰번호를 전달한다. 회사와 사용자간의 쿠폰 매매계약은 쿠폰의 발행으로 완료되고 한번 발행된 쿠폰이 이용 불가하게 된 경우 어떤 이유에서도 회사는 책임을 지지 않는다.[53)]

(4) 국내·외 소셜커머스사업자 약관의 비교

국내 소셜커머스사업자는 전자상거래소비자보호법을 준수하여 쿠폰 구매 시점부터 7일간의 청약철회를 인정하고 있으나, 그 실질은 결제의 취소이며, 유효기간이 만료된 쿠폰은 사용할 수

る方法または郵送等によるものとします

53) 第5条 9. 本クーポンは, 本クーポンに記載される有効期限(以下「有効期限」といいます)まで利用できるものとします. なお, 当社には有効期限を経過した本クーポンを買い戻す義務はないものとします

第5条 10. 本規約の他の定めに関わらず, ユーザーは, 以下の条件を満たすと当社が判断する場合には, 当社指定の方法により, 本チケットの代金の返金を当社に対して請求できるものとします. 当該チケットの有効期限満了までの間に, 店舗サービス提供義務のある店舗が倒産した場合等, 本チケットの利用が不可能となった場合

第5条 11. 本クーポンの利用方法は以下の定めに従うものとします.

(1) 当社より発行された本クーポンを店舗の定める方法で店舗に対し提示する.

(2) 店舗に対して, 本クーポン購入者ご本人の氏名及びクーポン番号を伝える

第5条 12. 当社とユーザーとの間の本クーポンの売買契約は, 本クーポンの発行をもって完了するものとし, 一度発行された本クーポンが利用できなくなった場合, いかなる理由によるものであっても当社は一切の責を負わないものとします.

없고 6개월 이상의 유효기간을 가지는 포인트 등의 형태로 환불한다.[54] 미국 그루폰의 경우 쿠폰(바우처)의 유효기간이 지나면 실제 지불한 금액(amount paid)에 대해서는 무기한 환불해주고 있으며, 리빙소셜의 경우 5년 내 환불을 보장하고 있다.

이와 달리 일본에서는 서비스제공업체의 서비스를 이용하기 위해서는 쿠폰의 제시가 필수적이고 유효기한 만료 후에는 쿠폰 구입대금을 반환하지 않으며, 쿠폰에 대해 권리를 표시하는 기명채권으로 보고, 쿠폰의 매매계약이 성립한 경우 소비자는 쿠폰의 대금전액을 지불할 의무가 발생한다.

Ⅳ. 소셜커머스에서의 청약철회

1. 청약철회의 의의

(1) 청약철회의 필요성

전자상거래에서 소비자가 상대방과 계약을 체결할 경우에 청약의 의사표시를 하기까지의 판단은 전적으로 소비자의 책임 아래에 있다. 이때 소비자는 자신의 구매행위를 위하여 인터넷 사이버몰의 표시·광고를 검토한 다음 사업자에 대하여 구매의 의사표시를 하는 것이 일반적이다. 한편 계약을 체결하지 않을 자유를 하나의 내용으로 하는 계약자유의 원칙에 비추어보면, 청약자(소비자)는 청약단계에서 자유롭게 청약을 철회할 수 있어야 한

54) 2012년 2월 7일 공정거래위원회의 불공정약관 시정조치에 따라 소셜커머스사업자는 5월까지 유효기간이 지난 쿠폰에 대해 6개월 동안 사용가능한 구입가의 70%에 해당하는 금액을 포인트로 적립 받을 수 있도록 자진 시정하게 되어 있다, 공정거래위원회 보도자료, 2012. 2. 7, <http://www.ftc.go.kr, [2012. 11. 25. 최종방문]> 참조.

다.[55)]

기능적으로 보아 청약이란 계약 성립의 가능성을 탐색하고 제안하는 것이므로 청약수령자는 청약자에 의한 청약의 철회를 감수해야 한다. 그러나 우리 민법 제527조에서 청약자는 청약을 철회할 수 없다는 구속력을 규정하고 있다. 청약자가 청약을 자유롭게 철회할 수 있다면, 청약수령자는 계약의 성립여부에 대한 불안한 상태에서 충분히 검토하지 않고 승낙을 하지 않거나 승낙의 의사표시가 도달되기 전에 청약이 철회되는 경우 그 동안의 노력이 수포로 돌아가게 되어 승낙의 의사표시를 위하여 들인 시간과 비용을 부담해야 하는 청약수령자의 불이익이 발생한다. 이러한 문제점을 해결하여 위하여 우리나라는 청약구속력주의를 취하고 있다.[56)]

소비자보호를 위한 청약철회는 각국의 실정법에서 도입되고 있다. 이러한 청약철회를 인정하는 것은 소비자를 보호할 필요성 때문이라는 공감대가 형성되어 있다.[57)] 유럽공동체계약법 원칙(Principles of the Existing EC Contract Law)이나 EU 소비자 권리 지침은 방문판매나 통신판매의 경우에 청약철회가 규정되어 있으며,[58)] 유럽사법에 관한 공통참조기준초안(Draft Common Frame of

55) 헌법재판소는 "계약자유의 원칙이란 계약을 체결할 것인가의 여부, 체결한다면 어떤 내용의 어떠한 상대방과의 관계에서, 어떠한 방식으로 계약을 체결하느냐 하는 것도 당사자 자신이 자기의사로 결정하는 자유뿐만 아니라 원치 않으면 계약을 체결하지 않을 자유를 말한다"로 헌법상 계약자유의 원칙 중 하나로 계약을 체결하지 않을 자유를 명백하게 천명하고 있다, 헌법재판소 1991. 6. 3. 선고 89헌마204.

56) 김성천, "계약청약의 구속력에 관한 고찰,"「외법논집」 제12집, 한국외국어대학교 법학연구소, 2002. 8, 233면.

57) 거래안전을 다소 희생시키더라도 소비자의 이익을 보호하는 것은 민법 제527조에 대한 예외이며 "계약은 지켜져야 한다"라는 사법상의 대원칙이 적용 배제되는 경우이다, 권재열,「경제법」 4정판, 법원사, 2005, 496면.

58) 유럽계약법원칙(Principles of European Contract Law, PECL), UNIDROIT

Reference, DCFR)에도 이러한 청약철회가 규정되어 있다.[59)]

다만, "계약은 준수되어야 한다"는 전통적 법원칙을 깨뜨리고, 그로 인한 법적 불안정성을 야기하는 청약철회는 소비자의 자기책임을 약화시키고 청약철회 기간 동안에 계약이 종국적으로 효력을 가질 것인지에 관하여 사업자로 하여금 염려하게 만든다. 또한 경우에 따라서는 청약철회가 소비자에 의하여 악용될 수도 있다. 그러한 악용사례는 특히 전자상거래에서 적지 않게 보고되고 있다. 일부 소비자는 제품을 일정기간 무상으로 사용하기 위한 수단으로 청약철회를 악용하기도 한다. 전형적인 예로는 옥션과 같은 오픈마켓에서 월드컵이나 올림픽 전에 고가의 TV를 주문하여 경기를 시청한 후 당해 계약을 청약철회하거나, 결혼식 전에 웨딩드레스를 주문하고 결혼식 후에 그 매매계약을 청약철회하는 경우 등이 그러하다.[60)]

국제상사계약원칙(UNIDROIT Principles of International Commercial Contracts, PICC) 및 국제물품매매계약에 관한 UN협약(United Nations Convention on Contracts for the International Sale of Goods, CISG)은 철회권을 규정하지 않고 있다. 이와 같이 PECL에 철회권이 규정되지 않은 주요 이유는 PECL의 입안 당시에는 (현재의 소비자철회권이 유래한) 유럽적 소비자보호지침이 아직 제정되지 않았기 때문이다. PICC나 CISG에 그러한 철회권이 인정되지 아니한 것은 이들 거래규범은 국제상거래, 즉 상인간의 국제거래에 적용되는 것이어서 소비자보호가 문제되지 않기 때문이다, 김진우, "소비자철회권의 정당화 사유 ― 방문판매와 통신판매를 중심으로―," 「소비자문제연구」 제40호, 한국소비자원, 2011. 10, 142면 각주 8 참조.

59) Art. II.-5:201 : Contracts negotiated away from business premises (1) A consumer is entitled to withdraw from a contract under which a business supplies goods, other assets or services, including financial services, to the consumer, or is granted a personal security by the consumer, if the consumer's offer or acceptance was expressed away from the business premises.

60) Borges/Irlenbusch, *Fairness Croweded Out by Law: An Experimental Study on Withdrawal Rights*, Journal of Institutional and Theoretical Economics 163, 2007, p.88.

이와 같이 소비자보호를 위한 청약철회는 원칙의 파괴, 법적 불안정성 및 소비자에 의한 악용 등의 남용사례에도 불구하고 인정하여야 한다면 그에 대한 특별한 법정책적 정당화 사유가 있어야 한다.[61)]

(2) 전자상거래소비자보호법상 청약철회 규정의 한계

1) 청약철회 대상자에 대한 제한

전자상거래소비자보호법의 청약철회는 주로 일방당사자가 상인인 통신판매업자에 대한 소비자의 권리보호를 위해 인정되어 왔다.[62)] 그러나 인터넷 등을 통한 재화나 용역의 구매가 급속도로 증가하면서 온라인상에서의 개인간 거래가 늘어나기 시작함에 따라 최근에는 개인대개인의 거래에서도 청약철회가 가능할 수 있는지 여부가 논란이 되고 있다. 그러나 기본적으로 전자상거래

---

61) 이러한 소비자의 도덕적 해이(moral hazard)에 대처하기 위한 방법으로는 소비자가 주문한 재화나 용역을 사용·소비한 경우에 그 재화 등의 사용 또는 소비에 의하여 소비자가 얻은 이익에 상당하는 금액을 부담하도록 의무지우는 것이다. 이것은 소비자로 하여금 그의 청약철회 행사와 악용할 동기를 저하시킨다. 독일민법은 제346조 제2항의 가액상환의무를 제312조의d 제1항 제1문, 제355조, 제357조 제1항 제1문 내지 제3항에서 규정하고 있다. 소비자의 도덕적 해이에 대한 다른 해결책은 매매계약의 청산비용을 소비자에게 부담시키는 것이다. 독일의 입법자는 통신판매지침 제6조 제2항에 따라 독일민법 제357조 제2항 제3문의 비용부담에 관한 규정에서 이를 반영하였다. 우리나라 방문판매법 제9조 제8항은 방문판매와 전화권유판매에 있어서 "방문서비스제공업체 등은 이미 재화 등의 사용 또는 일부 소비된 경우에는 그 재화 등의 사용 또는 일부 소비에 의하여 소비자가 얻은 이익 또는 그 재화 등의 공급에 소요된 비용에 상당하는 금액으로써 대통령령이 정하는 범위의 금액의 지급을 소비자에게 청구할 수 있다"고 규정하고, 전자상거래소비자보호법 제18조 제8항도 이와 동일한 규정을 둠으로써 독일법과 실질적으로 유사한 대처를 하고 있다, 김진우, 앞의 논문, 143면 각주 13 참조.

62) 동법 제3조 제1항 역시 사업자가 상행위를 목적으로 구입하는 거래에 대하여는 이를 적용하지 아니한다고 하여 그 적용범위를 한정하고 있다.

소비자보호법은 전자거래(전자거래기본법 제2조 제5호)의 방법으로 상행위를 하는 전자상거래에 적용되며 이때 당사자는 통신판매업자와 소비자이다. 또한 전자상거래소비자보호법이 규정하는 통신판매업자란 통신판매를 '업으로 하는 자' 또는 '그와의 약정에 따라 통신판매업무를 수행하는 자'를 말한다. 따라서 단순히 개인이 서비스제공업체로서 몇 차례 거래를 했다는 사실만으로는 통신판매업자로 보는 것에는 무리가 있다고 할 것이며, 이러한 거래에 있어서 소비자보호는 전자상거래소비자보호법이 아닌 민법상의 손해배상법리 등에 따라 가능할 것이다.[63]

2) **청약철회 대상 지역에 대한 한계**

전자상거래소비자보호법 제3조 제4항에서는 일상 생활용품, 음식료 등의 인접지역에의 판매를 위한 거래에 대해서는 동법의 적용을 배제하고 있다. 그러나 동 규정에서의 '일상 생활용품'은 그 개념이 불명확할 뿐만 아니라 여러 상품 중 일상 생활용품, 음료 등에 대해서만 청약철회를 배제하는 합리적인 이유도 발견하기 어렵다.[64] 또한 온라인상으로 이루어지는 전자상거래의 특성상 동 규정의 '인접지역'에 대한 기준도 모호하며 소비자의 입장에서 인접지역인지의 여부를 판단하여 청약철회의 적용여부를 미리 예측하는 것도 사실상 불가능하다. 따라서 청약철회의 적용배제를 규정한 동 규정은 재검토되어야 할 필요가 있다.

3) **청약철회 대상에 대한 한계**

전자상거래에서 소비자보호를 규율하는 전자상거래소비자보호법은 기존에 계약체결은 온라인을 통하여 이루어지고, 그 이행

63) 다만 최근에 이슈가 되고 있는 파워블로거들의 블로그를 통한 상품판매 등의 경우에 있어서는 이들을 통신판매업자와의 약정에 따라 통신판매업무를 수행하는 자로 볼 수 있는지에 대해 좀 더 검토가 필요할 것으로 보인다, 오병철, 앞의 "전자상거래 환경 변화에 대응하기 위한 청약철회제도 개선에 관한 연구," 36면.

64) 고형석ㆍ서민교, 앞의 논문, 19면.

은 오프라인을 통하여 이루어지는 유체물을 기본 대상으로 제정되었으나, 계약체결과 이행이 모두 온라인을 통하여 이루어지는 디지털콘텐츠 거래가 급속도로 확대하고 있어 디지털콘텐츠의 특성에 따른 청약철회의 곤란 등에 대해서는 규율하기 어려운 것이 현실이다.[65)]

2. 청약철회 관련 국내·외 입법 동향

(1) 개 관

미국은 연방규정집 제16장 제429조의 방문판매 관련 청약철회 기간규칙(Rule Concerning Cooling-off Period for Sales Made at Homes or at Certain Other Locations) 제429.1조 제a항에 따라 방문판매로 재화를 구입한 소비자에게 계약체결일의 익일부터 3일간 청약을 철회할 수 있는 권리를 부여하고 있다. 독일은 청약철회의 발생요건에 대하여 청약철회가 부정되는 경우를 제외하고, 소비자는 2주 이내에 청약을 철회할 수 있다. 일본의 경우 소비자가 방문판매와 결합된 할부판매, 방문판매, 전화권유판매, 통신판매로 재화를 구입한 경우 계약체결일로부터 8일 이내에 청약을 철회할

65) 전자상거래소비자보호법은 디지털콘텐츠거래에 있어서 소비자보호에 충분하지 않다는 비판이 제기되고 있다, 오병철, “전자상거래소비자보호법 제17조 제2항 제4호의 청약철회권 배제조항의 문제점,” 「민사법학」 제39-1호, 한국민사법학회, 2007. 12, 189-200면; 이병준, “온라인디지털콘텐츠 이용계약과 소비자보호,” 「스포츠와 법」 제9권, 한국스포츠엔터테인먼트법학회, 2006. 10, 104-112면; 정진명, “온라인디지털콘텐츠의 이용과 소비자보호,” 「재산법연구」 제26권 제3호(하), 한국재산법학회, 2010. 2, 229-230면; 구병문, “디지털콘텐츠 이용자의 청약철회와 그 제한규정의 문제점과 해결방안,” 「홍익법학」 제10권 제1호, 홍익대학교 법학연구소, 2009. 2, 434-443면; 고형석, “디지털콘텐츠거래에 있어서 소비자의 청약철회권에 관한 연구,” 「서강법학」 제12권 제1호, 서강대학교 법학연구소, 2010. 6, 342-357면 등.

수 있다(일본 할부판매법 제4조의4, 특정상거래법 제9조, 제24조).[66)]

우리나라의 할부거래법, 전자상거래소비자계약법에서 소비자는 계약체결일로부터 7일 이내, 방문판매법에 따르면 14일 이내에 청약을 철회할 수 있다. 영국의 경우 방문판매에서의 소비자보호규칙에서는 7일 이내 청약철회기간을 부여하여 단일의 체계를 채택하고 있지만(동 규칙 제4조 제1항),[67)] 소비자신용법에서는 정보제공의무이행여부에 따라 이행한 경우 5일, 이행하지 않은 경우 14일의 철회기간을 부여하고 있다(동법 제10조). 또한 격지계약에 있어서 소비자보호규칙에서는 정보를 제공한 경우 7일, 정보를 제공하지 않은 경우 3월 또는 정보제공일로부터 7일을 부여하고 있다(동 규칙 제11조).[68)]

(2) EU 소비자 권리 지침

EU 의회는 2011년 6월 23일, 14일 이내 무조건 반품을 중심으로 하는 「소비자 권리에 대한 EU의회와 위원회의 지침(Directive of the European Parliament and of the Council on consumer rights, 이하 'EU 소비자 권리 지침'이라 한다)」을 제정하였다.[69)] EU 소비자 권리

66) 다단계판매의 경우 청약철회권이 아닌 해제권을 부여하여 다단계판매의 상대방에게 20일간의 해제기간을 부여하고 있다(特定商取引に関する法律 제40조). 이러한 해제권은 사실상 청약철회권에 해당한다, 고형석, "콘텐츠이용자보호법 제정 방안에 관한 연구," 「콘텐츠 이용자보호를 위한 법제 개선 방향」 KOCCA 연구보고서 10-45, 한국콘텐츠진흥원, 2010. 12, 21면.

67) Consumer Protection(Cancellation of Contracts Concluded away from Business Premises) Regulations 1987.

68) Consumer Protection(Distance Selling) Regulations 2000.

69) 유럽위원회는 기존의 4개 소비자보호지침인 소비자매매지침[Sale of Consumer Goods and Guarantees(99/44/EC)], 불공정계약조항지침[Unfair Contract Terms(93/13/EC)], 원격지거래지침[Distance Selling(97/7/EC)], 방문판매지침(Doorstep Selling(85/577/EC)를 하나의 지침으로 통합하여 2008년 10월 8일 소비자권리지침(Proposal for a Directive of the European

지침은 인터넷 또는 방문 판매를 포함한 다른 모든 종류의 원격지 판매에 적용된다(제3조). EU 소비자들은 원격지 판매 계약(온라인, 텔레마케팅, E-mail, 방문판매를 포함한다)에 대하여 상품을 배송받는 때로부터 14일의 청약철회기간을 보장받는다. 그동안 EU 회원국은 청약철회기간(withdrawal period)이 7일 이내로 각각 달랐으나 EU 소비자 권리 지침은 이 기간을 14일로 통일한 것이다(제12조). 음원, 영화, 소프트웨어 프로그램과 같은 디지털콘텐츠의 경우 청약철회(the right of withdrawal)로부터 제외된다(제19조). 디지털콘텐츠의 다운로드가 시작되는 순간 판매가 완료된 것으로 본다. 주문제작 상품 또한 청약철회의 대상에서 배제된다. 서비스 거래를 철회할 경우 구매자는 이미 제공받은 서비스 부분에 대해서는 대가를 지불하여야 한다.[70)]

3. 소셜커머스에서의 청약철회에 대한 검토

(1) 발생요건

소셜커머스는 재화 등을 판매하는 것이 아닌 상품을 이용할 수 있는 쿠폰을 판매하는 것이기 때문에 서비스제공업체와의 관

Parliament and of the Council on consumer rights)를 제안하였다, 김성천, "EU 소비자계약법의 최근 동향,"「소비자정책동향」 제12호, 한국소비자원, 2010. 5. 4, 11면.

70) Article 3 Scope 1. This Directive shall apply, under the conditions and to the extent set out in its provisions, to sales and service contracts concluded between the trader and the consumer.
Article 12 Length and starting point of the withdrawal period 1. The consumer shall have <u>a period of fourteen days</u> to withdraw from a distance or off-premises contract, without giving any reason.
Article 19 Exceptions from the right of withdrawal 1. In respect of distance contracts, the right of withdrawal shall not apply as regards the following: (e) the supply of sealed audio or video recordings or computer software which were unsealed by the consumer;

계에서 발생하는 문제(폐업 등)는 청약철회의 발생요건에 포함되지 않는다. 따라서 소셜커머스사업자의 채무불이행에 따른 청약철회의 발생요건은 쿠폰 그 자체의 불완전이행으로 국한하여야 한다. 따라서 표시광고된 내용과 다른 내용의 쿠폰이 전송된 경우에만 해당한다고 할 것이며, 이러한 경우에는 단순구매의사변경에 따른 청약철회가 배제되는 경우에도 행사할 수 있다(전자상거래소비자보호법 제17조 제3항).

(2) 기산점

소셜커머스에서 청약철회기간의 기산점을 언제로 잡을 것인가 하는 문제가 있다. 지명채권 구성에 의하면 소비자의 청구에 의하여 상품이 제공되는 시점부터 청약철회 기간이 시작된다고 해석할 수 있기 때문이다(전자상거래소비자보호법 제17조 제1항 제1호 참조).[71] 그렇다면 권리행사기간내 소비자의 자유로운 급부의 청구를 보장하는 소셜커머스의 특징에 따라 상품의 공급일로부터 청약철회기간을 계산하는 전자상거래소비자보호법 제17조는 소셜커머스에 적합하지 않다. 따라서 청약철회의 기산점은 계약서 교부일 즉 쿠폰의 발행일로부터 7일이라고 해석하는 것이 타당하다(전자상거래소비자보호법 제17조 제1항 제1호 본문 참조).

---

71) 생각건대 전자상거래소비자보호법의 통신판매에 관한 규정은 소셜커머스와 같이 대금 수령자와 급부 제공자가 분리되는 경우를 상정한 입법은 아니다. 따라서 소셜커머스와 같은 새로운 거래유형에 대해서는 청약철회기간의 기산점에 관하여는 이를 정책적 또는 합목적적으로 해석할 수밖에 없고 향후 입법론적 보완을 해야 할 것이다.

Ⅴ. 결 어

소셜커머스는 2010년 이후 양적으로 급성장하여 2012년 1조 5천억 원의 거래규모로 폭발적으로 성장한 반면 소비자보호를 위한 인프라 및 법준수의식 미숙으로 소비자 피해가 빈번하게 유발되고 있었다. 이에 공정거래위원회에서는 소셜커머스사업자에 대해 전자상거래소비자보호법상 통신판매업자로 규정하여 청약철회 등 전자상거래소비자보호법을 위반한 소셜커머스사업자에게 시정명령을 부과하였다. 소셜커머스에서 충동구매를 하는 소비자에게 일정한 냉각기간을 부여함으로써 합리적으로 판단할 수 기회를 주는 것이 청약철회의 취지라면, 당연히 소셜커머스를 제외할 이유가 없기 때문이다.

전자상거래소비자보호법은 그 적용범위를 '재화와 용역'으로 규정하여 서비스(용역)을 포함하고 있지만, 실질적으로는 인터넷을 이용하여 온라인으로 주문하고 상품은 오프라인으로 배송 받는 형태를 기본 모델로 하고 있다. 그러므로 서비스를 쿠폰의 형태로 통신판매하는 소셜커머스에서 거래의 대상인 쿠폰의 법적 성질 및 소셜커머스사업자의 법적 지위와 관련하여 전자상거래소비자보호법은 일정한 한계가 있다. 따라서 소셜커머스에서 청약철회를 인정하거나 제한하는 경우에는 그 특성을 반영하여 개정해야 할 필요성이 있다.

지난 2012년 2월에 소셜커머스사업자들은 전자상거래소비자보호법 준수, 할인율 및 기준가격 표시에 대한 합리적 근거 마련, 소셜커머스사업자 귀책사유로 인한 환불의 경우 10%를 가산하여 배상, 쿠폰의 유효기간이 경과한 경우에는 구매대금의 70% 이상을 6개월 이상 사용가능한 포인트로 환급, 위조상품을 방지하기 위한 대책, 신속한 소비자불만 처리를 위한 기준 마련, 서비스제공업체에 대한 소비자교육 등을 강화하는 "소셜커머스 소비자보호 자율준수 가이드라인"을 공정거래위원회와 공동으로 제정하였다.

우리나라의 소셜커머스 시장은 트렌드 변화에 민감하고 스마트폰 등 IT기기에 익숙한 국민들의 성향을 기반으로 급성장하고 있다. 앞으로 소셜커머스의 건전한 발전을 위해서는 전자상거래 소비자보호법 등 관련법의 정비와 함께 사업자의 자율적인 준수 의지가 함께 이루어져 소비자보호를 위한 책무를 성실히 이행함으로써 소비자 신뢰를 확보해 나가야 할 것이다.

색인어

소셜커머스, 청약철회, 전자상거래, SNS, 쿠폰, 상품권, EU소비자권리지침, 자율준수가이드라인, 티켓몬스터, 쿠팡, 그루폰

참 고 문 헌

1. 단행본

권재열, 『경제법』 4정판, 법원사, 2005.
김준호, 『채권법』, 법문사, 2011.
김철환, 『소셜커머스』, 블로터앤미디어, 2010.
사법연수원, 『전자거래법연구』, 범신사, 2011.
유윤수·윤상진, 『소셜커머스, 무엇이고 어떻게 활용할 것인가』, 더숲, 2011.
이철송, 『어음수표법』, 박영사, 2010.
정완용, 『전자상거래법』 제3판, 법영사, 2009.
정찬형, 『어음수표법강의』, 박영사, 2006.
최준선, 『어음·수표법』 제8판, 삼영사, 2012.

2. 논문

고형석, "디지털콘텐츠거래에 있어서 소비자의 청약철회권에 관한 연구," 「서강법학」 제12권 제1호, 서강대학교 법학연구소, 2010. 6.
고형석, "소셜커머스와 청약철회권," 「선진상사법률연구」 통권 제56호, 법무부, 2011. 10.
고형석, "콘텐츠이용자보호법 제정 방안에 관한 연구," 「콘텐츠 이용자보호를 위한 법제 개선 방향」 KOCCA 연구보고서 10-45, 한국콘텐츠진흥원, 2010. 12.
고형석, "특수거래에 있어서 소비자의 청약철회권에 관한 연구," 「민사법학」 제29호, 한국민사법학회, 2005.
구병문, "디지털콘텐츠 이용자의 청약철회와 그 제한규정의 문제점과 해결방안," 「홍익법학」 제10권 제1호, 홍익대학교 법학연구소, 2009. 2.
김성천, "계약청약의 구속력에 관한 고찰," 「외법논집」 제12집, 한국외국어대학교 법학연구소, 2002. 8.
김진우, "소비자철회권의 정당화 사유 — 방문판매와 통신판매를 중심으로—," 「소비자문제연구」 제40호, 한국소비자원, 2011. 10, 142면 각주 8 참조.
김성천, "EU 소비자계약법의 최근 동향," 「소비자정책동향」 제12호, 한국소비자원, 2010. 5.
김철환, "소셜커머스 산업에 대한 고찰과 제언," 「제2차 소비자정책 콜로키움 자료집」, 한국소비자원, 2011. 4. 28.
서희석, "소셜커머스의 소비자계약법적 과제 — 소셜커머스의 법적 구성에 관한 고찰을 통하여—," 「법학연구」 제53권 제1호, 부산대학교 법학연구소, 2012. 2.

송오식, "소셜커머스의 법률관계," 「재산법연구」 제28권 제2호, 한국재산법학회, 2011. 8.

양정영 · 조정흠 "QSR에서의 쿠폰이용특성과 쿠폰상환에 관한 연구," 「여행학연구」 제23호, 한국여행학회, 2005.

오병철, "소셜커머스의 전자상거래소비자보호법상 법적 성격," 「소셜커머스의 소비자보호」, 연세대학교 법학연구원 의료/과학기술과 법 센터, 2011. 5.

오병철, "소셜커머스에서의 전자상거래의 청약철회권", 「법학연구」 제21권 제3호, 연세대학교 법학연구소, 2011. 9.

오병철, "인터넷상의 특수한 매매계약," 「민사법학」 제21호, 한국민사법학회, 2002. 3.

오병철, "전자상거래소비자보호법 제17조 제2항 제4호의 청약철회권 배제조항의 문제점," 「민사법학」 제39-1호, 한국민사법학회, 2007. 12.

오병철, "전자상거래 환경 변화에 대응하기 위한 청약철회제도 개선에 관한 연구," 공정거래위원회, 2011. 9.

유재훈, "소셜커머스, 이제 소비자를 기업의 동반자로," 「Weekly 포커스」, LG Business Insight, 2011. 2. 16.

이병준, "온라인디지털콘텐츠 이용계약과 소비자보호," 「스포츠와 법」 제9권, 한국스포츠엔터테인먼트법학회, 2006. 10.

정진명, "온라인디지털콘텐츠의 이용과 소비자보호," 「재산법연구」 제26권 제3호(하), 한국재산법학회, 2010. 2.

3. 외국문헌

Borges/Irlenbusch, Fairness Croweded Out by Law : An Experimental Study on Withdrawal Rights, Journal of Institutional and Theoretical Economics 163, 2007.

G. H. Treitel, An Outline of the Law of Contract(Six Edition), Butterworths, 2005. 2.

Oliver L. Knöfel, "Werbegutscheine im bürgerlichen Recht," AcP 210, 2010, 654 ff.

桜丘製作所株式会社 · イケダハヤト · 三橋ゆか里 · 川田智明, 「ソーシャル コマース」, 株式会社 マイナビ , 2011. 12.

4. 인터넷자료

공정거래위원회 보도자료, 2011. 5. 9, <http://www.ftc.go.kr, [2012. 11. 25. 최종방문]>.

공정거래위원회 보도자료, 2011. 10. 6, <http://www.ftc.go.kr, [2012. 11. 25. 최종방문]> 참조.

공정거래위원회 보도자료, 2012. 1. 9, <http://www.ftc.go.kr, [2012. 11. 25. 최종방문]>.

공정거래위원회 보도자료, 2012. 2. 7, <http://www.ftc.go.kr, [2012. 11. 25. 최종방문]>.

공정거래위원회 보도자료, 2012. 2. 13, <http://www.ftc.go.kr, [2012. 11. 25. 최종방문]>.

미국 그루폰 약관, <http://www.groupon.com/terms, [2012. 11. 25, 최종방문]>.

미국 리빙소셜 약관, <http://www.livingsocial.com/terms, [2012. 11. 25, 최종방문]>.

블로터닷넷, <http://www.bloter.net/archives/31355 [2012. 11. 25. 최종방문]>.

서울시 전자상거래센터 보도자료, 2011. 2. 7, <http://ecc.seoul.go.kr/ [2012. 11. 25. 최종방문]>.

일본 그루폰 약관, <http://www.groupon.jp/about-terms/ [2012. 11. 25, 최종방문]>.

일본 이큐마켓 약관, <http://market.ikyu.com/terms [2012. 11. 25, 최종방문]>.

저자약력

이 은 영

한국외국어대학교 법학전문대학원 교수

한국소비자법학회 회장, 한국민사법학회 회장 역임

채권총론, 채권각론, 약관규제법 등

이 병 준

한국외국어대학교 법학전문대학원 교수

대법원재판연구관, 민법개정위원, 전자거래분쟁조정위원회 분쟁조정위원

계약성립론, 민법사례연습 Ⅰ~Ⅳ 등

김 도 년

한국소비자원 정책연구실 선임연구원

청약철회권의 입법형태의 일고찰, 일본에서의 갱신지불특약의 불공정성 논의와 그 시사점 등

손 승 우

단국대학교 법과대학 교수

유엔국제상거래법위원회(UNCITRAL) 자문관, 기술자료 임치제도 발전연구회 회장

지식재산 담보권에 관한 UNCITRAL 담보거래 입법지침 부속서(공저), IBM의 지식재산 라이선스 거절에 대한 독점금지법의 적용 검토 등

전 경 근

아주대학교 법학전문대학원 교수

법정보학 강의, 보너스포인트의 개념 및 법적 문제에 관한 연구 등

최 경 진

가천대학교 법과대학 교수

국가정보화전략위원회 법제도전문위원회 위원, 행정안전부 개인정보보호법령해석자문위원회 위원

인터넷, 그 길을 묻다(공저), 잊혀질 권리—개인정보 관점에서, 정보법학 등

박 영 우

한국인터넷진흥원 수석연구위원

법무부 법무자문위원회 연구위원, 한국정보보호진흥원 선임연구원

행정기관의 개인정보 요구권 연구(책임), 사이버안전체계 구축에 관한 연구(공동) 등

김 건 식

한국공정거래조정원 부연구위원

대법원 재판연구관, Meitus Gelbert Rose LLP

상법상 회사분할로 인한 과징금 책임의 승계 등

서 희 석

부산대학교 법학전문대학원 교수

법무부 민법개정위원회 위원, 한국소비자법학회 연구이사

소비자법과 민법(공저), 금융시장과 소비자보호(공저) 등

고 형 석
선문대학교 법학과 교수
한국소비자원 정책연구실 선임연구원
소비자보호법, 상조업과 소비자보호법 등

최 민 식
한국인터넷기업협회 정책실장
컴퓨터프로그램심의조정위원회, 한국소프트웨어진흥원, 한국콘텐츠진흥원 책임연구원

변화하는 온라인 서비스 환경과 이용자보호

2012년 12월 5일 초판 인쇄
2012년 12월 10일 초판 발행

편 자 이 은 영
발행인 이 방 원
발행처 세창출판사
서울 서대문구 냉천동 182 냉천빌딩 4층
전화 723-8660 팩스 720-4579
e-mail: sc1992@empal.com
http://www.sechangpub.co.kr
신고번호 제300-1990-63호

잘못 만들어진 책은 바꾸어 드립니다. **정가 25,000 원**

ISBN 978-89-8411-396-1 93360